经时济世
辉煌向未来
贺教育部
重大攻关项目
圆满成功

李嘉诚
乙丑有八

教育部哲学社会科学研究重大课题攻关项目
"十三五"国家重点出版物出版规划项目

世界一流大学和一流学科评价体系与推进战略

EVALUATION SYSTEM
AND PROMOTION STRATEGY
OF WORLD-CLASS UNIVERSITIES
AND FIRST-CLASS DISCIPLINES

王战军 等著

中国财经出版传媒集团
经济科学出版社
Economic Science Press

图书在版编目（CIP）数据

世界一流大学和一流学科评价体系与推进战略/王战军等著． --北京：经济科学出版社，2021.11
教育部哲学社会科学研究重大课题攻关项目 "十三五"国家重点出版物出版规划项目
ISBN 978－7－5218－3262－4

Ⅰ.①世… Ⅱ.①王… Ⅲ.①高等学校-学科建设-研究-中国 Ⅳ.①G642.3

中国版本图书馆 CIP 数据核字（2021）第 252264 号

责任编辑：孙丽丽　纪小小
责任校对：蒋子明
责任印制：范　艳

世界一流大学和一流学科评价体系与推进战略
王战军　等著

经济科学出版社出版、发行　新华书店经销
社址：北京市海淀区阜成路甲 28 号　邮编：100142
总编部电话：010－88191217　发行部电话：010－88191522
网址：www.esp.com.cn
电子邮箱：esp@esp.com.cn
天猫网店：经济科学出版社旗舰店
网址：http://jjkxcbs.tmall.com
北京季蜂印刷有限公司印装
787×1092　16 开　14.25 印张　270000 字
2022 年 6 月第 1 版　2022 年 6 月第 1 次印刷
ISBN 978－7－5218－3262－4　定价：58.00 元
(图书出现印装问题，本社负责调换．电话：010－88191510)
(版权所有　侵权必究　打击盗版　举报热线：010－88191661
QQ：2242791300　营销中心电话：010－88191537
电子邮箱：dbts@esp.com.cn)

课题组主要成员

首 席 专 家 王战军
课题组成员 马陆亭　张淑林　周文辉　李明磊
　　　　　　　何海燕　李曼丽　裴　旭　翟亚军
　　　　　　　李　明　于　妍　刘　静　杨旭婷

总　序

哲学社会科学是人们认识世界、改造世界的重要工具，是推动历史发展和社会进步的重要力量，其发展水平反映了一个民族的思维能力、精神品格、文明素质，体现了一个国家的综合国力和国际竞争力。一个国家的发展水平，既取决于自然科学发展水平，也取决于哲学社会科学发展水平。

党和国家高度重视哲学社会科学。党的十八大提出要建设哲学社会科学创新体系，推进马克思主义中国化、时代化、大众化，坚持不懈用中国特色社会主义理论体系武装全党、教育人民。2016年5月17日，习近平总书记亲自主持召开哲学社会科学工作座谈会并发表重要讲话。讲话从坚持和发展中国特色社会主义事业全局的高度，深刻阐释了哲学社会科学的战略地位，全面分析了哲学社会科学面临的新形势，明确了加快构建中国特色哲学社会科学的新目标，对哲学社会科学工作者提出了新期待，体现了我们党对哲学社会科学发展规律的认识达到了一个新高度，是一篇新形势下繁荣发展我国哲学社会科学事业的纲领性文献，为哲学社会科学事业提供了强大精神动力，指明了前进方向。

高校是我国哲学社会科学事业的主力军。贯彻落实习近平总书记哲学社会科学座谈会重要讲话精神，加快构建中国特色哲学社会科学，高校应发挥重要作用：要坚持和巩固马克思主义的指导地位，用中国化的马克思主义指导哲学社会科学；要实施以育人育才为中心的哲学社会科学整体发展战略，构筑学生、学术、学科一体的综合发展体系；要以人为本，从人抓起，积极实施人才工程，构建种类齐全、梯队衔接的高校哲学社会科学人才体系；要深化科研管理体制改革，发挥高校人才、智力和学科优势，提升学术原创能力，激发创新创造活力，建设中国特色新型高校智库；要加强组织领导、做好统筹规划、营造良好学术生态，形成统筹推进高校哲学社会科学发展新格局。

哲学社会科学研究重大课题攻关项目计划是教育部贯彻落实党中央决策部署的一项重大举措，是实施"高校哲学社会科学繁荣计划"的重要内容。重大攻关项目采取招投标的组织方式，按照"公平竞争，择优立项，严格管理，铸造精品"的要求进行，每年评审立项约40个项目。项目研究实行首席专家负责制，鼓励跨学科、跨学校、跨地区的联合研究，协同创新。重大攻关项目以解决国家现代化建设过程中重大理论和实际问题为主攻方向，以提升为党和政府咨询决策服务能力和推动哲学社会科学发展为战略目标，集合优秀研究团队和顶尖人才联合攻关。自2003年以来，项目开展取得了丰硕成果，形成了特色品牌。一大批标志性成果纷纷涌现，一大批科研名家脱颖而出，高校哲学社会科学整体实力和社会影响力快速提升。国务院副总理刘延东同志做出重要批示，指出重大攻关项目有效调动各方面的积极性，产生了一批重要成果，影响广泛，成效显著；要总结经验，再接再厉，紧密服务国家需求，更好地优化资源，突出重点，多出精品，多出人才，为经济社会发展做出新的贡献。

作为教育部社科研究项目中的拳头产品，我们始终秉持以管理创新服务学术创新的理念，坚持科学管理、民主管理、依法管理，切实增强服务意识，不断创新管理模式，健全管理制度，加强对重大攻关项目的选题遴选、评审立项、组织开题、中期检查到最终成果鉴定的全过程管理，逐渐探索并形成一套成熟有效、符合学术研究规律的管理办法，努力将重大攻关项目打造成学术精品工程。我们将项目最终成果汇编成"教育部哲学社会科学研究重大课题攻关项目成果文库"统一组织出版。经济科学出版社倾全社之力，精心组织编辑力量，努力铸造出版精品。国学大师季羡林先生为本文库题词："经时济世　继往开来——贺教育部重大攻关项目成果出版"；欧阳中石先生题写了"教育部哲学社会科学研究重大课题攻关项目"的书名，充分体现了他们对繁荣发展高校哲学社会科学的深切勉励和由衷期望。

伟大的时代呼唤伟大的理论，伟大的理论推动伟大的实践。高校哲学社会科学将不忘初心，继续前进。深入贯彻落实习近平总书记系列重要讲话精神，坚持道路自信、理论自信、制度自信、文化自信，立足中国、借鉴国外、挖掘历史、把握当代、关怀人类、面向未来，立时代之潮头、发思想之先声，为加快构建中国特色哲学社会科学，实现中华民族伟大复兴的中国梦做出新的更大贡献！

教育部社会科学司

序

"**双**一流"建设是国家重大战略,加快建成一批世界一流大学和一流学科,对于提升我国高等教育综合实力和国际竞争力具有重要意义,为实现"两个一百年"奋斗目标和中华民族伟大复兴的中国梦提供有力支撑。世界一流大学是知识创造的源泉和人才培养的摇篮,是全球各国核心竞争力的重要组成部分。一流学科建设是龙头,是世界一流大学建设的核心,以世界一流学科为依托,形成特色发展则是建设世界一流大学的必由之路。

随着知识经济时代的到来,世界一流大学和世界一流学科在国际竞争与合作、国家和区域发展中的作用更加凸显。如何建设世界一流大学和世界一流学科已经成为一个世界性的话题,而世界一流大学和世界一流学科建设研究也成为全球范围内高等教育研究的重要热点。但是,有关世界一流大学和世界一流学科研究的成果不多,而且处于缺乏系统整理出版的状态。

建设世界一流大学和世界一流学科是我国高等学校发展的目标,要达成这一目标,需要厘清一系列问题。比如,什么是世界一流大学?世界一流大学有哪些主要特征?如何进行世界一流大学和世界一流学科建设成效评价?与全球各个国家的世界一流大学相比,我国世界一流大学在世界大学体系中的地位如何?主要差距在哪些地方?作为发展中国家,我国世界一流大学和世界一流学科建设应采取什么推进策略?为了推进我国世界一流大学和世界一流学科建设,有必要对这些问题进行深入、系统的研究。

2016年,王战军教授作为首席专家中标教育部哲学社会科学研究重大课题攻关项目"世界一流大学和一流学科建设评价体系与推进战略研究"。针对上述问题，组织课题组开展了关于"世界一流大学和世界一流学科"的专门研究，分析世界一流大学的本质与特征，探索世界一流大学与世界一流学科评价的理念与模式，构建新时代"双一流"动态监测体系，研究提出"双一流"建设推进战略，开拓和创新了世界一流大学和世界一流学科研究的新领域。

在课题研究中，王战军教授、马陆亭研究员等课题组成员，基于"双一流"建设评价体系与推进战略，开展系统深入的研究，发表了40多篇高水平学术论文。在此基础上，王战军教授等进一步深入研究、思考，撰写了著作《世界一流大学和一流学科评价体系与推进战略》。

本书有几个突出的特点：第一，系统、全面阐述了"双一流"建设的战略意义和伟大使命，解读国家、省域"双一流"建设的指导思想、实施路径和推进战略；第二，突出中国问题、国际视野，深入研究了世界一流大学的本质与特征，提出了世界一流大学的三大标志、四大特征，提出了世界一流大学评价的三个层次、五个维度；第三，研究了学科评估面临的困境，探索了新时代一流学科评价的新理念、新体系、新模式；第四，建立了一种新的评估范式，提出了"双一流"建设监测评估的新概念、新思路、新模式。基于"互联网+"、大数据监测"双一流"建设状态，有利于政府宏观管理，有利于高校持续改进、加快建设，有利于"双一流"建设评价。

2020年，首轮"双一流"建设结束。首轮世界一流大学和一流学科建设成效评价，既是实践问题，也是理论问题和技术问题，更是时代问题。能否回应新时代的新问题、新需求，是"双一流"建设成效评价的核心问题。这本专著的出版从一个角度阐释了世界一流大学和一流学科建设评价体系与推进战略的有关问题，对加快推进国家和区域"双一流"建设提供了系列研究成果、有益的国际经验和可行的建设路径，为促进我国高等教育内涵式发展，为我国强国战略提供有力的支撑。

中国高等教育学会原会长
瞿振元
2020年5月

摘 要

世界一流大学和一流学科（"双一流"）建设是党和国家作出的重大战略部署，是应对百年未有之大变局的关键举措，是实现高等教育强国目标、中华民族伟大复兴和"两个一百年"奋斗目标的基础性工程。党的十八大以来，党中央和国务院对高等教育重点建设作出系列部署。2015年10月，国务院印发《统筹推进世界一流大学和一流学科建设总体方案》，将"211工程""985工程"等重点建设项目统一纳入"双一流"建设。2017年1月，教育部、财政部、国家发展和改革委员会印发《统筹推进世界一流大学和一流学科建设实施办法（暂行）》，深入重点推进"双一流"建设工作。

本书首先从"双一流"建设的战略意义、时代价值和重要使命出发，解读了国家、省域"双一流"建设的指导思想、建设政策和推进战略，并对省域"双一流"建设政策的共性、特征进行了分析与阐述。本书从历史视角和现实视角出发，研究了什么是世界一流大学，以及世界一流大学的建设、发展规律，阐述了世界一流大学的本质；探讨了功能导向与发展导向下的世界一流大学内涵，提出了世界一流大学的基本概念；基于内涵分析，创新性地提出了世界一流大学的三大标志与四大特征，即追求卓越、引领发展、全球吸引力；校长明、教师优、学生强、经费足。

本书运用历史研究法、比较分析法，选取美国、英国、德国、日本、韩国等国家为对象，对比分析了世界主要国家世界一流大学的形成历史、建设措施、建设成效、战略规划和评价体系，总结了国际上世界一流大学的建设与评价经验。建设世界一流大学和一流学科要立足中国，放眼国际，在全球范围内寻找坐标系，不是"自说自话"，不做井底之蛙。因此，坚持国际视野，学习借鉴世界各国大学的成功经验，探索世界一流大学建设的中国道路和中国模式，是我国"双一流"建设的必然选择。

本书在"双一流"建设时代定位和国际比较的基础上，分别探讨了世界一流大学和一流学科评价的历史演进、基本原则和主要内容，提出了新时代世界一流大学和一流学科评价的新理念、新模式、新体系；以现代信息技术为基础，构建了大数据驱动的"双一流"建设动态监测体系，常态监测世界一流大学和一流学科建设状态，动态呈现世界一流大学和一流学科发展过程，为多元主体价值判断和科学决策提供客观依据。

最后，本书对"双一流"建设的总体目标、总体任务和总体要求进行了深入研究和解读，从"双一流"建设的五大建设任务和五大改革任务出发，立足国际、国内两个视角，提出了新时代中国世界一流大学和一流学科的建设路径与推进战略。

首轮"双一流"建设积累了经验，夯实了基础，同时也暴露出高等教育改革发展中的诸多新问题。因此，如何贯彻落实党中央、国务院关于建设世界一流大学和一流学科的重大战略和决策部署，准确把握新发展阶段"双一流"建设的战略定位，破难题、开新路，是新一轮"双一流"建设的核心使命与重大任务。本书立足中国实践，坚持国际视野，从建设目标与任务到评价体系，再到推进战略，为世界一流大学和一流学科建设提供了系列研究成果，将为新一轮"双一流"建设提供有益经验和有力支撑。

Abstract

The construction of world-class universities and first-class disciplines ("Double First – Class" initiative) is a major strategic plan made by the Party and Government, a key measure to address the challenges unseen in a century, and a basic project to achieve the goal of becoming a strong country in higher education, the Great Rejuvenation of the Chinese Nation and the Two Centenary Goals. Since the 18th CPC National Congress, the CPC Central Committee and the State Council have made a series of arrangements for the key construction of higher education. In October 2015, The State Council issued the *Overall Plan for Promoting the Construction of World-class Universities and First-class Disciplines*, integrating key construction projects such as "Project 211" and "Project 985" into the "Double First – Class" initiative. In January 2017, the Ministry of Education, the Ministry of Finance and the National Development and Reform Commission issued the *Implementation Measures for Comprehensively Promoting the Construction of World-class Universities and First-class Disciplines (Interim)*, further promoting the construction of "Double First – Class" initiative.

This book first starts from the strategic significance, era value and important mission of the "Double First – Class" initiative, interprets the guiding ideology, construction policy and promotion strategy of both the nation and provinces, and analyzes and expounds the common characteristics of the provincial "Double First – Class" initiative construction policy. From the perspective of history and reality, this book explores the topics on what is world-class university, as well as its construction and development. It describes the essence of world-class universities, discusses the function-oriented and development-driven connotation of the world-class universities, and presents the basic concept of world-class universities. With the analysis on the connotation, it comes up with the three features and four characteristics of world-class universities. The three features are striving for excellence, leading the development, attracting global attention. While the four characteristics are wise principals, excellent teachers, brilliant students and adequate funds.

Using historical research and comparative analysis, this book selects the United States, Britain, Germany, Japan, South Korea and other countries as case study, compares and analyzes the formation history, construction measures, construction results, strategic planning and evaluation system of world-class universities in these countries, and summarizes the construction and evaluation experience of world-class universities. To build the world-class universities and first-class disciplines, we should base ourselves on the national condition, and compare with the universities around the world. It is not "talking from ourselves" and not being a frog in a well. Therefore, adhering to the international perspective, learning from the successful experience of universities around the world, and exploring the Chinese road and Chinese model of building world-class universities are the inevitable choice of China's "Double First-Class" initiative.

Based on the basis of era development and international comparison of "Double First-Class" initiative, this book discusses the historical evolution, basic principles and main contents on world-class universities and first-class disciplines evaluation, puts forward new ideas, new models and new system of world-class universities and first-class disciplines evaluation. On the basis of modern information technology, we construct the big data-driven dynamic monitoring system, which could regularly monitor the construction status of world-class universities and first-class disciplines, dynamically present the development process of world-class universities and first-class disciplines, and provide objective basis for multiple entities' value judgment and scientific decision-making.

Finally, the book interprets the overall goals, tasks and requirements of "Double First-Class" initiative, puts forward the construction direction and promoting strategy of world-class universities and first-class disciplines in the new era from the five construction tasks and five reform tasks, international and domestic perspectives.

The first round of "Double First-Class" initiative has accumulated experience, laid a solid foundation, but also exposed many new problems in the reform and development of higher education. Therefore, how to implement the major strategy and decision deployment of the CPC Central Committee and the State Council on building world-class universities and first-class disciplines, accurately grasp the strategic positioning of "Double First-Class" initiative in the new development stage, crack difficult problems and open new roads, are the core mission and major task of the new round of

"Double First – Class" initiative. With a series of research achievement about the construction of world-class universities and first-class disciplines, this book will provide useful experience and strong support for the new round of "Double First – Class" initiative.

目 录

第一章 ▶ 国家重大战略:"双一流"建设　1
　　第一节　"双一流"建设的历史地位与战略使命　1
　　第二节　国家"双一流"建设推进战略　10
　　第三节　省域"双一流"建设推进战略　19

第二章 ▶ 全球世界一流大学评价体系与推进战略比较研究　38
　　第一节　世界主要国家一流大学评价体系比较研究　38
　　第二节　世界主要国家一流大学战略规划比较研究　47
　　第三节　全球世界一流大学建设条件比较　56
　　第四节　全球世界一流大学建设成效比较　65

第三章 ▶ 世界一流大学本质与特征　70
　　第一节　世界一流大学本质　71
　　第二节　世界一流大学内涵　74
　　第三节　世界一流大学特征　81

第四章 ▶ 世界一流大学评价理念与评价体系　86
　　第一节　我国世界一流大学评价的历史演进　86
　　第二节　世界一流大学评价的新理念　89
　　第三节　世界一流大学评价的新体系　95
　　第四节　世界一流大学建设评价的新模式　100

第五章 ▶ 世界一流学科评价理念与评价体系　104
　　第一节　"双一流"建设语境下的学科评估　104

第二节 世界一流学科评价的逻辑起点　113
第三节 世界一流学科评价的新理念　124
第四节 世界一流学科评价的新体系　130
第五节 世界一流学科评价的新模式　138

第六章 ▶ "双一流"建设监测体系　143

第一节 "双一流"建设监测的背景　143
第二节 "双一流"建设监测理念与模式　159
第三节 "双一流"建设监测体系　166

第七章 ▶ 世界一流大学和一流学科建设推进方略　175

第一节 "双一流"建设总体战略　175
第二节 世界一流大学建设推进方略　179
第三节 世界一流学科建设推进方略　190

后记　197

Contents

Chapter I   National Major Strategy: "Double First – Class" Initiative Construction   1

    Section 1   Historical Status and Strategic Mission of "Double First – Class" Initiative Construction   1

    Section 2   National "Double First – Class" Initiative Construction Promotion Strategy   10

    Section 3   Promotion Strategy of "Double First – Class" Initiative Construction at Provincial Level   19

Chapter II   Comparative Study on Evaluation System and Promotion Strategy of World – Class Universities   38

    Section 1   Comparative Study on Evaluation System of World – Class Universities in Major Countries   38

    Section 2   Comparative Study on Strategic Planning of World – Class Universities in Major Countries   47

    Section 3   Comparison on Construction Conditions of World – Class Universities across the World   56

    Section 4   Comparison on the Effectiveness of World – Class Universities Construction across the World   65

Chapter Ⅲ Essence and Characteristics of World – Class Universities　70

　　Section 1　The Essence of World – Class Universities　71
　　Section 2　Connotation of World – Class Universities　74
　　Section 3　Characteristics of World – Class Universities　81

Chapter Ⅳ Evaluation Concept and Evaluation System of World – Class Universities　86

　　Section 1　The Historical Evolution of the Evaluation of China's World – Class Universities　86
　　Section 2　New Ideas of World – Class Universities Evaluation　89
　　Section 3　A New Evaluation System of World – Class Universities　95
　　Section 4　A New Evaluation Model of World – Class Universities　100

Chapter Ⅴ Evaluation Concept and Evaluation System of First – Class Disciplines　104

　　Section 1　Discipline Evaluation in the context of "Double First – Class" Initiative Construction　104
　　Section 2　Logical Starting Point of First – Class Discipline Evaluation　113
　　Section 3　New Concept of First – Class Discipline Evaluation　124
　　Section 4　New System of First – Class Discipline Evaluation　130
　　Section 5　New Model of First – Class Discipline Evaluation　138

Chapter Ⅵ "Double First – Class" Initiative Construction Monitoring System　143

　　Section 1　Background of "Double First – Class" Initiative Construction Monitoring　143
　　Section 2　"Double First – Class" Initiative Construction Monitoring Concepts and Model　159
　　Section 3　"Double First – Class" Initiative Construction Monitoring System　166

Chapter Ⅶ Strategies for Promoting the Construction of World – Class Universities and First – Class Disciplines　175

　　Section 1　Overall Strategy of "Double First – Class" Initiative Construction　175

Section 2　Strategies for Promoting World – Class Universities Construction　179

Section 3　Strategies for Promoting First – Class Disciplines Construction　190

Postscript　197

第一章

国家重大战略:"双一流"建设

当前,我国经济发展步入新常态,党中央提出了"四个全面"的战略布局,党的十八届五中全会深刻指出,必须把创新摆在国家发展全局的核心位置,深入实施创新驱动发展战略。新形势和新任务对高等教育内涵发展、提高国际竞争力提出了更高的要求。统筹推进世界一流大学和一流学科("双一流")建设,是党中央、国务院面对新形势、新任务作出的重大战略决策,是建设高等教育强国的重要标志,是我国实施科教兴国战略的必然选择,也是加快实现国家现代化的重要支撑。

第一节 "双一流"建设的历史地位与战略使命

"双一流"建设高校在围绕国家重大战略需求和科研重点创新方面,发挥着不可替代的作用。面对世界百年未有之大变局,高等教育特别是"双一流"建设需要深化内涵发展,扎根中国大地,面向社会需求,服务国家战略;需要加强科技创新,推动产业变革,实现"卡脖子"和关键技术的突破,提升国家核心竞争力;需要坚持示范引领,推进模式变革,带动结构体系协调发展,支撑民族复兴。

一、"双一流"建设的战略意义

"扎根中国大地办大学"是习近平总书记提出的时代命题和办学方向。教育是国之大计、党之大计,"双一流"建设必须服务"两个一百年"奋斗目标、服务中华民族伟大复兴伟业。2015年10月24日,国务院印发的《统筹推进世界一流大学和一流学科建设总体方案》①,提出了从"行列"到"前列"、由少到多地递进,以及学科、大学和高等教育整体实力并进的三阶段建设目标,最后实现"一流大学和一流学科的数量和实力进入世界前列,基本建成高等教育强国"②的目标。这说明,"双一流"建设既瞄准高端,又对体系有引领和带动作用,最终目的是实现高等教育强国。③ 我们需要站在世界竞争大局、民族复兴大业的立场上思考"双一流"建设议题。

"双一流"建设是国家战略发展的需要,体现着国家意志。④ "双一流"的实施主要有三方面的原因:一是高水平大学发展对国家竞争力具有重大的战略意义,重点建设是我国长期的政策思路;二是"211工程"和"985工程"建设面临着完成历史任务问题,且建设出现了固化现象;三是"一流大学"和"一流学科"建设对提升我国高等教育综合实力能起到引领带动作用。⑤

(一)"双一流"建设是对好的重点建设政策的延续坚守

新中国成立以来,重点建设一批高等学校一直是我国高等教育政策的重大举措,主要目的一是积累办学经验,二是集中力量办大事。在高等教育发展历程中,我国先后确立过96所高等学校为全国重点高校,后来又开展"211工程"和"985工程"建设,在推动创新型国家建设提出后又启动了"2011计划"。重点建设尖子大学的政策使得在高等教育领域建立起一支"国家队",使得一批中国高水平大学得以进入世界高水平大学行列,加深了我们对高等教育发展规律的探讨和认识,推动了我国高等教育事业的全面发展,是中国特色社会主义高等教

---

① 《国务院关于印发统筹推进世界一流大学和一流学科建设总体方案的通知》,中华人民共和国中央人民政府网,2015年10月24日,http://www.gov.cn/zhengce/content/2015-11/05/content_10269.htm。
② 教育部 财政部 国家发展改革委:《关于印发〈统筹推进世界一流大学和一流学科建设实施办法(暂行)〉的通知》,中华人民共和国中央人民政府网,2017年1月27日,http://www.gov.cn/xinwen/2017-01/27/content_5163903.htm#1。
③ 马陆亭:《"双一流"建设承载着国家理想》,载于《群众》(思想理论版)2017年第11期。
④ 杜玉波:《建设中国特色的"双一流"要把握好四个关键点》,载于《光明日报》2017年9月24日。
⑤ 蒋洪新:《以科学理念引领一流学科建设》,载于《人民日报》2016年11月9日。

育的发展之路。

此外，重点建设思路也产生着国际影响，开始被世界许多国家学习模仿。我国的"211工程"和"985工程"在世界范围影响广泛，许多国家也启动了类似的项目，日本的"21世纪卓越研究基地项目"、韩国的"21世纪智慧韩国"、俄罗斯的"创新型大学评选"、德国的"精英大学计划"等重点大学建设方案和计划都是在我国之后实行的。

（二）"双一流"建设是对项目固化问题的有效规避

当然，长期项目制的重点建设之路也引发出一些问题，主要有：第一，不同高校间的分层被强化。重点建设高校的社会声誉大大增强，与其他学校的层次差异被拉大，很多用人单位都优先考虑录用"985工程""211工程"高校的学生。高校一旦失去竞争必将失去活力，身份固化影响着项目效益的发挥。第二，助长了学校的升格冲动。高校纷纷向顶尖大学看齐，升格冲动难以抑制。① 虽然政府希望高等教育多样化发展，但高校办学模式趋同现象却一直在蔓延。第三，引发了一些不正之风现象。在强烈追求进入项目建设学校冲动的影响下，出现了托关系、寻租、比后台、拜官员、托评委等一些不良现象，甚至成为学校有组织的行为。第四，重点建设项目成为行政导向推手的重要原因。政府各部门希望以项目为主要工作手段、为工作抓手，由此争相争夺项目设立，间接使得政府宏观管理职能弱化。

为了更好地发挥重点建设项目的优势，避免相应的问题，国家开展高等学校创新能力提升计划、部分普通高校向应用型高校转型试点等工作。主要目的就是打破固化壁垒，推动高等学校多样化科学健康发展。这时候，"211工程"建设也将面临终止，结束其历史使命。因为立项的初衷是面向21世纪建设100所高校，而此时已进入21世纪十几年了，继续实施似有不妥。项目制本身，就是有开始也有结束。接下来相关的问题是，将来"985工程"怎么办？停止，无疑是国家的损失！继续，如何进行？一流大学和一流学科建设的命题由此被迫切地提到了议事日程。

（三）"双一流"建设是对新时代环境变化的应对

知识经济社会的到来，国际竞争压力的加大，使得教育的重要性愈显突出。纵观世界，发达国家无不是先由教育强国到科技强国再到经济强国的。特别是随

---

① 温才妃、陈彬、韩琨：《学者热议：送走985能否迎来"双一流"》，载于《中国科学报》2016年7月7日。

着高等教育大众化普及化时代的到来，其对科技、经济、社会的作用更加直接和突出，高等教育的强弱决定着国家的未来。此外，随着时代的变化，高校重点建设工作的大环境已经今非昔比。

过去的基本前提是：第一，资源严重匮乏，新中国成立之初是一穷二白，改革开放之初是百废待兴[①]；第二，管理体制是计划经济体制，指令性强；第三，高等教育的体量小，国家和社会十分迫切需求高等教育的发展；第四，学校缺乏办学经验，先学苏联，后学西方。重点建设项目的目的很明确，一是"好钢用在刀刃上"，弥补资源不足问题；二是起示范带头作用，引领其他高校的发展。

当今，高校重点建设工作大环境已经发生根本改变：第一，经济体制是社会主义市场经济体制，市场在资源配置中发挥着基础性决定性作用；第二，经费问题缓解，高等学校基础设施建设大部分完工，高等教育进入内涵式发展的新时代；第三，高等教育体量巨大，毕业生面临着很大的就业压力，迫切需要推动高等教育多样性发展；第四，随着对世界各国办学模式的进一步了解，中国特色的现代教育体系和大学制度开始构建。

概括而言，以前高校重点建设方式适用于高等教育发展水平低，需短时间内调动社会资源，按照政府计划安排发展高等教育的情景。而当前的社会大环境已经发生巨大变化，沿用以前的高校重点建设模式已出现一些问题，特别是容易导致学校办学模式单一和趋同。高校重点建设工作需与时俱进。因此，"双一流"建设设计的本意是既对我国过去重点建设政策有继承与发展，又顺应着国家发展特别是国际竞争的需要，是国家民族复兴的理想和政策滚动调整相结合的产物。《统筹推进世界一流大学和一流学科建设总体方案》明确指出："建设世界一流大学和一流学科，是党中央、国务院作出的重大战略决策，对于提升我国教育发展水平、增强国家核心竞争力、奠定长远发展基础，具有十分重要的意义"[②]。

二、"双一流"建设的时代要求

（一）新时代中国高等教育面临新形势

进入新时代，社会发展的主要矛盾发生了重大变化，国际环境发生了重大变化，高等教育的发展阶段与地位作用也正在经历着变迁，未来的"双一流"建设

---

① 马陆亭：《高校重点建设思路亟待转型》，载于《北京教育》（高教）2015年第4期。
② 《国务院关于印发统筹推进世界一流大学和一流学科建设总体方案的通知》，中华人民共和国中央人民政府网，2015年10月24日，http://www.gov.cn/zhengce/content_10269.htm。

需要适应和引领这种变化。

1. 新时代高等教育必须重视的发展环境变化

中华民族伟大复兴、世界百年未有之大变局,是当代中国、当今世界正在经历的最大历史变革,高等教育在这一历史进程中需肩负什么样的责任担当?

新一轮科技革命和产业变革正在兴起,以人工智能为代表的信息技术正在迅速改变社会的形态和业态,新兴科技带来的变化将远超我们现有的认知,不变的就是变化本身,高等教育在创新型国家建设中将发挥什么样的作用?中美贸易战究其本质是科技和人才的竞争,更是两种政治制度的较量,高等教育如何培养出支撑民族复兴大任的时代新人?我国高等教育正在迈向普及化阶段,这既是量的跨越也是质的飞跃,社会与人民群众对高等教育的要求越来越高,也越来越广泛,高等教育如何满足这些多元、蓬勃的需求?这些时代之问均需要高等教育给予解答,高等教育的地位与作用正在发生深刻的变化。

2. 高等教育必须正视历史地位责任担当的变化

这种地位的变化主要体现在两个方面,一是民生性,二是决定性。民生性与普及化阶段有关,未来社会大部分家庭都会与高等教育产生联系,因此高等教育本身一定会上升为民生问题,这不是本研究探讨的重点,因此不展开阐述。而决定性的意义更为重大,我们需要认识到高等教育对未来社会发展的决定性作用,它与"双一流"建设关系也更为密切。

2014年,习近平总书记在同北京师范大学师生代表座谈时指出:"'两个一百年'奋斗目标的实现、中华民族伟大复兴中国梦的实现,归根到底靠人才、靠教育。"[①] 2016年,习近平总书记在致清华大学建校105周年的贺信中指出:"办好高等教育,事关国家发展、事关民族未来。"[②] 在2018年9月召开的全国教育大会上的讲话中,习近平总书记进一步明确教育对"增强中华民族创新创造活力、实现中华民族伟大复兴具有决定性意义"[③]。教育强则国家强,没有教育的现代化就没有国家的现代化,没有人民满意的教育就难以满足人民对美好生活的需要。

2019年,全国各类高等教育在学总规模达到4 002万人,高等教育毛入学率

---

① 《习近平同北京师范大学师生代表座谈时的讲话》,人民网,2014年9月10日,http://politics.people.com.cn/n/2014/0910/c70731-25629093.html。
② 《习近平致信祝贺清华大学建校105周年》,人民网,2016年4月22日,http://politics.people.com.cn/n1/2016/0422/c1024-28298232.html。
③ 《坚持中国特色社会主义教育发展道路 培养德智体美劳全面发展的社会主义建设者和接班人》,人民网,2018年9月11日,http://edu.people.com.cn/n1/2018/0911/c1053-30286253.html。

达到51.6%，高等教育进入普及化发展阶段。① 量变正在引发质变，面对普及化阶段的到来，高等教育对整个教育工作的牵动作用和对经济社会的支撑作用将越来越大。

在20世纪末，基础教育是整个教育事业的重中之重。经过20年的发展，高等教育的历史地位在不断增强，在教育乃至整个社会发展中的领头牵引作用日益显著。可以说，今日的教育特别是高等教育将决定着我们社会发展的未来，决定着我国国际竞争力的高下和人民生活质量水平的高低。

3. 新时代高等教育必须走出自己的发展道路

新中国的高等教育长期以来一直是在学习借鉴中前进，走的是一条世界先进经验与中国国情相结合的"建设—实践"之路。因此，我们学习苏联、西方的高等教育，借鉴的痕迹要多些。而"双一流"建设，需要更多地去探讨自己的特色，以支撑中国特色社会主义现代化强国的需要，在战略意义上原创作用更强。

习近平总书记2014年5月在北京大学师生座谈会上指出："世界上不会有第二个哈佛、牛津、斯坦福、麻省理工、剑桥，但会有第一个北大、清华、浙大、复旦、南大等中国著名学府。我们要认真吸收世界上先进的办学治学经验，更要遵循教育规律，扎根中国大地办大学。"② 2018年5月，他在北京大学考察时进一步指出："国家发展同大学发展相辅相成。我们要在国家发展进程中办好高等教育，办出世界一流大学，首先要在体现中国特色上下功夫。"③ 这就指明了"双一流"的建设方向——走扎根中国大地办大学之路。

"世界一流、中国特色"的命题也符合世界高等教育的发展规律。回顾大学发展史，其第三职能的产生推动大学直接融入社会而走出了"象牙塔"，这是近现代大学与传统大学最根本的不同，进而推动了整个高等教育走向多样化。其中那些最能解决社会重大发展问题和科技前沿问题的大学，支撑了社会、引领了科技，大学成为社会的"发动机""引擎""轴心"，这些大学成为人们心目中的一流大学。这说明一流大学和学科建设既需要借鉴国外大学成功的经验，更需要投身解决中国自身发展的现实问题，最后形成自己的办学特色和模式。

---

① 《2019年全国教育事业发展统计公报》，中华人民共和国教育部网站，2020年5月20日，http://www.moe.gov.cn/jyb_sjzl/sjzl_fztjgb/202005/t20200520_456751.html。

② 《习近平同北京师范大学师生代表座谈时的讲话》，人民网，2014年9月10日，http://politics.people.com.cn/n/2014/0910/c70731-25629093.html。

③ 《习近平在北京大学考察时强调抓住培养社会主义建设者和接班人根本任务，努力建设中国特色世界一流大学》，中华人民共和国中央人民政府网站，2018年5月2日，http://www.gov.cn/xinwen/2018-05/02/content_5287554.htm#1。

(二) 新时代"双一流"建设的战略方向

面对时代的变化和要求,高等教育的战略方位需要重新思考,"双一流"建设的政策要能适应这种战略变化,担当起时代赋予的神圣职责。

1. 新时代现代大学的战略方位

当前,高等教育发展最鲜明的主题就是服务"两个一百年"奋斗目标,为中国特色社会主义现代化强国建设、为中华民族伟大复兴提供人才和科技支撑,目标非常明确。为此,现代大学建设需要在育人和办学上下功夫,实现路径也很清晰。在育人方面,根本点就是坚持立德树人,培养学生既要以德为先,也要有担当民族复兴重任的能力,德智体美劳全面发展;在办学方面,要扎根中国大地,在世界先进经验与中国国情的结合中走出自己的模式道路。在现代大学总体布局中,要加强和完善高等教育的体系建设,满足人民群众日益增长的接受优质多样高等教育的需求,满足社会经济发展对全链条专门人才和科技成果的需求。在重点领域上,要关注和融入国家区域战略规划和产业发展重点,急国家之所急,在关键技术攻坚克难、新经济新产业推动涌现上下功夫,支撑和满足国家重大战略需求。

2. 现代大学发展需要处理好的重要关系

第一,开放、竞争、合作。开放是大学与生俱来的属性,可带来思维的交流与碰撞,必须坚守;竞争可带来一定的张力,增强体制的活力,但需有度,恶性竞争也可能带来破坏作用;合作可实现优势互补,大科学时代是合作共赢的时代,单打独斗难有大的作为。高等教育的发展政策及高等学校的科学发展,需要处理好竞争与合作的关系,营造开放办学的发展环境。

第二,学科、专业、学科群。学科和专业既是知识分类体系,也是制度安排,既可遵循科学技术发展的逻辑也可遵循社会需求的逻辑,两者可一致也可不一致。学科暗含一个研究领域,专业则明显是一个育人概念,因此教师在学科内成长,学生按专业培养。学科发展主要依赖于院系的努力,大学层面主要考虑的是学科群、跨学科及新旧学科的交替问题。专业则更为复杂,依据设立的逻辑、基础、方式不同,学校、院系、教师的侧重点会有不同,但根本上是由教师提供课程(包括实习实验等)、学校安排课程、学生选择课程而形成的,提高人才培养质量需要学校各方共同合力。

第三,大学、院系、教师。三者关心的重点不同,但有一致性。学校层面,首先需以育人为重,着力培养堪当民族复兴大任的时代新人,同时还要考虑国家重大战略、科学前沿、大学精神、学科群建设、与区域产业联动等重要战略议题;院系层面,侧重的是学科本身的发展、毕业生就业及本学科教师的共同体利益，因为院系面对着与其他大学同学科及与本校不同学科两类竞争、合作关系；而教师层面，主要关心的还是个人的学术声誉、科研项目、经费、论文，以及学生培养和个人授课情况。可以看出，学校重在方向，院系贵在奋进，个人荣于声誉。大学管理需要正视各方的取向差异，注重凝聚人心，促进形成合力。

第四，科研、教学、服务。三者同为大学基本职能，但受重视程度不一。在向世界一流迈进的过程中，科研受到空前的重视，但存在着错把教师的逻辑当作国家的逻辑问题，唯论文、唯项目现象远远超出对国家区域战略、产业关键技术的重视；自2018年6月全国高校教学工作会议召开以后，教学和人才培养受到"双一流"建设高校的高度关注，"金课""双万计划"等教育部具体政策也纷纷出台，今后的重点是把推动内涵式发展，提升教学质量的思想、政策真正落实下来；对社会服务的关注最弱，所谓世界一流大学，其实也是大学有了社会服务第三职能后与社会共同发展的产物，因此如何"扎根中国大地办大学"是"双一流"建设今后要解决的重大命题和实施路径。

第五，中央、地方、社会。三者是大学发展的重要外部支撑和环境。对于国家而言，"双一流"建设承载着国家的理想，《统筹推进世界一流大学和一流学科建设总体方案》指出，"为实现'两个一百年'奋斗目标和中华民族伟大复兴的中国梦提供有力支撑"。国家需要"双一流"建设高校致力解决社会发展重大战略问题，扎根中国大地成为"世界一流、中国特色"的典范，希望其成为高等教育强国"领头羊"；对于地方而言，需要大学促进区域繁荣、满足产业需要，站在技术前沿引领创新型城市建设，对"双一流"建设高校的支持虽可能是整体的但更期望偏重于针对地方特色，双向互动、互利共赢是现实议题；对于社会而言，更侧重文化氛围、底蕴和文明生态建设，切实满足人民对美好生活的需要。

3. "双一流"建设需要新思路

变化的方向就是要面向国家重大战略和产业关键技术，加强合作、协作、协同，勇于创新和攻坚克难，共同为强国建设提供高层次人才、科技和文化支撑。当前，中美贸易战、美国对我国科技企业的围堵及大学合作的阻碍使我们认识到，实现伟大梦想必须开展伟大斗争。高等学校特别是"双一流"建设高校一定要发挥先导作用，想国家之所想、急国家之所急，在建设创新型国家中建功立业。

每所好大学、每个好学科都有自己的长项，但不可能包打天下。过度竞争，不利于大学的生态，也不易产生合作。现在是大科学时代，合作有助于创新，有助于思维碰撞，这也是欧盟一直设立专项资金鼓励大学跨国界合作开展科学研究的重要原因。

我国的大学发展经历过改革开放后的开放、竞争，对一流大学、现代大学制度的规律已有了比较清晰的认识,又经历了综合改革推动着科学发展,对自己的发展道路已然心中有数。今后,合作共赢是大方向,大学需要团结起来、优势互补、一致对外,共同完成服务中华民族伟大复兴的历史使命。

三、"双一流"建设的战略使命

建设世界一流大学和一流学科,是党中央、国务院在新时代作出的重大战略决策,是我国高等教育的新使命。新时代,"双一流"建设高校要不辱使命加油干,主动作为创一流;要实现高校创新驱动建设,引领大学、学科建设新潮流;要构建科学的世界一流的建设成效评价体系。

"双一流"建设高校要不辱使命加油干,主动作为创一流。2017年9月,教育部、财政部、国家发展和改革委员会(以下简称"发改委")公布我国世界一流大学和一流学科建设名单,首批"双一流"建设高校共计137所,其中世界一流大学建设高校42所,世界一流学科建设高校95所,标志着我国"双一流"正式进入全面建设的新阶段。新阶段,"双一流"建设高校必须打破传统的等、靠、要思维模式,增强主体意识,突出在内涵、品质、文化等方面的建设,主动担负我国高等教育新使命,主动回应社会新关切,主动满足人民新需求。新阶段,我国的"双一流"建设一定要在体现中国特色的基础上彰显世界水平,培养世界一流的人才,产出世界一流的科研成果,提供世界一流的社会服务,打造世界一流的高等教育文化,建设世界一流的高等教育体系,实现我国从高等教育大国到高等教育强国的历史性跨越。

"双一流"建设高校要实现创新驱动建设,引领大学、学科建设新潮流。"双一流"建设高校要实现创新驱动建设,必须创新建设理念、建设思路、建设模式和建设方法,走出一条中国特色的大学、学科建设与发展的新路子,带动我国高等教育走向世界高等教育的中心。首先,要深入研究国家要求、人民要求、人类要求,找准发展方向,增强服务本领。其次,"双一流"建设高校要汇聚、培养创新型人才。致天下之治者在人才。纵观世界一流大学和一流学科,它们之所以被广泛认可并取得举世公认的成就,就在于其汇集了一批世界知名学者。当前,"双一流"建设高校必须充分认识到优秀人才的重要性,以开放的理念吸引优秀人才、汇聚优秀人才,依靠优秀人才的拼搏精神与锐意创新建设"双一流"。人尽其才,则百事俱举。"双一流"建设高校必须整合人力、物力、财力,出台系列支持优秀人才发展的政策,创新优秀人才管理模式,营造优秀人才成长的良好环境,真正发挥优秀人才的聪明才智,从而为国家培养一大批政治家、经济学家、教育家、金融家、企业家、军事家等优秀人才。最后,"双一流"建设作为一项长期战略任务，需要各建设高校深远谋划。世界上任何一流大学和一流学科都不是一蹴而就的，而是高等教育建设者长期脚踏实地、共同奋斗的结果。"双一流"建设高校要从各自独特的历史、文化出发，勇于发现自身不足、查找短板，走以提高质量为核心的内涵式发展道路，扎实办好具有中国特色的高等教育。

加快"双一流"建设要构建科学的世界一流的建设成效评价体系。当前，高校、政府、社会公众对"双一流"建设关注的重心已转向建设成效评价。要以"服务战略、创新驱动、科学客观、世界一流"为指导思想，以"融通中外、简约可行"为评价策略，从国内、国际两个层次，运用定性与定量两种方法，从达成度、贡献度、引领度、支撑度和满意度五个维度，全面、科学、客观地评价我国一流大学和一流学科的建设成效。"双一流"建设成效评价，还要以"互联网+"为理念，以大数据驱动为核心，充分利用现代信息技术和方法，构建动态监测平台，以实时、常态监测"双一流"建设状态。

当前，中国特色社会主义进入新时代，开启了全面建设社会主义现代化国家新征程。新时代，我国的"双一流"建设必须不负使命、勇于担当，认真履行我国高等教育为人民服务，为中国共产党治国理政服务，为巩固和发展中国特色社会主义制度服务，为改革开放和社会主义现代化建设服务的历史使命，办人民满意的高等教育，引领中国高等教育走向世界中心。

第二节　国家"双一流"建设推进战略

新时代，"双一流"建设面临新形势、新任务。在国家政策支持下，"双一流"建设要以党的领导为核心，抓住"中国特色""世界一流"两条主线，找准新坐标，坚持建设原则，瞄准发展方向，加快建设步伐。

一、坚持一大核心，为"双一流"建设掌舵领航

中国高校是党领导下的高校，是中国特色社会主义高校。党的领导是中国特色社会主义最本质的特征，也是中国特色社会主义制度的最大优势。因此，我国"双一流"建设要以党的领导为核心，明确"双一流"建设的正确方向、建设任务与目标。

把握"双一流"建设的正确方向要坚持党的领导。"双一流"建设强调中国

特色。突出中国特色，意味着"双一流"大学要以马克思主义为指导思想，以"四个服务"① 为根本目标，以"面向世界、面向未来、面向现代化"为基本方针，要有"构建人类命运共同体"的勇气担当。"双一流"建设是实现高等教育内涵式发展的具体举措，其建设方向要自觉同我国国情、发展的现实目标和未来方向紧密联系在一起，为国家治理服务，为巩固和发展中国特色社会主义制度服务，为改革开放和社会主义现代化建设服务。因此，"双一流"建设要始终在党的领导下稳步推进，把党的领导贯穿于"双一流"建设的全方位和全过程，牢牢掌握党对"双一流"建设的领导权，使"双一流"建设成为坚持党的领导的坚强阵地。

明确"双一流"建设的目标与任务要坚持党的领导。首先，面向国家重大战略需求、经济社会主战场、世界科技发展前沿，突出"双一流"建设的质量效益、社会贡献度和国际影响力，突出与产业发展、社会需求、科技前沿紧密衔接，深化产教融合，全面提升我国高等教育在人才培养、科学研究、社会服务、文化传承创新和国际交流合作中的综合实力是我国高校"双一流"建设的重要目标。明确这一目标要始终坚持党的领导，并且要在党的领导下，加快推进"双一流"建设，实现这一重要目标。其次，"双一流"建设作为高等教育内涵式发展的重要抓手，要锚定立德树人这一根本任务，始终坚定把立德树人的成效作为检验学校一切工作的根本标准，坚决全面贯彻落实好党的教育方针。

激发"双一流"建设的活力与动力要坚持党的领导。"双一流"建设是一项综合性工程，涉及很多要素，需要发挥各要素的合力。"双一流"建设的核心要素是师资队伍、经费投入。师资队伍建设，需要从培养社会主义建设者和接班人的高度，引导打造一支政治素质过硬、以德立身、以德立学、以德施教，业务能力精湛，具有国际视野、本土意识、中国情怀的高素质教师队伍。② 经费投入需要党和政府的大力支持。这些要素能够发挥作用并形成合力，都要依赖于党的领导。只有通过党的政治、思想、组织领导并把这些领导综合应用于"双一流"建设的全过程、全方位，从而实现对"双一流"建设的全面领导，才能使"双一流"建设各项要素的动力及其合力真正激发出来，加快"双一流"建设。

二、抓住两条主线，创建中国特色世界一流大学

立足中国大地、坚持国际视野，我国"双一流"建设以中国特色、世界一流

---

① 四个服务的内容包括：为人民服务，为中国共产党治国理政服务，为巩固和发展中国特色社会主义制度服务，为改革开放和社会主义现代化建设服务。

② 喻晓社：《坚持党的领导为"双一流"建设导航》，载于《中国教育报》2018 年 11 月 27 日。

为核心，就是要扎根中国大地办大学，积极探索世界一流大学建设的中国道路、中国模式，使我国高等教育发展方向同我国发展的现实目标和未来方向紧密联系在一起，为改革开放和社会主义现代化建设服务，在服务中体现世界一流大学的价值追求。

（一）"双一流"建设要立足中国特色

从国情看，强调"中国特色"，是新时代赋予中国大学的责任与使命，更是中国世界一流大学独特的发展优势。2014年，习近平总书记在北京大学师生座谈会上强调，"办好中国的世界一流大学，必须有中国特色""世界上不会有第二个哈佛、牛津、斯坦福、剑桥，但会有第一个北大、清华、复旦等中国著名学府""我们要认真吸收世界上先进的办学治学经验，更要遵循教育规律，扎根中国大地办大学"。[①] 总书记的系列重要讲话，为"双一流"建设指明了前进方向。立足中国特色，我国"双一流"建设将实现从追赶到超越、从借鉴到自主、从跟跑到并跑领跑的转变，实现质的飞跃和发展。

从全球经验看，纵观国际世界一流大学的发展历程可以发现，世界一流大学如美国的斯坦福大学、英国的剑桥大学等，除了拥有世界一流大学的共性特征外，都保持了鲜明的办学特色和个性特征。因此，在中国建设"双一流"，既要遵循高等教育发展的一般规律，也要立足中国特色，充分发挥中国特色社会主义独特的政治优势、制度优势、组织优势，加快推进世界一流大学和一流学科建设。

创建中国特色的世界一流大学，就是要加强我国大学区别于国际其他世界一流大学的核心要素的建设。从根本上讲，大学要全面贯彻习近平总书记重要讲话精神，毫不动摇地坚持党对高校建设的领导，坚持社会主义办学方向，落实"四个服务"的要求，切实肩负起立德树人的核心使命。中国特色不是"一个模子"，国家鼓励每一所大学都基于自身优势，办出鲜明特色，做到百花齐放。同时，国家充分尊重高校自主权，鼓励和引导高校从国家战略需求、区域产业发展、自身学科优势中找准定位与方向，保持战略定力，发挥优势，做到既有"主干"也有"精干"，不片面追求"大而全"。

（二）"双一流"建设要对标世界一流

用世界一流的标准支撑一流建设的目标，是我国"双一流"建设的必然选

[①] 《习近平同北京师范大学师生代表座谈时的讲话》，人民网，2014年9月10日，http：//politics.people.com.cn/n/2014/0910/c70731-25629093.html。

择。评价一所大学是否为世界一流大学,不能自说自话,要用世界一流的标准来衡量,要得到国际世界一流大学的接受和认可。作为全球顶尖大学,哈佛大学、剑桥大学等世界一流大学之所以位居世界前列,并不是吹捧出来的,而是其人才培养、科研实力、办学水平、社会服务等达到了世界一流的标准,得到了全球的认可。

新时期统筹推进"双一流"建设,更要有世界眼光、国际标准,推进高校开放办学,不仅开学术之门,更开制度之门,以开放促改革,以改革扩开放,在学校治理、运行程序、规则标准现代化等方面主动接轨世界,与一流大学一同比较、一同竞争、一同进步,在追赶超越中加快形成一流制度、打造一流学科、培育一流人才、产出一流成果。

通过对标,我们可以发现目前自身存在的问题,认清在一流的师资队伍、一流的人才培养、一流的科研成果、一流的社会服务等方面存在短板和不足,进而明确"双一流"发展方向和定位,更好地推进世界一流大学和一流学科建设。

三、找准三个坐标,坚定"双一流"建设道路

一是聚焦立德树人根本任务。2014年5月,习近平总书记在北京大学师生座谈会上指出:"坚守立德树人的初心和使命,创建中国特色世界一流大学。""培养什么人、怎样培养人、为谁培养人"[①] 是关系到国家未来的根本问题,培养一代又一代拥护中国共产党领导、践行社会主义核心价值观的建设者和接班人是教育的神圣职责。不仅要有伟大理想、奋斗精神、道德情怀和社会责任感,还要有决胜未来的能力。由此看来,立德树人是一个全面的概念,需要以德为先、能力为重、全面发展。全面落实习近平总书记讲话精神,切实推进"三全育人"工作。高校作为高层次人才培养的主阵地,承担着立德树人的根本任务。高校要回归教育初心,一切工作以立德树人为根本出发点和落脚点,打好"共识"攻坚战、"实践"攻坚战。强化立德树人意识,将立德树人融入学科建设、教学管理、科学研究、人才培养等各个过程和环节,使之成为学校各方面工作的根本准则和价值准绳,实现教书育人、科研育人、实践育人、管理育人、服务育人,把高水平的科研资源转化为高水平的育人资源,把科研优势转化为育人优势。

二是以服务国家发展战略为重要使命。习近平总书记指出,今天党和国家事

---

① 《习近平同北京师范大学师生代表座谈时的讲话》,人民网,2014年9月10日,http://politics.people.com.cn/n/2014/0910/c70731-25629093.html。

业发展对高等教育的需要，对科学知识和优秀人才的需要，比以往任何时候都更为迫切。加快建设世界经济强国、科技强国、人才强国、文化强国，必须有实力强劲的高等教育体系，有引领科技发展方向的世界一流大学。因此，世界一流大学建设要融入国家战略、服务国家战略、对接国家战略，推进"双一流"建设。首先，为服务国家战略需求，培养精英人才和政治领袖是世界一流大学的重要任务。例如，哈佛大学、剑桥大学、斯坦福大学、麻省理工学院等位居世界前列的一流研究型大学，培养出一大批具有创新性的领导者和精英人才。其次，对接国家战略，加强技术创新，解决"卡脖子"技术，是世界一流大学建设的关键环节。大学要抓住战略机遇，搭建国家重大科学研究装置、国家重大科技基础设施、国家高端智库，服务行业的创新平台和产学研融合平台，承担国家重大、重点项目，攻关世界科学难题，解决社会发展、经济建设中的关键问题，把"科研密度"转化为"创新浓度"，努力成为学术新思想、科学新发现、技术新发明、产业新方向的重要策源地。新时代、新趋势、新格局背景下，世界一流大学应对接国家战略与社会发展需求，夯实发展基础，切实为人工智能、生命科学、能源创新等新兴战略行业"领跑世界"提供智力和人才支撑。

三是要助力构建人类命运共同体。党的十九大报告提出"各国人民同心协力，构建人类命运共同体，建设持久和平、普遍安全、共同繁荣、开放包容、清洁美丽的世界"。"双一流"建设要把握时代主题，积极关注和参与影响人类社会发展的重大科技课题及社会问题的研究和实践，进行高水平的科学研究，为推进世界经济和社会发展做出新的贡献，助力构建人类命运共同体。在"双一流"建设背景下，我国高校面向国际学术前沿，站在科学技术的前端，在人类共同面对重大挑战的基础研究和应用研究领域，大力开展国际项目研究，促进国际学术交流合作，为构建人类命运共同体做出了重要贡献。进入新时代，中国积极推动构建人类命运共同体，日益走向世界舞台中心，在国际合作中创造新机遇，在参与全球治理过程中发挥越来越重要的作用。"双一流"建设应以更加开放的心胸和视野，建立全球性的发展坐标，不断扩大国际交流与合作，提高中国高等教育的国际影响力，为推动人类文明进步做出新的更大贡献。

四、坚持四项原则，提升我国高等教育综合实力

第一，坚持以世界一流为目标。一流大学的实质，不仅仅是数量一流，更重要的是质量一流；不仅仅是规模一流，更重要的是内涵一流。"一流"不仅仅体现在高校的排名上，更重要的是体现在高校、人才培养、办学实力、教学、科研等方面。人才培养是一流大学的重要使命，一流的人才是一流大学的重要标志。

没有一流的人才，高校就无法为国家战略需求和社会经济发展提供智力支持；没有一流的科研队伍，高校就无法产出一流的成果。除了一流的人才和成果外，世界一流大学还应基于大学职能，树立一流的治理理念，开展高质量、一流的社会服务。立足中国特色，我国"双一流"建设要瞄准世界一流，汇聚优质资源，以一流的建设理念、一流的人才培养、一流的成果产出、一流的社会服务，提升大学实力和国际竞争力，加快走向世界一流。

第二，坚持以学科发展为基础。习近平总书记在全国教育大会上指出，要支持有条件的高校创一流，鼓励高校办出特色，在不同学科不同方面争创一流。没有特色，跟在别人身后亦步亦趋，不可能办成一流大学。在国家"扶优""扶新""扶需""扶特"政策支持下，高校学科建设要坚持"有所为，有所不为"。一是统筹规划，构建高原学科支撑、高峰学科引领的良性生态系统。在"双一流"建设视野下正确、合理评估弱势学科，通过已有的优势学科及重点学科的蓬勃发展，带动弱势学科整体的可持续发展，形成动态协调、共生共荣的多学科高峰，实现一流学科与弱势学科、重点学科和一般学科的和谐、均衡、互助及共生发展。① 二是突出学科优势与特色，增强学科创新能力。作为基础研究的主力军，学科建设要瞄准世界科技前沿，合理布局。避免盲目"铺摊子"，集中力量做强优势学科、强势学科、特色学科，让学科发展"高原崛起、高峰凸显"。

第三，坚持以绩效评价为杠杆。建立激励约束机制，鼓励公平竞争，强化目标管理，突出建设实效，构建完善中国特色的世界一流大学和一流学科评价体系，充分激发高校内生动力和建设活力。建立中国特色的一流大学和一流学科绩效评价体系应当注重数量的增长向注重质量转变，在对中国独有的价值理念进行扬弃的同时，制定兼顾科教结合主体利益的规范体系。一是鼓励原始性创新，挖掘和培养高端人才，推动科研成果成功转化和产业化进程。二是促进大学研究项目的需求导向，制定有利于知识创新的科研人员绩效考核制度，形成有利于原始创新的利益引导机制。三是引导科研人员在立项和研究过程中兼顾学科和产业实际需求，提高科研成果的针对性和商业可行性，同时实行同行学术评价与长期社会效果跟踪相结合的评价机制，建立健全具有中国特色、中国气派的一流大学和一流学科评价体系。

第四，坚持以制度改革为动力。深化高校综合改革，加快中国特色现代大学制度建设，着力破除体制机制障碍，加快构建充满活力、富有效率、更加开放、有利于学校科学发展的体制机制，当好教育改革"排头兵"。把支持世界一流大

---

① 周统建：《价值生态视角下一流学科建设高校弱势学科发展战略思考》，载于《江苏高教》2019年第3期。

学和一流学科发展制度化。具体来说就是把一流大学建设常规化，把一流学科建设动态化。自新中国成立以来，我国的高校重点建设工作已断断续续但持之以恒地走过七十余年的历程，慢慢地形成了一批高等学校的"国家队"，且常年的实践已证明这种建设思路是行之有效的。但到目前为止，建设工作仍以项目制的方式进行，优点是重点突出、导向明确，缺点是不确定因素多、学校自主性小。①既然这项工作要长期进行，且哪些是要重点建设的大学已基本明确，那么就可以变项目支持为常规支持，以适应新时代要求而增强这些大学之间的合作性。具体操作办法是增设这些大学标准拨款的一流目标系数，该系数由国家设定、绩效评价修订。而避免固化的问题交由学科的动态化解决，因为办大学其实也是办学科，学科的强弱同行们容易形成共识，学科的特色化也容易引导。其结果会使得一流大学发展的自主性、合作性增强，一流学科建设更加务实多元。

五、聚焦五大任务，加快推进"双一流"建设

建设若干所一流大学和一批高水平大学是我国建设人才强国和创新型国家的重大战略举措。一流的大学要有一流的学科做支撑，建设一流大学必须以重点学科建设为基础。一流大学建设应以学科建设为载体，对学科知识进行发掘、综合、应用和传播，通过科学研究推动学科发展和专业建设，实现教学与科研在不同层次上的交叉融合，提高学校的科研、教学水平和综合实力。

（一）突出"立德树人"，培养拔尖创新人才

世界一流大学既是培养高水平创新人才的主要阵地，同时也是我国科学研究的主力军之一，科学研究与人才培养互动构成现代教育和科技的一个重要特征。全面建设一流大学，就发挥其人才培养的作用，进一步增强人才培养的针对性、适应性，着重培养经济社会发展亟须的创新型、应用型、复合型人才。

第一，鼓励大学的科研工作者从事一定的教学工作，将科学研究成果及研究方法及时应用于教学活动，在大学内部促进创新知识的有效利用。鼓励开展研究性教学、跨学科教学，创造条件开展小班讨论式授课和指导大学生从事不同层次的科学研究，提高人才科研素养。第二，推行产学研合作教育模式，促进大学与科研院所、行业企业联合培养科技人才，鼓励大学与国内外企业、科研院所共建实验室、研究开发机构，推行产学研联合培养人才的"双导师制"，建立以科学

---

① 钟秉林、马陆亭、贾文键等：《大学发展与学科建设（笔谈）》，载于《中国高教研究》2019年第9期。

与工程技术研究为主导的导师责任制和导师项目资助制，不断提高研究生特别是博士生培养质量，充分发挥研究生在科学研究中的作用。第三，完善科教融合的机制、体制，使科技资源能更好地转化为教学资源，要进一步重视教学工作，强调教学与科研的相关性和相互促进的关系。形成以卓越的科学研究带动拔尖创新人才培养、以优秀的人才创造世界一流高水平科研的氛围，大力推进高等教育内部科技与教育的紧密结合，从而建立科学研究与高等教育有机结合的人才培养模式，更好地实现一流大学培养一流人才的职能。

（二）打造学科高峰，提升科学研究能力

大学的科学研究工作要围绕经济社会发展的重大需求，开展前瞻性基础研究和高技术创新，产生一批具有世界先进水平的科研成果。大学是理论研究和基础研究的策源地，应进一步加大对基础研究的投入力度，并以建设一流学科为抓手，全面提高一流大学科研实力。

第一，加大科技资源投入向基础研究和前沿共性技术研究倾斜的力度，确立以科学发现为核心的基础研究在科学研究中的重要地位，以国家急需的战略性项目、科学技术尖端领域的前瞻性项目、涉及国计民生重大问题的公益研究及大科学研究为己任，打造一流学科高峰，提升大学科研实力。第二，建立有助于一流学科建设的基础研究及应用基础研究管理体制，探索符合本校实际的既有集中研究又有自由探索、既有竞争又有合作、人员开放流动的科研管理机制，促进大学科学研究坚实、快速发展。第三，依托一流学科建立科学研究资源共享平台，提高科技资源使用效率，重点进行交叉团队协同合作研究，建立健全科学研究实验设备管理和共享机制，促进资源流动，提升大学科研能力。

（三）加强科技创新，促进科技成果转化

我国面临加快转变经济发展方式的紧迫任务，科学技术在支撑引领科学发展中使命更加重大。大学迫切需要打破封闭边界，与行业企业、科研院所、中介机构等多元创新主体通过各种形式进行交叉合作，打造创新共同体，集成创新合力，支撑创新型国家建设。

第一，搭建大学与科研机构深度合作的战略平台和沟通桥梁，培育跨学科、跨领域、跨系统的科研团队，实现强强联合、资源共享，推动人才培养水平和创新能力的提升。第二，以培养创新人才为目标，以提高学生科研实践能力为重点，以建立大学和企业协同机制为保障，努力实现高水平科学研究与高质量人才培养的相互支撑。第三，加强技术创新基地建设，将各类工程、技术研究中心和大学的优势学科紧密结合，支持在龙头企业建立一批前沿技术研究中心，培育一

大批自主创新能力强、拥有自主知识产权、积极参与自主技术标准和国际标准制定的企业与企业集团，依托一流大学和一流学科提高产业关键技术和研发攻关水平，形成跨学科、跨领域的协同创新机制，培养适应产业发展需求的高水平技术人才，促进技术成果工程化、产业化，为现实生产力的提升和创新型国家建设添砖加瓦。

（四）坚持引育并举，打造一流师资队伍

世界一流大学是培养高端人才的战略高地。推进"双一流"建设，既要推进研究生教育研究，培养一流的硕士、博士；又要深化改革，努力为国家集聚一大批创新团队和青年拔尖人才。强化高层次人才的支撑和引领作用，加快培养和引进一批一流科学家、学科领军人物和创新团队，培养造就一支优秀教师队伍。

一是打造领军人才和青年人才梯队。结合国家战略布局，既要"筑巢引凤"，更要"固巢留凤"，有针对性地打造能够迅速响应国家需求，以学科带头人为领军、以杰出人才为骨干、以优秀青年人才为支撑，衔接有序、结构合理的人才团队和梯队。合理利用好国家重大人才项目，引进一批具有国际影响力的学科领军人才和青年学术英才。二是加强高端智库建设，依托重大项目和重点研究基地，汇聚培养一批高水平专家。坚决遏制简单以"学术头衔""人才头衔"确定薪酬待遇竞价抢人、配置学术资源的势头。三是推进学科、人才、科研的深度互动融合。以科研目标优化学科组织方式，以学科会聚推动交叉研究；以学科定位精准引进培养人才，以一流人才提升学科实力；以人才评价提升科研内涵品质，以科研实践培养锻炼人才。①

（五）推进国际交流合作，提高国际话语权

加强国际交流合作是全球化时代大学提高科研实力和学术国际影响力的有效途径。开放是大学与生俱来的属性，大学自产生伊始就是开放型学习型组织，后来又成为创新型组织。开放有助于文化交流、思想碰撞、思维互补，因此有助于创新，世界一流大学无不以其师生的国际化及频繁的国际合作交流而立校。对外开放是我国的基本国策，大学更应该走在前列，我国的一流大学要与世界的一流大学相融相嵌，努力走向世界科技最前沿。这里，要特别摒弃把大学当作政府行政部门管理的观念，遵循大学的办学规律，实事求是讲求实效。在美国对我国开展科技封锁的当今，高水平大学的开放意义将更加凸显。

---

① 吴朝晖：《"双一流"建设的三重协奏曲》，载于《中国高等教育》2019年第1期。

为实施创新驱动发展战略,完成"到 2035 年跻身创新型国家前列"① 的战略目标,中国的高等教育必须走出去,融入全球创新体系。第一,在全球范围吸引优质生源和杰出学者,形成多元文化的学生群体和国际化的师资力量,同时鼓励学生和学者走出去,形成良性的双向互动机制。第二,发挥政府间科技合作的主渠道作用,加大参与国际科学计划的力度,组织有我国特定优势的重大国际合作研究计划,围绕共同关注的重大科学问题深化合作研究,推动我国基础科学与前沿技术研究加快赶上先进水平。第三,鼓励中外高水平大学和科研院所加强科技合作,支持我国科学家参与国际科技组织,营造良好国际学术环境,构建有效合作平台。通过加强国际合作提高我国在世界科技舞台的地位,扩大学校国际地位和国际影响力,助推中国高等教育走向世界中心。

第三节 省域"双一流"建设推进战略

《统筹推进世界一流大学和一流学科建设总体方案》出台之后,大多数省(区、市)均根据地方高等教育发展的特点制定了本地区"双一流"建设的指导政策②,但是依然在"双一流"建设启动伊始就面临遴选标准、政策工具、价值地位及高校布局等多方面的挑战③。一般而言,教育政策分析包括教育政策内容分析、教育政策过程分析、教育政策环境分析和教育政策价值分析四种类别。④ 本书尝试采取教育政策内容分析的方法,对目前已出台相关方案的省域"双一流"建设政策展开研究,梳理各地区政策的突出特点,剖析"双一流"建设过程中存在的典型矛盾并提出破解策略,以期为推进省域层面"双一流"建设提供参考。

一、省域"双一流"建设推进的共性动因

(一)推动区域高等教育发展

"区域"是以《全国国土规划纲要(2016—2030 年)》和《全国主体功能区

---

① 习近平:《深入实施新时代人才强国战略加快建设世界重要人才中心和创新高地》,中华人民共和国教育部官网,2021 年 12 月 15 日,http://www.moe.gov.cn/jyb_xwfb/moe_176/202112/t20211216_587739.html。
② 毕建宏:《各地"双一流"建设方案综述》,载于《北京大学中国教育财政科学研究所科研简报》2017 年第 7 期。
③ 吴合文:《"双一流"建设的系统审思与推进策略》,载于《高等教育研究》2017 年第 1 期。
④ 孙绵涛、王刚:《地方贯彻〈教育规划纲要〉政策研究》,载于《教育研究》2012 年第 10 期。

规划》为基础划分的全国国土空间区域，"省域"是"区域"的有机组成部分。我国国土区域划分有多种依据，从经济带角度划分可分为京津冀经济区、丝绸之路经济带、长江流域经济带、东北—蒙东经济区等，而区域经济社会发展，离不开区域内各省域高等教育提供的人力与技术支撑。省域"双一流"建设政策，能够推进地区现代大学制度建设，加速高等教育结构调整与平台构建，全面影响区域高等教育布局，改革高校管理体制和运行机制，牵引区域高等教育的发展。高等教育发展也会带动区域教育整体水平提升，助推基础教育改革与创新，提升职业教育和继续教育质量。区域整体教育水平的提升，将强化教育在经济社会发展中的基础性作用，提升地区人口素质，为各行各业提供优质人力资源，反哺科技、医疗、工程、金融、教育、管理、文化等行业产业发展，促进和谐社会构建。

（二）助推区域发展战略落实

区域"双一流"建设政策有利于推动高校服务地区创新驱动发展的需求，通过组织或参与重点项目研发、重大科技专项，产出重大原创性或应用性科研成果；通过成果转化，实现科技创新与经济社会发展的对接，加速经济转型升级。在5.65万平方公里的粤港澳大湾区内[①]，集合了香港、澳门及珠三角地区的广东省九市，区域内集合了香港大学、香港中文大学、中山大学、华南理工大学、澳门大学等优质的高等教育资源，支撑、助推了本区域高新技术产业的发展。贵州、甘肃、宁夏、陕西等各省域在"双一流"建设政策中提出服务"一带一路"倡议，加强与沿线国家及其高水平大学的沟通与交流，各高校积极响应落实。以西安交通大学为例，学校为国家培养"一带一路"沿线地区人才，倡议发起具有38个国家和地区151个高校成员组成的"丝绸之路大学联盟"，共同培养大批丝路沿线国家和地区的技术人才；加强智库建设，成立"一带一路"自由贸易试验区研究院，并入选全国智库百强。[②] 各省域通过政策支持和财政保障，引导高校主动对接国家和区域重大建设战略，充分发挥科技创新的先锋作用，形成契合区域经济社会发展的学科专业结构与人才培养模式，用实际行动助推了区域发展战略的落实。

（三）提升区域的国内外吸引力

全球经济中心总是随着科学活动中心的转移而转移，高等教育中心的诞生又催

---

① 王俊：《粤港澳大湾区包括珠三角九市，总面积5.6万平方公里》，澎湃新闻网，2019年2月18日，https://www.thepaper.cn/newsDetail_forward_3002798。

② 《西安交通大学"双一流"建设2018年度进展报告》，西安交通大学网站，2019年2月16日，http://xxgk.xjtu.edu.cn/contentj.sp? urltype = egovinfo.EgovInfoContent&wbtreeid = 1001&indentifier = xkb%2F2019 − 0216001。

生了科学活动中心的转移：15～17 世纪，蓬勃发展的中世纪大学使意大利成为世界贸易中心；19 世纪，拥有大量世界一流大学的德国经济迅速崛起；当今世界经济中心美国，拥有世界前 100 名大学的 50%。① 斯坦福大学、加州大学伯克利分校和硅谷一起缔造了加州的科技神话，哈佛大学、麻省理工学院等高等学府让波士顿成为美国东北部一颗耀眼的明珠，高等教育打造了一张张区域专属的"名片"。名片效应吸引了更多的国际学者，据各高校"双一流"建设年度进展报告显示，2018 年"双一流"建设高校招募了青年千人学者近千人，超过我国青年千人学者总人数的 90%。作为世界第二大经济体，我国区域高等教育的快速发展，将大力提升区域形象与全球声誉，扩大本区域在国内外的吸引力，吸引国际一流人才、国际知名企业与优势资本，助推区域发展，为我国成为全球科学中心、经济中心提速。

（四）回应国家"双一流"建设战略

"双一流"建设战略具有鲜明的时代特色，是我国高等教育走向世界舞台中心的重大战略工程，展示了宏大的教育理想。作为"理想导向型"的教育政策，"双一流"建设战略是党和政府为追求高水平高等教育的"教育理想而提出的行动指南和行为准则"②。为体现对各省市高等教育发展的整体部署，"双一流"建设政策文本中要求"省政府应结合经济社会发展需求和基础条件，统筹推动区域内有特色高水平大学和优势学科建设，积极探索不同类型高校的一流建设之路"③。因此，省域"双一流"建设政策的颁布，是对国家"双一流"建设战略的合理分解，回应了党和政府政策理想的号召，推动我国高等教育进入了区域发展的新时代。④

二、省域"双一流"建设的政策特征与推进机制

（一）省域"双一流"建设政策的共性特征

省域"双一流"建设受到所在省域政治、经济和文化等多种因素的影响，是

---

① 周光礼、周详：《教育与未来——中国教育改革之路》，中国人民大学出版社 2017 年版。
② 陈学飞、林小英、茶世俊：《教育政策研究基础》，人民教育出版社 2011 年版。
③ 教育部　财政部　国家发展改革委：《关于印发〈统筹推进世界一流大学和一流学科建设实施办法（暂行）〉的通知》，中华人民共和国中央人民政府网，2017 年 1 月 27 日，http://www.gov.cn/xinwen/2017-01/27/content_5163903.htm#1。
④ 周光礼：《学术性与实性：世界一流学中国标准》，2016 年 2 月 16 日，http://www.cssn.cn/zx/201602/t20160216_2866747.shtml。

在多重因素相互促进、协同发展的互动机制中逐步形成的，却也形成了一定的政策共性。教育政策的共性，来自对教育政策本质的共同体现。通过梳理各省域"双一流"建设方案，发现省域"双一流"建设政策在理性、价值、权力、利益、政治系统这五个基本要素方面呈现以下共性特征。

1. 理性分析，设置明确的建设目标

为处理复杂的高等教育利益关系，地方政府作为省域"双一流"建设政策的制定者，需要对制约教育政策的影响因素进行综合分析，进而设置理性的政策目标。截至 2018 年，从公布建设方案的省市来看，除山西省未公布具体的建设时间节点外，其余省市均公布了明确的建设时间节点，大多数省份的建设时间节点与国家方案的 2020 年、2030 年、21 世纪中叶"三阶段"时间节点高度契合。此外，各省市的"双一流"建设目标均紧密结合本地区的经济社会发展特点，具有鲜明的地域特色。也有部分省市，将学科、学校建设的目标进行量化，明确的建设目标将为后期的建设指明方向。然而，从目前各省市地区设置的建设目标来看，存在对现实状况过于乐观的估计。有学者统计了 8 个省份到 2020 年计划建成世界一流学科的总数，已经超过了 100 个学科[①]，然而，2018 年全国进入基本科学指标数据库（Essential Science Indicators，ESI）前千分之一的学科仅有 99 个，这样看来，有些省市设置的建设目标不合乎实际情况，过于高远。

2. 分层分类，实现"质量"为主的价值选择

教育政策的制定和实施，体现了价值选择的过程。省域"双一流"建设以高等教育整体质量的提升作为价值选择，力图通过实行分层分类支持，实现高等教育内涵式发展。各省市坚持在不同层次打造一流，注重分层分类支持，开展错位发展，促进我国高等教育多个层次"高原隆起，高峰耸立"[②] 局面的形成。分层分类支持的目标还在于保障资源分配的公平性，打破"有者恒有，无者恒无"的"马太效应"[③]，因此，科学合理地分类，是保障这一目标实现的前提。通过完善高校分类管理体系，分类指导各类高校和相关学科建设发展，推动各类高校明确办学方向，科学定位，突出特色，依托优势，分类发展。按照研究型、教学型、特色型、应用型、技能型等类别将高校进行分类，实现错位发展、分类支持和分类评价，激发高校办学活力，在不同层次、不同学科和不同领域争创

[①] 陈燕、车金恒、祝苏东：《"双一流"建设的地方行动：基于政策的文本分析》，载于《研究生教育研究》2018 年第 4 期，第 70~76 页。

[②] 瞿振元：《扎实推进高等教育现代化》，2016 年 1 月 31 日，http://theory.people.com.cn/n1/2016/0131/c40531-28098602.html。

[③] 张伟、张茂聪：《我国"双一流"建设的省际政策比较——基于26省"双一流"实施意见的文本分析》，载于《高校教育管理》2018 年第 4 期。

一流。①

3. 培养一流人才，引入一流师资，体现立德树人目标

人才培养是高等教育的基本功能，只有抓住"一流人才培养"，贯彻落实这一中心任务，才符合"双一流"建设的根本要求。各省份的"双一流"建设在坚持立德树人为核心要务的同时，也共同体现了对历史使命感、社会责任心等思想道德方面的要求，以及创新实践、国际视野、个性化等个人能力的要求。如辽宁省强调多层次、多类型、多领域的培养体系，针对不同类型的高校提出不同的培养目标，指出研究型高校突出研究导向，研究应用型高校强化理论与实践相结合，应用型高校侧重实践技能；江苏省强调培养在科技、工程、金融等不同领域的行业精英人才。各省力求引导不同类型高校根据自身实际和区域经济社会发展需要，确立符合未来发展的人才培养目标定位。②

师资作为一种战略性要素资源，成为"双一流"建设的关键因素和核心标识。各省域实行各具特色的人才引进举措，多从海外、本土、域外三方面引进人才，将长江学者、千人计划、万人计划、国家杰青等作为高层次人才引进对象，多在特殊人才落户、团队建设等方面给予配套政策服务，实施"人才特区""绿色通道""重金引人"。其中，北京、上海强调汇聚工程和人才支持计划；辽宁、吉林突出薪酬、职称及机制的改革，强调在职称评审和薪酬分配等方面设置绿色通道；河北、山西、内蒙古、宁夏、江苏、福建从人事机制改革、制度环境优化及出国访学进修方面给予保障。

4. 协调权力运作，实施多方参与共享共建

教育政策的制定要处理好中央政府、地方政府和高校之间的权力关系，以及学校内党的权力、行政权力和学术权力之间的关系。③ 为协调好制定者内部及其与目标群体之间的权力关系，地方政府在"双一流"建设政策的制定中，积极发挥政府的政策指导和资源配置作用，调动省市规划、组织人事、财政、科技、教育等相关部门，共同参与区域"双一流"建设。各省市在"双一流"建设政策中，着力助推政府、社会、高校资源共享平台的构建，鼓励高校拓宽资金筹集渠道，扩大社会合作，形成多元支持、合力共建的格局；探索区域间合作模式，在"一带一路"倡议、京津冀协同发展、长江经济带建设等国家战略基础上，积极开展合作办学、联合培养、人才交流等区域高等教育合作的新方法、新途径，

---

① 《中共北京市委　北京市人民政府印发〈关于统筹推进北京高等教育改革发展的若干意见〉的通知》，北京市人民政府网，2018 年 6 月 8 日，http://www.beijing.gov.cn/zhengce/zhengcefagui/201905/t20190522_61267.html。

② 王鹏、张作岭：《省域"双一流"建设中的"本科人才培养"：策略与反思——基于 22 个省（市）建设方案（意见）的文本分析》，载于《国家教育行政学院学报》2018 年第 2 期。

③ 陈学飞、林小英、茶世俊：《教育政策研究基础》，人民教育出版社 2011 年版。

实现区域高等教育的跨越式发展。同时，通过构建现代化的大学治理体系，协调高校内部各种关系，不断完善高校内部治理。需要指出的是，多方参与共享共建的合作前提在于明确多方主体的权利和义务，只有规范行为，明确职责，建立激励约束机制，才能避免这一举措成为"一纸空文"。

5. 加大资金投入，体现对教育资源的权威性分配

教育政策体现了公共教育的利益分配，其核心问题在于"如何分配"和"分配给谁"。[①] 在这一问题上，省域"双一流"建设通过分层分类建设，力求在保证效率的基础上兼顾公平。省域"双一流"建设政策体现了注重资金驱动的共同点，充足的经费为"双一流"建设提供了坚实的保障。各省市均加大对区域"双一流"建设的资金投入，采取有效举措统筹省级各类教育专项资金，并争取政府相关重大战略投入向"双一流"建设高校倾斜。[②] 通过建立资金募集渠道，吸引社会捐赠，广泛汇集社会资金。为确保资金有效使用，各省市配套了资金使用的相关政策，并注重建设成效的动态监测与资金投入的动态调整，通过建立资金使用的长效机制，确保经费高效合理使用。

（二）省域"双一流"建设政策的差异化分析

省域"双一流"建设政策颁布于国家"双一流"建设政策之后，分析发现其在政策文本的表述上存在趋同性与一致性。然而，从当前各省域所推行的"双一流"建设举措看来，各省市的"双一流"建设目标均紧密结合本地区的经济社会发展特点，展示了高等教育的省域智慧，也具有鲜明的地域特色。对比我国高等教育发展基础良好的四省市"双一流"建设政策，可以总结出省域"双一流"建设的北京规划、上海模式、江苏办法和广东方案，这些个性化方案的实施，为其他省域"双一流"建设的落实提供了有益借鉴。

1. 省域"双一流"建设的北京规划："高精尖学科" + "一流专业建设"

北京市着眼于国家和北京经济社会发展重大需求，在支持国家"双一流"建设的基础上，系统化布局了高精尖学科建设和一流专业建设。高精尖学科建设的目标在于最大化提升学科对行业和区域发展的贡献度，更好地服务于首都建设，最终构建以强带弱的学科共建联盟，形成有影响力的学科群；一流专业建设的目标在于推动央属高校发挥强势专业的示范引领作用，强化专业对人才培养和社会发展的支撑和贡献作用，也在于推动市属高校整合办学资源，优化专业结构，强

---

① 陈学飞、林小英、茶世俊：《教育政策研究基础》，人民教育出版社2011年版。
② 韩习祥、梁传杰、张文斌：《省级层面统筹推进一流大学和一流学科建设》，载于《中国高等教育》2017年第3期。

化优势特色。① 通过遴选百个高精尖学科和首批遴选的 27 个市属高校一流专业的建设，北京市将谋求在关键核心领域的重要地位与引领作用，力争形成一批国际或国内一流的强势专业、行业一流的急需专业、新兴交叉复合型的国内品牌专业。

2. 省域"双一流"建设的上海模式："高峰""高原"学科建设

上海市通过实施"高峰高原学科建设计划"和"高水平地方高校建设计划"，深入贯彻落实"双一流"建设。一方面通过实施"高峰高原学科建设计划"，瞄准国家和上海市社会经济发展需求，针对性、协同式"补缺强优"。初步遴选"高峰"学科 86 个，按照Ⅰ类 24%、Ⅱ类 13%、Ⅲ类 26%、Ⅳ类 37% 的比例，设置个性化目标并予以相应资金支持。作为"高峰"学科土壤的"高原"学科群，遴选总数为 186 个，其中 169 个一级学科点作为第Ⅰ类高原学科，17 个一级学科点作为第Ⅱ类高原学科进行建设。② 引导高校结合需求，按照重点扶持、以强带弱的方式，优化上海高校学科布局，整体提升学科建设水平，力争形成"在高原上建高峰"的学科布局。另一方面通过设立"高水平地方大学建设计划"，采取"一校一策"的方式给予重点支持，支持高校的个性化、多样化发展，引领高校办出亮点、办出成果，推动大学走向高水平，倡导不同类型的地方高校在各自领域和不同类型中争创一流。

3. 省域"双一流"建设的江苏办法："专项+综合"工程

江苏省紧密结合社会经济发展水平及高等教育实际，实施高水平大学建设的"专项+综合"工程，即"4+1+1"模式，体现出江苏特色。其中，"专项"指"四大专项"，包括优势学科建设工程、特聘教授计划、协同创新计划、品牌专业建设工程。重点支持高校特色学科建设，推动高校产出多项一流成果，夯实高水平大学建设的核心基础。③ "综合"指两项综合性支持，即两个"1"。第一个"1"对接国家层面的"双一流"方案，支持对象为入选国家"双一流"建设行列的江苏高校，按照国家要求给予资金支持，助推高校进一步提升综合水平和竞争力，早日迈向高水平和世界一流大学。第二个"1"主要针对办学特色鲜明、综合办学水平接近全国百强的省属高校，进行整体扶优扶强，具体办法是依据绩效评价结果给予重点培育支持。江苏省通过"专项+综合"工程，着力引导不同层次、不同类别的高校找准参照坐标和发展定位，充分激发高校不断深化内涵、

---

① 《中共北京市委 北京市人民政府印发〈关于统筹推进北京高等教育改革发展的若干意见〉的通知》，北京市人民政府网，2018 年 6 月 8 日，http://www.beijing.gov.cn/zhengce/zhengcefagui/201905/t20190522_61267.html。

② 《上海高等学校学科发展与优化布局规划（2014－2020 年）》，上海市教育委员会网站，2015 年 12 月 23 日，http://fzghc.ecupl.edu.cn/df/ef/c2652a57327/page.htm。

③ 《江苏省政府印发〈江苏高水平大学建设方案〉》，江苏省人民政府网站，2016 年 6 月 15 日，http://www.jiangsu.gov.cn/art/2016/7/14/art_46579_2555977.html。

提升办学水平，彰显特色优势的内生动力和活力，提高国际知名度。

4. 省域"双一流"建设的广东方案："冲补强"政策

为解决高等教育发展不平衡不充分的矛盾，推进高等教育内涵式发展，广东省实施高等教育"冲补强"提升计划，分类推动高校在不同层次特色发展、争创一流。截至 2018 年 4 月，广东省投入 32.86 亿多元专项工作资金和创新强校工程资金安排方案，对 34 所公办本科高校给予资金支持。① 截至 11 月，全省共有 41 所本科高校和 147 个重点建设学科入选。② 该项提升计划具体将高校建设分为三个层次："冲一流"即实施"高水平大学建设计划"，"补短板"即实施"粤东西北高校振兴计划"，"强特色"即实施"特色高校提升计划"，通过"冲补强"计划，分类实现各层次高校的发展，增强高校服务和支撑区域经济社会和支柱产业发展的能力，实现学科创新成果的"倍增"。③ 广东省大力度支持各建设高校的发展，2018 年的"冲补强"资金安排方案中，中山大学获得的资金支持最多，共计 3.8 亿元，华南理工大学、暨南大学分别获得 2.2 亿元和 2.04 亿元资金支持。"冲补强"方案瞄准广东经济社会发展前沿，将高等教育发展与社会经济建设紧密结合起来，不仅加速高等教育实现"倍增"，也有力促进广东省经济的腾飞。

（三）省域"双一流"推进政策的典型矛盾

1. 建设重表象而轻内涵

第一，建设目标以外部绩效评价指标为主要参考依据。需要说明的是各省份在制定"双一流"政策的建设目标时，由于各地区出台的政策方案呈现不同的特点和风格，在下文不同维度的对比分析中，比较对象将按照"可比性"原则灵活进行纳入。首先，近一半地区引入 ESI 学科排名，东部地区占比最大，在 22 个省（区、市）中，江苏、山东、福建、海南、广东、浙江、河南、湖北、湖南、甘肃 10 个地区引入了 ESI 学科排名指标，其中东部地区占了 6 席。其次，全国学科评估排名也被作为参考依据，江苏、山东、海南、广东、浙江、上海、湖南、甘肃、宁夏 9 个地区将全国学科评估排名指标纳入建设目标之中。最后，少数地区在制定建设目标时还参考了其他外部绩效评价工具，如山东、福建、宁夏

---

① 《我省公布高等教育"冲一流、补短板、强特色"提升计划建设高校和重点建设学科名单》，2018 年 11 月 14 日，http://www.gdhed.edu.cn/publicfiles/business/htmlfiles/gdjyt/xwfb/201811/522406.htm。

② 《广东高校"冲一流、补短板、强特色"资金分配方案公示》，南方网，2018 年 4 月 11 日，http://news.southcn.com/gd/content/2018-04/11/content_181452663.htm。

③ 广东省教育厅 广东省发展和改革委员会 广东省科学技术厅 广东省财政厅：《关于印发〈高等教育"冲一流、补短板、强特色"提升计划实施方案〉的通知》，广东省教育厅网站，2018 年 6 月 29 日，http://www.gdhed.edu.cn/publicfiles/bus-iness/htmlfiles/gdjyt/tzgg/201807/519847.html。

等地分别将学术影响力排名、国内权威第三方评价、国内有影响力的大学评价排名也作为"双一流"建设的评价标准。

第二，建设阶段划分理想化，主观化色彩浓厚。多数地区的建设周期主要分为三个阶段，第一阶段以 2020 年或"十三五"时期结束为建设节点，第二阶段以 2025 年或 2030 年为建设节点，第三阶段以 21 世纪中叶（2050 年）为建设节点。在政策文本中，上述建设阶段的划分并未有足够的客观依据作为支撑，建设阶段的时间节点也并未充分体现大学发展、学科发展的客观规律，这展现出建设阶段的划分具有较强的主观化色彩。

第三，"双一流"建设主要以政府外部推动为主，高校内部力量式微。就省域"双一流"政策制定与颁布的机构类别而言，各地区"双一流"政策制定与颁布机构包括三大类：一是省（自治区）人民政府；二是省委办公厅、省（自治区）人民政府办公厅；三是省教育厅（市教育委员会）、省财政厅等单位。其中省（自治区）人民政府作为政策颁布机构的情况最为普遍。在政策文本中，具体的建设措施也主要由政府部门来推动，这体现出"双一流"建设政策的制定与实施均严重依赖政府外部推动的力量，而且在其中往往涉及多个行政主管部门的业务领域，需要多部门通力合作、相互配合。由此可见，"双一流"建设工作仍以政府外部推动为主，高校内部的推动力量没有得到足够重视。

"双一流"建设目标必须遵循学科逻辑和社会需求逻辑[①]，但在大学制度建设发展过程中出现了表层目标与深层目标"脱序"现象[②]。多数省份提出了一流大学和一流学科建设数量、建设阶段的目标，但是学术界对于什么才是真正的一流大学和一流学科尚未形成一致的评判标准，"双一流"建设工作也就止于表面，难以深入大学和学科的内部视角。

当前"双一流"建设工作存在着较强的"表象"偏好，而对大学文化、大学精神、学科可持续发展等内在品质提升的关注不足。长此以往，甚至会导致"双一流"建设偏离教育发展的基本规律，走向急功近利之路。究其原因，表面上是在强大的社会问责和舆论压力下，层出不穷的各类排名给大学的长期发展战略规划带来了负面影响，排名位次与院校声望和财政支持挂钩，使得各高校不得不在外部评价的"指挥棒"下迎合"指标化需求"，自然无暇顾及周期长、见效慢的大学内在品质的提升。但本质上，则是因学科的内在生成逻辑与外部推动逻辑存在差异，学科的内在生成逻辑充满偶然性和不确定性，而资源配置天生偏好

---

① 周光礼：《"双一流"建设中的学术突破——论大学学科、专业、课程一体化建设》，载于《教育研究》2016 年第 5 期。

② 阎凤桥：《我国高等教育"双一流"建设的制度逻辑分析》，载于《高等教育研究》2016 年第 11 期。

"外部推动逻辑",从而导致"制度性低效"。①

2. 建设重投入而轻培育

第一,各省"双一流"建设中的人才政策较为注重外部引进而轻视内部培育。从表1-1的人才支持政策中可知,以东部为代表的大多数地区普遍重视人才的外部引进,主要希望引进具有"院士、千人计划人才、国家高层次人才特殊支持计划人才、长江学者、青年长江学者、国家杰出青年科学基金获得者"等头衔的高层次人才。例如,江苏省计划在2020年实现全职聘任600名特聘教授,福建省支持"一事一议"协商引进政策;而少数中西部欠发达地区则提出"引进"和"培育"并重,并积极探索"联合培养"之路。值得注意的是,虽然少数中西部地区提出了引进和培养并重的思路,但是在政策描述时仍将引进人才放在培养人才之前进行说明,这也在一定程度上表明其更加重视外部人才引进的工作。例如,宁夏回族自治区选择加大高水平博士引进培养力度;贵州省鼓励高校间建立发展战略联盟;内蒙古自治区则积极推进国内国际交流合作,努力探索人才资源的"联合共享"之路。

表1-1　省域"双一流"建设中的人才政策与财政支持政策

区域	省域	人才政策支持	财政经费支持
东部	北京	人才特区、打破束缚、激励机制	每年每个创新中心给予5 000万～1亿元的经费投入,原则上不低于70%的经费用于聘任国内外高端人才
	上海	绩效工资制度、试点建立双聘制和合同制科研队伍	2014～2017年,市级财政预计投入36亿元,其中相当部分用于教师队伍建设
	浙江	创新团队建设计划和高层次人才引进计划	—
	广东	培育和引进并举	2015～2017年,投入50亿元建设资金
	辽宁	高端人才队伍建设	—
	福建	一事一议、人才"特区"、协商工资	"十三五"期间,投入16亿元支持"双一流"建设

---

① 高耀:《学科评估机制失衡的效率损失与补偿策略——兼论"一流学科"建设的路径取向》,引自《全国高校质量监测研究会2017年学术年会论文集》,2017年。

续表

区域	省域	人才政策支持	财政经费支持
东部	海南	实施高层次人才和创新团队引进培育计划	—
	江苏	高端引进、全职聘任、创新机制、营造环境	进入百强省属高校，每年每校给予1亿元左右资金支持
	山东	团队支持、扩大立项建设学科自主权	"十三五"期间，筹资50亿元支持"双一流"建设
	河北	引进和培养并重	"十三五"期间，筹措25亿元支持"双一流"建设
中部	安徽	加快培育高层次优秀人才及团队，加大高端人才引进及现有国家级创新团队的支持力度	—
	河南	围绕学术前沿和重大战略需求，强力引进学科领军人才和高水平团队	2015~2017年，投入10亿元资金；2018~2024年，每年3亿元资金支持
	湖北	重点引进高精尖缺人才，吸引集聚大批国内外优秀人才	—
	湖南	中青年骨干教师培养计划	—
	山西	实施重点创新团队建设计划和培育计划	—
	江西	简政放权、优先支持、激励科技人员创新创业	—
	黑龙江	引进高端、培养青年、资助潜力	—
西部	四川	培育和引进并举、扩大高校自主权限	—
	甘肃	培育和引进并举	—
	内蒙古	人才"绿色通道"、推进国际国内交流合作	—
	宁夏	引进高端人才、加大培养力度	2017~2020年，自治区高等教育专项资金规模增加2亿元
	青海	培养拔尖创新人才、发挥对口支援优势	—
	贵州	引进高层次人才、培养中青年人才、校级联盟战略	—
	陕西	优化中青年教师成长发展、脱颖而出的制度环境	国家"双一流"入围高校，省级财政按照中央财政支持标准1:1配套

资料来源：笔者根据相关资料整理。

长此以往，各省都将走向"重金抢人"的人才争夺之路，盲目竞争的局面将难以扭转。与此同时，外部引进人才的潜在问题不容忽视，虽然短时间内可以带来学校各项排名指标的大幅提升，但缺乏可持续性，无异于揠苗助长。中西部地区在这场轰轰烈烈的"人才争夺战"中将沦为重灾区，不仅外部人才难以引进，而且原有人才也流失严重。虽然在国家"一带一路"倡议规划下，中西部地区对高层次人才有着迫切而现实的需求，国家也出台了《关于进一步加强和规范高校人才引进工作的若干意见》《关于坚持正确导向促进高校高层次人才合理有序流动的通知》等文件，引导高层次人力资本有效配置，但是在我国东部地区财政大力支持和优惠政策迅速落地的背景下，无序且盲目的"人才争夺战"恐将难以避免。

第二，重视资金投入而轻视制度建设。在资金支持方面，各地均较为重视资金投入，且东部地区资金投入力度普遍大于中西部地区。从表1-1的财政经费支持中可知，"十三五"期间，山东、河北、福建三省分别筹资50亿元、25亿元、16亿元支持"双一流"建设，广东省则在2015~2017年间就投入50亿元建设资金。在中西部地区，河南省计划一期（2015~2017年）投入10亿元资金，二期（2018~2024年）年均投入3亿元；宁夏回族自治区计划在2017~2020年间将高等教育专项资金规模增加2亿元；陕西省拟对进入国家"双一流"建设序列的高校，省级财政按照中央财政支持标准进行1∶1配套。但是，重视资金投入之余制度规范并未形成，在招生与学位授予、人事、财务等方面缺乏必要的配套制度，这将不利于"双一流"建设的财政资金更加有效地发挥作用。

之所以形成重投入而轻培育的无序竞争局面，主要是因为"双一流"建设严重依赖政府外部推动，在制度缺失的情境下学术共同体的作用难以得到有效发挥。一流的师资队伍是建成世界一流大学的关键要素[①]，积极抢夺高层次人才也成为各省份建设"双一流"的速成法。如今，高层次人才引进呈现粗放式的盲目竞争格局，其主要特点就是依靠资金实力来"重金挖人"，这种粗放式的人才引进模式着眼短期利益，实在难以持续。就外部因素而言，地区间的人才聚集效应和资金投入实力的差距产生了一定影响。相比我国中西部地区，东部地区教育资源更发达，人才储备优势明显，科研团队和创新平台较为成熟且协同创新能力较强，而且东部高校财力雄厚，教师待遇较高，拥有强大的人才吸引力。就内部因素而言，政府是推动"双一流"建设的重要力量，但其立足于高等教育领域之外，并不了解高等教育发展的规律和特点，而真正了解高等教育发展规律的学术共同体并未有效参与到人才评价、学科评估、发展路径设计、资金使用等制度建

---

① 谈哲敏：《师资队伍是"双一流"建设的核心》，载于《中国高等教育》2017年第3期。

设过程中,从而导致了制度缺失和无序竞争的局面。

3. 建设重规范而轻特色

第一,政策名称保持高度一致。各省份政策名称中较多出现"一流大学""高水平大学""一流学科"等词汇,这也和国家层面的政策文本在名称上保持高度一致。例如,《辽宁省统筹推进世界一流大学和一流学科建设实施方案》《福建省人民政府关于建设一流大学和一流学科的实施意见》《湖北省人民政府关于推进一流大学和一流学科建设的实施意见》和《甘肃省人民政府关于印发统筹推进高水平大学和一流学科建设实施方案的通知》等。

第二,政策文本结构的一致性特点突出。国务院《统筹推进世界一流大学和一流学科建设总体方案》包括总体要求、建设任务、改革任务、支持措施、组织实施五个主要部分。青海、宁夏、内蒙古、甘肃、陕西、湖南、湖北、河南、安徽、河北和辽宁11个省份的"双一流"政策文本结构与国务院文件一致性最强,仅在某些部分的表述上略有不同。以山东、江苏、海南、福建为代表的东部省份加入了重点项目、重点任务、立项条件等内容。西部地区的贵州省将发展思路单列出来。中部地区的山西省则围绕"1331工程",重点规范了该工程的建设任务。但综合而言,各省"双一流"建设政策文本的主要内容均是按照"建设原则→建设目标→工作任务→建设措施"的逻辑结构进行撰写,体现了较强的一致性特征。

第三,建设周期呈现出较为一致的"三阶段"特征。多数地区"双一流"建设工作分三个阶段进行,大多按照"2020年→2030年→21世界中叶"的时间表分阶段建设,具体如表1-2所示。仅有少数地区存在不同情况,例如陕西省、安徽省只以2020年左右为界划分了一个建设阶段并提出了具体目标,宁夏回族自治区、河南省则将建设工作分为两个阶段,只有青海省将建设周期分为四个阶段,而贵州省、山西省并未明确划分建设阶段与周期。

表1-2 各省"双一流"建设阶段状况

区域	省域	第一阶段	第二阶段	第三阶段	第四阶段
东部	辽宁	2020年	2030年	21世纪中叶	—
	福建	2020年	2030年	21世纪中叶	—
	海南	2020年	2030年	21世纪中叶	—
	江苏	2020年	2030年	21世纪中叶	—
	山东	2020年	2030年	—	—
	河北	2020年	2030年	—	—

续表

区域	省域	第一阶段	第二阶段	第三阶段	第四阶段
中部	安徽	2020 年	—	—	—
	河南	2019 年	2024 年	—	—
	湖北	2020 年	2030 年	21 世纪中叶	—
	湖南	2020 年	2030 年	2050 年	—
西部	四川	2020 年	2030 年	2050 年	—
	甘肃	"十三五"时期	2030 年	21 世纪中叶	—
	内蒙古	2020 年	2030 年	21 世纪中叶	—
	宁夏	2020 年	2025 年	—	—
	青海	2020 年	2025 年	2030 年	21 世纪中叶

资料来源：笔者根据相关资料整理。

各省份"双一流"建设的政策名称、文本结构、颁布时间、建设周期等方面均呈现出非常强的一致性和规范性，但缺乏不同区域发展特色、大学特色和学科特色等个性特征。究其原因，这是因为政策制定的出发点以"向上负责"为主，缺少立足地方特色的"向下负责"意识。首先，"向上负责"已经成为政策制定时的一种行为自觉，省域"双一流"政策的制定以国务院文件为依据，各省（区、市）均是按照国务院的整体部署，制定本地区"双一流"建设的细化措施，但各地因缺乏"向下负责"的意识，导致省域"双一流"政策的规范性较强而创新性不足，在政策文本中难觅地方特色。其次，许多地区缺乏高等教育事业发展的系统性、全局性规划，区域内高校对自身的定位并不明确，甚至缺乏对自身特色资源和优势资源的了解和认知，这也在客观上导致政策制定时难以立足地方特色。

省域"双一流"建设是我国"双一流"建设战略的有机组成部分，为我国高等教育强国建设目标早日实现提供了强大助力。通过对部分省市"双一流"建设政策文本分析，我们认为在当前省域"双一流"建设中，尚存在以下困境。第一，如何实现对省域高等教育的全面统筹。省域高等教育的全面统筹，其内涵不仅包括层次上的统筹，也包括类型上的统筹，从当前各省高等教育的发展现状来看，部分省份尚未实现"全面统筹"，更未形成高峰凸起、高原崛起、全面发展的局面。第二，如何引导高校突出发展特色。面对过去"五唯"①评价倾向所造成的高校发展同质化问题，引导高校找准办学定位，突出办学特色，实现高校的异质化发展，将引导高校在各层次、各类型的建设中冲击一流。第三，如何在结

---

① "五唯"指唯论文、唯"帽子"、唯职称、唯学历、唯奖项。

果的评价中体现对过程的监测。对建设过程的管控将确保建设目标的顺利达成，加强对建设过程的监测将对项目终期评价提供数据支持，同时，能够为建设资金的动态调整、建设对象的"有进有出"提供决策依据。

(四) 省域"双一流"建设政策的推进机制

1. 理想导向型

一般而言，教育政策的触发机制包括"理想导向"和"问题导向"两种类别。[①] 就"双一流"建设政策的宏观实施背景而言，"双一流"建设与"问题导向"的触发机制并未有过多关联。这是因为，建设一流大学和一流学科的政策构想并不直接来源于当前高等教育发展中存在的现实性或具体性问题，而是国家教育主管部门基于我国高等教育事业全局性发展所作出的政策安排和政策选择。显而易见，"双一流"建设政策瞄准建设一流大学、一流学科的前沿目标，期望实现我国高等教育领域院校发展和学科发展的合理布局，进而从总体上不断增强我国高等教育发展的综合实力，以便更好地为实施人才强国战略和创新驱动发展战略奠定基础。从微观的政策文本结构而言，各省"双一流"建设政策文本的主要内容基本按照"建设原则→建设目标→工作任务→建设措施"的逻辑结构进行撰写，建设目标的指引和导向作用突出，充分展现出"先目标，后举措""以目标指引行动"的建设思路。

2. 外部推动型

外部推动型是省域"双一流"建设的重要特点之一。此处的外部与内部，主要基于高等教育领域之外与之内进行对应划分。高等教育领域内部主要是指以高等院校、学科、科研人员、学生群体等为涵盖对象的具体领域，而高等教育领域外部主要是前述对象之外的其他领域，比如以政府部门为代表的行政领域和以社会公众为代表的公共领域。当前，省域"双一流"政策制定与实施的机构以政府部门为主，"双一流"建设工作主要依靠各级管理部门的统筹和推动。此外，就"双一流"建设的具体目标而言，国内外大学排名、学科排名等指标也被纳入许多省份的评价标准，这表明社会公众对高等教育的评价和关注也成为推动"双一流"建设的力量来源之一。

3. 资金投入型

在省域"双一流"建设中，侧重资金投入也是政策的一大典型特点。众所周知，高等教育的发展离不开资金的支持。特别是在"双一流"建设的过程中，高层次人才的引进与培育、科研平台的搭建与完善、科研项目的实施与开展都需要

---

① 陈学飞：《教育政策研究基础》，人民教育出版社2011年版。

大量的资金支持，资金支持作用可谓举足轻重。正因如此，许多省份立足经济实力和地理区位等优势，以地方财政的大力支持为基础，不断推动本地区"双一流"建设工作取得实效。例如，广东省设立了高水平大学建设专项资金，从2015~2017年安排50亿元促进高水平大学学科建设、产学研合作、师资建设、平台建设等；福建省将"双一流"建设计划作为本省"十三五"期间重点发展项目，每年安排16亿元用于"双一流"建设，并承诺资金投入将根据实际情况逐步增加；山东省多渠道筹措50亿元用于"双一流"建设，并对进入国家"双一流"建设行列的部属高校予以配套支持。

三、省域"双一流"建设推进路径优化策略

"双一流"建设是新时期提升我国高等教育整体发展水平、增强高等教育国际竞争力的重要战略决策。各省（区、市）立足本地实际相继出台了"双一流"建设政策，为本地区一流大学、一流学科的建设作出了整体安排和谋划布局。贯彻落实国家政策导向，深入推进省域"双一流"建设实践，需要树立理论自信，实现政策创新，化解诸多矛盾。

（一）尊重大学自主和学科发展规律，理性推进"双一流"建设

就宏观层面而言，高等教育存在"政治论"和"认识论"两种哲学基础，"双一流"建设目标的制定也应符合双重约束，即考量社会需求和知识发展两个维度。就微观层面而言，一流学科的成长具有外部推动和内在生成双螺旋逻辑的制度特性，由此决定了良性的学科发展必须同时重视外部显性评价机制和内在隐性评价机制约束，并在两种机制约束间保持"适度均衡"。[①] 因此，"双一流"建设必须尊重大学自主和学术自由的研究传统，尊重学术研究工作的自发秩序，积极营造自由开放、兼容并包、宽松容错和追求卓越的学术氛围，注重学科内在品质和文化的培育。"一流"一词的内涵既包括办学水平、硬件条件等外在的评价维度，也包括大学精神与文化、知识创造与传播等内在品质维度。"双一流"建设在回应大学排名、学科评估等外部问责的同时，也应兼顾"高深知识"生产、精神文化凝练等内部塑造。

---

① 高耀：《学科评估机制失衡的效率损失与补偿策略——兼论"一流学科"建设的路径取向》，引自《全国高校质量监测研究会2017年学术年会论文集》，2017年。

（二）注重制度建设，避免盲目竞争

高层次人才队伍是"双一流"建设过程中最具活力的关键要素。一流大学需要一流学科支撑，而一流学科的形成离不开一流学者的聚集，一流大学、一流学科与一流学者之间紧密耦合。一方面，要想打破重投入而轻培育的典型矛盾，应该尽快改变着眼于短期利益的粗放式人才引进模式，加快建立健全本地人才激励制度，在职称评审、职级晋升、科研经费等多方面出台配套制度，强化激励机制合理性与公平性，构建符合高层次人才成长需求的动力体系。只有更加注重人才的内部培养，才有利于人才供给的长期可持续，以满足高等教育事业长远发展的需要。另一方面，各地区应该进一步完善制度建设，扫清学术共同体参与"双一流"建设的制度障碍，让学术共同体有机会参与到招生与学位授予、人事、财务等方面的制度建设中，特别是在人才评价、学科评估、发展路径设计、资金使用等领域发挥更大的作用，努力改变行政部门对高层次"头衔"人才的特殊偏好，从而改善各地区对高层次"头衔"人才盲目争夺的局面。

（三）实施错位发展战略，突出特色

"双一流"政策的本质还是院校重点建设政策，是对新中国成立以来重点建设政策的继承与调适①，普惠性的平均分配是对"双一流"设计思路的误读。各地区应摒弃重规范而轻特色的发展理念，积极实施错位发展战略，突出自身特色，走差异化道路，这将是参与"双一流"建设的占优策略。一方面，政府有关部门需积极探索科学的绩效评价工具，合理配置教育资源，完善"能进能退"的动态调整等配套制度保障，倒逼各地区、各高校主动进行错位发展。另一方面，避免短视的政策调整，保证院校发展战略规划的长期性和稳定性，持续提升教育质量和核心竞争力才是积极参与"双一流"建设的坚实保障。再进一步，关于区域错位发展而言，东部地区可以进一步发挥自身高等教育资源优势，坚持在"双一流"建设中瞄准世界前沿、争当世界一流的高水平角色定位；中西部地区则可以关注国内学科领军人才和高水平团队、中青年教师等人才群体和本地区特色学科的发展，紧抓地区优势和地区特色，促进自身发展。对于处在不同发展层次的高校而言，重点高校应进一步抓住机遇提升人才培养质量，提高学术科研人才的综合培养能力；而非重点建设高校可以依托本校优势，以特色驱动发展，找准定位，着力加强专业技能型人才、实践应用型人才的培养能力。

---

① 张端鸿：《"双一流"：新时期我国院校重点建设政策的延续与调试》，载于《教育发展研究》2016年第23期。

（四）全面统筹，带动整体水平提升

《中华人民共和国高等教育法》明确规定，"省、自治区、直辖市人民政府统筹协调本行政区域内的高等教育事业，管理主要为地方培养人才和国务院授权管理的高等学校"。省域"双一流"建设面向所有高校，不仅包括建设基础好的高校，还包括高职院校。省域高等教育的全面统筹，意指对处于该地区的高校，无论其是何隶属权或何种层次，都要纳入省域高等教育的统筹范围。[1] 这就要求省级地方政府要将本地区的高等教育资源进行全面部署，这其中，包括政策的制定与执行、资源的协调与配置、过程的监督与评价。以广东省和上海市的"双一流"建设实践为例，只有全面统筹省域各类型、各层次高等教育的发展，"一视同仁"地将全部高校纳入整体建设与支持的方案当中，同时引导一流学科、一流大学积极带动普通学科、其他类型大学的建设与发展，才能带动竞争，调动积极性，在一定程度上打破高校的"舒适区"，促进高等教育整体水平的提升，实现高等教育对国家战略和区域经济社会发展的支撑作用。

（五）突出特色，倡导异质化发展方向

高等教育系统由不同类型、不同层次的教育教学机构组成，为了实现高等教育系统的多样性、个性化发展，需持续分类推进"双一流"建设。在优化省域高等教育空间布局的基础上，应采取有效的分层分类办法，确保高校差异化、特色化发展。其中，广东省和江苏省的"双一流"建设模式提供了有益参考。突出特色，倡导异质化发展方面，可从以下方面入手：首先，引导高校找准办学定位，支持分类建设，凸显办学特色，避免高校建设趋同化。其次，坚持分类投入，在资金分配上，考虑办学质量、办学特色等因素，实行分类、分档、分级支持，实现教育资源的科学配置和充分利用。最后，进行分类管理，建立高校多元化分类评估体系，分类制定考核指标体系。通过引导高校合理定位，发挥优势，办出水平和特色，使高校更好地服务于省市的功能定位。

（六）动态监测，全面保障建设质量

深化宏观统筹，加强"双一流"建设的战略布局，明确"双一流"建设政策的实施方向，通过加强对"双一流"建设的配套政策和配套平台建设要求，突出对建设过程的重视。实施动态监测，全面保障建设质量，可从以下方面入手：

---

[1] 陈彬、袁祖望：《试论"加强省政府高等教育统筹权"的基本内涵》，载于《高教探索》2003年第3期。

首先，建立高等教育重点建设项目监测平台，实现对建设过程的监测。通过平台能够动态、实时反映建设项目情况，实现对建设项目的动态评价和过程指导及督导，有效促进将过程性评价和结果性评价的有机结合，避免评价对建设的错误导向。其次，动态监测高校各类管理制度，加强对人事制度、资金使用制度等配套政策的建设。通过规范引导人才引进政策，纠正人才引进中的恶意竞争和掠夺现象；通过规范引导资金使用政策，实施对经费使用的监管，纠正资金使用中资金利用效率低、使用不规范等现象。最后，贯彻"动态竞争"的原则，注重对建设目标达成情况的考察，通过对建设过程的监测和建设结果的评价，真正实现建设对象的"有上有下，有进有出"。总之，要以高度负责的态度，为"双一流"建设营造公平竞争、科学规范、有法可依的建设氛围。

党的十九大报告指出："创新是引领发展的第一动力，是建设现代化经济体系的战略支撑。""双一流"建设高校在围绕国家重大战略需求和科研重点创新方面，发挥着不可替代的作用。面对世界百年未有之大变局，高等教育特别是"双一流"建设需要深化内涵发展，扎根中国大地，面向社会需求，服务国家战略；需要加强科技创新，推动产业变革，实现"卡脖子"和关键技术的突破，提升国家核心竞争力；需要坚持示范引领，推进模式变革，带动结构体系协调发展，支撑民族复兴。

第二章

全球世界一流大学评价体系与推进战略比较研究

世界一流大学处于大学建设中的顶峰,在知识生产与创新、人才培养、科学研究、社会服务、国际交流与合作等方面扮演着关键角色,是国家竞争力的重要组成部分。世界各国都极为重视高水平的世界一流大学建设,纷纷采用适合自己国情的办学模式,走出了各具特色的世界一流大学之路。不同国家和地区在创建世界一流大学的进程中,既有全球化背景下面临的共性问题与挑战,亦植根于其独特的政治、经济、文化和社会环境;既拥有共同的战略焦点和目标,亦具有不同的发展定位与侧重点;建设条件和建设计划均存在较大的差异性,实施效果亦不尽相同,从而形成了不同的建设模式。本章选取了美国的纽约、波士顿、旧金山、洛杉矶,英国的伦敦,法国的巴黎,德国的柏林,日本的东京,俄罗斯的莫斯科,中国的北京、上海、武汉、广州7个国家的13个城市为案例,围绕不同国家和地区世界一流大学建设的条件、成效等进行综合比较分析。

第一节 世界主要国家一流大学评价体系比较研究

如火如荼的经济全球化不仅带来了全球经济的协同发展,更带来了激烈的竞争与此起彼伏的危机。在全球大发展、大变革、大调整的形势下,各国都愈发重视世界一流大学在一国发展中的重要地位,并开始制定实施本国的世界一流大学建设方案(见表2-1)。在这些国家之中,德国、日本和韩国的世界一流大学计划在经多轮长期重点建设之后,其教学科研质量和国际竞争力均得到显著提升,并形成具有本国特色的重点建设评价体系。因此,德国、日本、韩国世界一流大学建设评价体系的构建将对我国世界一流大学建设评价体系构架提供有效的经验借鉴。

表2-1   德国、日本、韩国重点建设计划评价体系主要特征

国家	时间	名称	建设内容	评价组织	评价内容	评价信息公布	评价效用
德国	2005~2012年	卓越倡议计划(第一、第二轮)	(1)研究院;(2)卓越群;(3)精英大学	国际专家委员会	(1)学校现状描述;(2)未来发展战略;(3)长期发展规划	德国研究基金会(DFG)网站公布计划资金、资助范围、资格标准、资助程序、评估、项目津贴开支、资助期限等详细信息	(1)连续入选大学须汇报前期计划实现情况,与新参评大学不同,此类大学的建设成效评价重于其未来规划;(2)实施绩效评估和动态建设
德国	2012~2017年	卓越倡议计划(第三轮)					
日本	1995~2001年	卓越中心(COE)基地计划"国公私TOP30"计划	卓越科研基地建设	COE计划委员会	(1)大学战略视角;(2)基地建设视角;(3)预算视角	政府向社会公布计划的重点资助对象	(1)评价结果与后续经费增、减、停相挂钩;(2)对5年周期内未实现目标的项目进行清理
日本	2002~2006年	21世纪COE计划				日本学术振兴会网站公布遴选结果和拨款细况	
日本	2007~2015年	全球COE计划				日本学术振兴会网站公布遴选结果	

续表

国家	时间	名称	建设内容	评价组织	评价内容	评价信息公布	评价效用
韩国	1999~2005年	21世纪智慧韩国工程（BK21第一期）	研究团队建设	BK21工程管理委员会	（1）教学能力；（2）科研能力；（3）制度革新与资助	设立BK21专门网站，发布遴选委员会条件及构成、评选结果、中期评价等详细信息	（1）对年度评估未达标团队予以拨款惩罚；（2）取消单项绩效差的团队的参选资格，执行退出机制
	2006~2012年	21世纪智慧韩国工程（BK21第二期）					
	2013~2019年	21世纪智慧韩国工程后续项目（BK21 Plus）					

资料来源：笔者根据相关资料整理。

一、德国、日本、韩国世界一流大学建设评价体系

本部分内容将以德国、日本、韩国三国重点建设计划为考察对象，重点从评价主体、评价内容、评价组织三方面工作的改进总结其所积累的有效经验。

（一）评价主体的选择呈现多元化趋势

第三方评估具有独立、专业和权威的优势，是保证评价结果客观公正的前提和基础。在服务型政府理念逐渐成为世界共识的当下，实行第三方评估成为政府开展高校绩效管理和绩效评价的主要抓手。与我国直接由政府部门组织重点建设评审专家委员会的做法不同，德、日、韩三国均由政府部门委托专门机构成立专家委员会，如德国的"卓越倡议计划"由德国联邦政府委托德国研究基金会和德国科学委员会组成国际专家委员会，日本的"COE计划"由日本文部科学省委托日本学术振兴会设立"COE计划委员会"，韩国的"BK21工程"由韩国教育部委托韩国国家研究基金会设立"BK21工程管理委员会"。德、日、韩三国由专家委员会开展独立的第三方评估活动，评价结果对专门机构和公众负责，据此保障评价结果的相对独立性。

从德、日、韩三国重点建设计划评价委员会的人员构成来看，国际化是其重要特色。引入政产学研各方专家和国际学术力量，可尽可能地排除本土评委和纯学术专家非正式权力的影响，保障评价委员会从学术与产业、本土与国际的多重视角开展评价活动，全方位探察治理本国治学问题，使评价过程更加客观、评价标准更加科学、评价结果更加公正。另外，国际专家的加入有助于提升本土大学教学和科研的前沿性及扩大其国际影响力。在此理念指导下，德、日、韩三国重点建设工程构建了国内外多元力量参与的评价委员会，如德国的国际专家委员会由约300名专家组成，其中60%都来自其他欧洲国家，30%来自非欧洲国家，10%为德国专家[①]；日本的计划委员会由大学校长和来自学术与科研机构、第三方评价机构、新闻媒体机构的成员构成，并引入了具有国外学术经历、在国外大学从事相关科研活动且能够熟练运用英语的日本专家[②]；韩国的工程管理委员会则由一位副部长级别的委员长及来自学术界、产业界和新闻界的11位委员组成咨询委员会[③]。

（二）评价内容的制定突出服务性

为了保证本国大学切实践行人才培养和教育教学基本要求，德、日、韩三国在评价标准体系中均刻意强调了教学与人才培养的重要性。德国的"卓越倡议计划"特别注重评价德国顶尖大学的教学现状，要求德国世界一流大学的长期发展规划须关注研究生院和卓越集群的发展战略对教学的影响，并要求大学出台多种举措推进高素质科研人才的培养。日本在"COE 计划"评价体系中专门设置了人才培养要项，要求本国大学制定有效的教育方案，着重培养年轻研究人员，构建完善年轻研究人员能力发展机制，为博士生提供财政支持和必要的指导，派遣年轻研究人员参与国际联合培养和科研合作，为年轻研究人员提供独立工作机会。韩国的"BK21 工程"将人才培养作为整个工程的核心任务，以自然科学领域为例，该工程将教学能力建设作为韩国创建世界一流大学的首要工作，并在评价体系中为其赋值128分（满分300分），占比42.7%，为整个评价体系中占比最重、地位最高的指标，教学能力建设指标注重评价其教育蓝图与目标、课程设置、人才培养计划、研究生培养方案与国际化教育规划等（见表2-2至表2-4）。

---

① 朱佳妮：《德国的"卓越计划"：建设世界一流大学》，载于《国际高等教育》2013年第3期。
② 赵俊芳、周天琪：《日本"全球 COE 计划"研究》，载于《外国教育研究》2016年第9期。
③ 曹丽霞：《BK21 工程与韩国高等教育国际化研究》，浙江师范大学硕士学位论文，2014年。

表 2-2　　　　德国"卓越倡议计划"的入选评审要项

一级指标	二级指标
学校现状描述	(1) 学校定位； (2) 学校的科研机构及近年来改革举措； (3) 促进科研的基础设施； (4) 吸引优秀研究人员的聘用程序； (5) 后备研究人员的激励措施； (6) 与外部伙伴合作的形式和效率； (7) 研究型教学的实践与构想； (8) 基于SWOT分析的行动能力
发展战略	(1) 发展尖端科研的规划（包含克服劣势的举措、创新成分、预期的影响与进步等）； (2) 研究型教学的目标与实施； (3) 实施项目的组织与管理； (4) 项目资金预算与后资助时期的可持续发展计划
长期发展规划	(1) 研究生院和卓越集群的作用； (2) 发展战略对扩大校内与校外的尖端科研的影响（包括对教学的影响）； (3) 发展战略增强学校国际竞争力的可能性

资料来源：郑春荣、欧阳凤：《德国大学精英倡议计划之未来构想分析——以慕尼黑工业大学为例》，载于《外国教育研究》2013年第11期。

表 2-3　　　　日本"全球COE计划"的入选评审要项

一级指标	二级指标
大学战略视角	(1) 基地建设在大学未来的整体发展规划中占据重要的战略性地位； (2) 所在大学校长为将基地建设成为国际一流的教育与研究中心做出了巨大努力； (3) 资助结束后，该基地能够继续独立运作，并成为国际一流的教育与研究中心
基地建设视角	整体层面： (1) 设计了旨在将基地打造成为具有未来发展潜力的国际一流教育和研究中心的建设方案，该方案可以分步实施，尤其能够提升博士生的教育与科研能力； (2) 若方案提出与其他机构合作，要明确其必要性； (3) 设计了一套有效的运作管理系统

续表

一级指标	二级指标
基地建设视角	人才培养方面： （1）制定了有效的教育方案来培养年轻的研究人员并使之发挥重要作用； （2）为博士生提供财政支持，为其开展独立科研工作提供机会； （3）采取"走出去、请进来"策略，培养国际性科研人才； （4）以往在培养和支持年轻学者方面具有良好记录； （5）若与其他机构合作，说明如何保障有效合作。 科学研究方面： （1）设计了旨在达到全球最高研究水平的方案，包括科研人员引进与科研成果传播； （2）有助于研究人员间开展实质性合作； （3）以往的科研成果有助于实现建立国际一流的教育与科研中心； （4）若与其他机构合作，说明如何开展实质性合作
预算视角	预算合理、恰当，是推进项目实施所必要

资料来源：JSPS. Review guidelines，2017 年 5 月 20 日，http：//www.jsps.go.jp/english/eglobalcoe/data/01_outline_guideline/rev_guide.pdf.

表 2–4　韩国"BK21 Plus 工程"自然科学领域评估标准

一级指标	二级指标
教学能力	（1）事业团的教育蓝图与目标； （2）课程设置； （3）人才培养计划； （4）研究生培养方案； （5）国际化战略
科研能力	（1）事业团的研究愿景； （2）研究人员组成； （3）研究的国际化现状； （4）参与教授的科研能力； （5）产学合作
制度革新与资助	（1）战略愿景； （2）研究型大学的系统改善方案； （3）资助与培养

资料来源：赵俊芳、崔鸣哲：《21 世纪智慧韩国高水平大学建设工程研究》，载于《比较教育研究》2016 年第 5 期。

结合德、日、韩三国引领高校服务国家战略的做法和其重点建设工程的评价标准体系，可发现各国大学重点建设中不断去强调世界一流大学"服务国家战略、培养高端人才和开展卓越科研"的服务性功能，即政府通过"前端引领"或"终端评审"形式确保高校在建设进程中始终以服务国家战略为根本导向，并重视提升教学地位，强调教学与科研的互动，使大学在全力提升创新水平和开展卓越研究中能够同时兼顾教育教学和人才培养，克服以往重科研、轻教学的倾向，从而引导教学与科研均衡发展。

（三）评价组织的实施注重公开化

为了确保重点建设工程评价效用的公信力，德、日、韩三国在重点建设工程的评价组织、评价程序、评价标准和评价结果等信息公布上一直保持公开、透明的传统。德国"卓越倡议计划"的评价委员会人员构成、评委个人情况均通过 DFG 网站对外公开，并在德国联邦和各州政府签署的《卓越倡议计划协议》中对该计划的评估要求作出了说明。日本也通过日本学术振兴会网站公布评委会人员的详细信息，通过及时发布公募通知、审查结果、中间评价和事后评价等信息，全程保证评价过程的透明性。韩国通过设立 BK21 专门网站，及时发布遴选委员会条件及构成、评选结果、中期评价、项目成果、奖惩措施等信息。

德、日、韩三国严格执行了一系列绩效考核机制，使第三方评价组织作出的评价结果成为重点建设工程经费投入与身份认定动态调整的唯一依据，以此保障评价效用的严肃性。德国"卓越倡议计划"采取"轮期制"评价模式，首轮资助结束后，国际专家委员会在第二轮评选中采取与首轮一致的评选标准。"卓越倡议计划"注重绩效评估、实施动态建设，执行有进有出的动态调整机制，如第二轮中就有三所大学未通过评价而被强制退出、五所大学增补进入[①]；另外，根据首轮总体评价结果，第二轮"卓越倡议计划"中的研究生院和卓越集群项目更倾向于为人文社科和跨学科领域提供资助[②]。日本"COE 计划"执行"三段式"评价模式，即在整个建设周期内，先后实施事前评价、中间评价与事后评价，尤其是分为五个等级的中间评价，"COE 计划"委员会以目标的达成情况为重要依据，对于经评价认定有一定困难达到、很难达到和确实难以达到目标的高校，将

[①] 郑春荣、欧阳凤：《德国大学精英倡议计划之未来构想分析——以慕尼黑工业大学为例》，载于《外国教育研究》2013 年第 11 期。

[②] 刘宝存、张伟：《国际比较视野下的创建世界一流大学政策研究》，载于《比较教育研究》2016 年第 6 期。

直接作出调整后续经费资助力度的决定①；而在事后评价中，对于评价结果为"未能实现预期成果"的，将取消高校负责人参加下一轮重点建设计划的申请资格②。韩国"BK21 工程"则施行"年度制"评价模式，即每年对项目进行评估并及时公布评价结果，尤其是在第二期"BK21 工程"评价过程中，严格执行惩罚与淘汰制度，通过多个步骤对受资助的所有研究团队进行评价，取消单项未过半或单项排名在最后 20% 的团队的参选资格③，并将末尾团队 20% 的经费用于奖励评估中排名第一的团队④。

二、国际世界一流大学评价的经验启示

国际世界一流大学建设评价的体系构建为我国世界一流大学建设评价体系的构建提供了良好的经验。具体而言，我国可从委托专门机构，开展独立评价，重视国际专家在我国重点建设工程中的资政建言作用；发布战略领域，优化评价标准，引导人才培养与科学研究既相互平衡又统一于国家建设；践行阳光评价，力推动态调整，以严肃的评价效用增强入选大学危机意识和候补大学进取信心等方面进行借鉴。⑤ 与此同时，综合上述国家的世界一流大学建设评价经验，在当前阶段，我国的世界一流大学建设评价可从加强顶层设计，加快构建评价体系，创建开放的评价维度，加快信息化建设，加强常态评价等方面进行探索。⑥

加强顶层设计。日本的"全球顶级大学计划"在启动之前就谋划和布局各项工作。首先明确计划的建设目标。通过一流大学建设计划的实施要达到"提升特色""培养人才""提高知名度和排名"的目标。其次，明确评估的重点。围绕建设目标设计了通用指标和个性指标，定性与定量相结合，主观与客观相结合。最后，明确组织实施步骤。委托专门机构负责计划的实施与监督等。通过对"全球顶级大学计划"的顶层设计，引导大学的未来发展方向；通过竞争性财政经费支持，引导大学实施改革，办出特色，创新发展，提升国家的核心竞争力。从我

---

① 刘宝存、张伟：《国际比较视野下的创建世界一流大学政策研究》，载于《比较教育研究》2016 年第 6 期。
② 赵俊芳、周天琪：《日本"全球 COE 计划"研究》，载于《外国教育研究》2016 年第 9 期。
③ 李善雨：《韩国的研究生教育战略："智力韩国 21 工程"》，载于《比较教育研究》2011 年第 3 期。
④ 刘宝存、张伟：《国际比较视野下的创建世界一流大学政策研究》，载于《比较教育研究》2016 年第 6 期。
⑤ 崔育宝、李金龙、裴旭、万明：《我国世界一流大学建设评价体系的构建及完善论思》，载于《学位与研究生教育》2017 年第 11 期。
⑥ 王战军、雷珺、于妍：《韩国大学评估特征探析及对我国"双一流"建设评价的启示》，载于《教育发展研究》2020 年第 3 期。

国实际情况出发，党中央作出加快建设世界一流大学的战略决策，就是要建设高等教育强国，增强国家核心竞争力。世界一流大学建设高校应"不忘初心、牢记使命"，围绕立德树人的根本任务，积极推进教育教学改革，创新人才培养模式，不断提高办学水平。始终牢记大学的办学宗旨，牢牢抓住全面提升人才培养能力这个核心点，肩负起培养德智体美劳全面发展的社会主义建设者和接班人的重大任务。深刻学习体会"中国特色、世界一流"的内涵，从"五大建设任务"和"五大改革任务"①入手，推动世界一流大学建设。主动适应社会经济发展需要，多渠道筹措建设资金，提高建设成效。勇于担当新时期高等教育内涵式发展的责任和使命。

加快构建评价体系。日本"全球顶级大学计划"的评估制度及规则由资助委员会下设的评估部负责。评估的实施委托非营利性质的第三方评估机构。评估过程中采用了回避制度。评估重点是项目的计划目标与实际目标的达成度。评估方法采用定量与定性相结合，用数据与事实说话。评估结果分类，不进行排名，根据评估结果决定是否继续或终止对项目的资助。世界一流大学建设成效评价体系设计要打破排名思维和指标思维的简单思维。"双一流"建设是具有长期性的复杂工程，需要高校具有极大的耐心和战略定力，评价体系要起到科学导向作用。中期评价要以习近平新时代中国特色社会主义思想为指导思想，以立德树人为根本任务，提高建设世界一流大学的持续发展能力。评价要重点突出对国家重大战略、区域和行业发展、解决重大技术问题的贡献。充分发挥社会评价的作用，慎用盈利性第三方评估机构的评估结果，提高评估的规范度和公信力。

创建开放的评价维度。世界一流大学建设成效评价应创建开放的评价维度。一方面应保证成效评价的开放性，注重吸纳政府、社会、学生等多方的评价意见，邀请多方参与评价活动。通过征询中央政府、各地教育相关行政部门、各建设院校以及第三方专业评估机构等的意见制定科学、客观、易行的评价方案。另一方面，建立新时代开放的评价维度，既要考察建设院校在原有基础上的水平提升，对照各自建设计划，考察建设目标的实现程度和达成情况，又要考察大学和学科建设对国家经济社会发展以及所属学科领域发展所发挥的推动作用、贡献程度，也要考察大学和学科在解决国家和社会发展重大问题以及学科领域重大研究问题方面所发挥的支撑作用，还要考察大学和学科在国内乃至全球所具有的认可度、影响力和话语权，更要考察大学和学科在治理水平、制度建设、创新研究等方面的示范、引领作用。在此基础上，具体对标国家和地方的需求，对标世界一

---

① 五大建设任务：建设一流师资队伍、培养拔尖创新人才、提升科学研究水平、传承创新优秀文化、着力推进成果转化；五大改革任务：加强和改进党对高校的领导、完善内部治理结构、实现关键环节突破、构建社会参与机制、推进国际交流合作。

流大学和一流学科，评价"双一流"建设成效。以创新的评价思想、评估理念、评估方法，清理"五唯"，破除论文"SCI"至上，强调以智力支持和技术创新服务需求，提升大学和学科服务经济社会发展的能力与水平。

加快信息化建设。信息化不仅在推动一流大学建设中扮演着不可或缺的角色，而且在教育宏观管理、战略决策、监测评估等方面也发挥着重要的作用。日本"全球顶级大学计划"的网站平台汇集了计划的各类数据、信息资源，社会各界能够通过信息平台及时了解计划的进展情况。不断更新的数据信息有助于资助委员会对各学校项目的执行情况进行监测管理。我国的世界一流大学建设应该注重信息平台建设，政府全程掌握建设进展，及时进行宏观调控；高校实时了解建设情况，加快推进自身建设；社会及时获悉建设动态，加强社会质量监管。世界一流大学建设信息平台要以"互联网"为理念，以大数据驱动为核心，充分利用现代信息技术和方法，构建动态监测的体系。

加强常态评价。"大数据"时代背景下，我国世界一流大学建设应充分利用先进的云计算技术和互联网技术，加快建立独立的信息化动态监测平台。以五大建设任务和五大改革任务为核心内容，持续收集建设院校的相关数据并深入分析，采用"用数据说话"和"用事实说话"两种方式，客观呈现世界一流大学和一流学科的建设状态，为多元主体价值判断和科学决策提供客观依据。动态监测平台的数据收集围绕不同维度，以定量数据为主，客观反映建设成效。部分数据要求填报院校写实，用事实展现建设院校的"实然"建设状态。每个评价维度下设的监测指标设有"留白"，用于填写建设院校认为能够反映建设亮点与特色的内容。监测平台的数据需要持续更新，更新数据主要源于相关司局数据、公开数据和建设院校的填报数据。通过监测平台的建设，促进"双一流"建设，提升建设成效，推进高等教育内涵式发展。

第二节 世界主要国家一流大学战略规划比较研究

作为现代社会知识生产与人才培育的重要基地和突出代表，世界一流大学是一个国家或地区能否实现经济社会跨越式发展的决定性因素，因此世界各国或地区纷纷出台鼓励本国大学增强学术竞争力、提升大学国际排名的政策措施，这场以政府为主导的创建世界一流大学运动已经成为高等教育领域中的世界性潮流，对这一现象进行分析和解读不仅能够帮助人们强化理论认识，还能够对我国政府提出的"统筹推进世界一流大学和一流学科建设"战略的实施和推进有所助益。

一、世界主要国家一流大学建设计划概况

纵观全球高等教育的发展现状，这场由政府主导的创建世界一流大学的运动已经席卷亚洲、欧洲、美洲等大洲，先后有30多个国家和地区出台了有特色的"世界一流大学创建计划"，它们既包括传统高等教育强国——美国、德国、法国等，也包括新兴的发展中国家——中国和印度等。尽管各国或地区所推行的创建计划的组织机构和管理模式有所不同，然而其目的却存在相似性，都是为了提升大学在国际大学排行榜单上的位次，支撑各国发展，赢得自身在高等教育领域中的话语权。现将部分主要国家的创建政策进行简要介绍。

（一）美国"高等教育国家综合战略"

进入21世纪以后，面临知识经济和全球化的竞争，美国高等教育出现了一系列问题，如教育质量下降、大学合格毕业生的比例降低、毕业生不能适应21世纪职业竞争的需要等。在这种情况下，美国的世界一流大学战略从隐性走向显性，2005年2月，美国教育部部长玛格丽特·斯普林斯（Margaret Spellings）在美国教育委员会（ACE）第87届年会上首次提出了"高等教育国家综合战略"（Comprehensive National Strategy for Postsecondary Education，以下简称"国家综合战略"）的概念，正式提出了实施"国家综合战略"的政策动议。2006年9月26日，《美国高等教育行动计划》（Higher Education Action Plan）出台，该计划规划了未来10~20年美国高等教育走向，旨在提升高等教育的绩效，以及人们测量这种效绩的能力。这些研究报告和政策性计划为美国世界一流大学战略的出台做了政策上和舆论上的准备。

"国家综合战略"是美国一项严密而系统的世界一流大学计划。"国家综合战略"全面规划了高等教育的发展方向和改革计划，旨在通过增加美国高等教育的入学机会，增强其供给能力、社会责任和提高质量，以及改善学生的科学、技术、工程、数学（Science, Technology, Engineering, Mathematics, STEM）教育，维持美国高等教育的竞争力和世界卓越地位。

（二）英国"教学卓越框架（TEF）计划"

为了满足学生对大学阶段的高期望以及提供经济发展所需要的技能，2015年7月1日，英国新任大学与科学国务大臣乔·约翰逊（Jo Johnson）在"英国大学联盟"（Universities UK, UUK）发表公开演讲，提出"教学卓越框架"

(Teaching Excellence Framework，TEF）计划。2016 年 5 月，英国进一步确定了《教学卓越框架》的管理机构、运行机制和评价内容及标准等细则。TEF 从 2016 年开始实施，长达四年，每一年度开展一轮测评。英国政府期望通过 TEF 督促英国高等教育的发展，促进其教学质量的提高，以稳固英国高等教育的国际声誉和威望。

TEF 由英国中央政府统领，政府相关部门进行顶层设计，并成立了半自治、半政府机构"学生办公室"负责 TEF 的操作与运转，成为英国高教最重要的管理协调部门之一，这彰显了英国政府推行教学评价、提升人才培养质量的决心。TEF 的推行也离不开多元主体的参与，其制度设计、指标界定主要依赖高教专家学者和第三方专业机构提供的专业建议及成型的数据库支持。总计有近 200 所高校的学者、管理者和学生，以及雇主等校外利益相关者参与到评价体系建构的研讨中。这体现了英国院校共同治理的理念，政府、社会、大学的良性互动有利于 TEF 的科学性、专业性与可行性建设。该框架标准重视教学质量评价的客观性与多样性，注重现有评价资源整合，强调教学卓越评价标准的实效性与可操作性。

教学卓越框架（TEF）有以下目标：第一，确保所有学生获得优秀的教学体验，鼓励原创思维，推动参与，为在全球范围内工作做准备。第二，向社会传递强烈的教学质量信号，重构英国高校的声誉体系，构建围绕教学质量展开竞争的高教市场，从而倒逼高校提升对教学工作的重视。第三，帮助高中毕业生甄别高校教学水平，从而选择学习体验好、学习收获大的院校就读。第四，帮助高校了解自身办学情况、诊断教学工作中存在的问题，为高校提供宝贵的学生视角质量评价，促使高校依据自身问题进行教学改革、提升教学质量。

（三）德国"卓越计划"

德国是欧洲最早实施大学战略资助项目的国家之一。2005 年 7 月，德国联邦政府与地方各州政府达成战略共识，决定共同实施"联邦与各州关于促进德国高校科学与研究卓越计划的协议"（Exzellenzinitiative，简称"卓越计划"）。"卓越计划"在项目设计上包括三部分：研究生院、卓越集群和大学未来战略。

三个层次的项目设计分别指向科研人才培养、科研成果形成和大学质量提升，契合"卓越计划"的整体目标。

"卓越计划"的目标是通过增加政府对于优质科研机构的活动经费的资助使得德国大学与研究机构能够提升自身的研究能力和学术水平，进而增强德国大学在国际研究领域内的知名度和竞争力，吸引国际优秀人才来德学习和工作，同时实现德国高等教育从均衡发展向追求卓越发展的过渡，最终实现德国高等教育领先世界的复兴目标。

"卓越计划"第一阶段于2005~2011年实施，共有28所大学的85个项目得到资助，包括39个研究生院、37个卓越集群和9个大学未来战略，资助总额为19亿欧元。第二阶段的"卓越计划"于2012~2017年实施，共有44所大学的99个项目得到资助，包括45个研究生院、43个卓越集群和11个大学未来战略，资助总额为27亿欧元。"卓越计划"第三阶段于2019~2025年实施，第三阶段取消了"研究生院计划"，并将"大学未来战略"更名为"卓越大学战略"。第三阶段"卓越计划"资助周期从原来的5年扩大至7年，每年为所有受资助项目投入约5.33亿欧元。①

（四）俄罗斯"5—100计划"

俄罗斯政府历来重视本国高等教育的发展，苏联解体之后，俄罗斯高等教育发展遇到挑战，科学研究和教育的分离以及科研人才的大量流失造成俄罗斯高校在世界大学排行榜的排名逐渐下滑。因此，在《国民教育优先发展计划》框架下，俄罗斯联邦政府于2006年开始陆续颁布"联邦大学计划"（Federal Universities Project）、"创新型大学计划"（Innovative University Programme）、"国家研究型大学计划"（National Research University Initiative）等政策建设国内一流大学。

迈入21世纪以来，俄罗斯逐渐将顶尖大学作为国家创新发展的重要支点，重视发挥具有世界一流科教水平的大学在国家创新发展中的作用，同时陆续颁布一系列加速本国高校发展的政策措施。2012年10月，俄罗斯政府颁布了第2006号政府令——《俄罗斯一流大学提高国际竞争力措施实施计划》，该计划既是俄罗斯政府正式提出创建世界一流大学目标后颁布的第一个政策文件，也是具体实施创建世界一流大学战略的重要依据。

2013年3月，俄罗斯政府批准实施名为"5—100计划"的211号项目，该项目是核心政策的具体操作措施。按照这一计划，俄罗斯政府于2013~2017年间每年分别划拨资金9亿、10.5亿、12亿、12.5亿、13.1亿卢布用于支持国内一流大学提高科研竞争力。俄罗斯政府的目标是到2020年前，有不少于5所大学进入世界大学排名前100强。

（五）法国"卓越大学计划"

2007年，美国次贷危机引发的全球金融危机波及欧洲，法国经济持续衰退。法国多家大型金融机构深陷财务危机，经济实体受到严重冲击，社会失业人数剧

---

① 吕勇：《德国"卓越计划"对"双一流"建设机制的镜鉴》，载于《比较教育研究》2020年第4期。

增。为应对全球性金融危机和国内经济衰退局面，法国政府采取了一系列重大举措。高等教育国际化与全球学生流动浪潮对重塑法国大学的世界典范形象也提出了要求。2010 年，法国政府启动了"卓越大学计划"（Initiatives d'Excellence，IDEX），该计划由法国专门负责国家项目融资及实施的国家研究署（Agence Nationale de la recherché）负责。"卓越大学计划"是基于法国内部各个区域高等教育与经济协同发展的集群状况而实施的，其核心理念是实现对高等教育资源的优势重组。法国政府希望通过重组实现学术资源的深层整合，吸引最优秀的教师、研究人员和学生进入法国顶尖大学，最终提高法国高校在国际上的学术知名度，同时提升法国科学成就的世界影响力。

"卓越大学计划"旨在为法国打造 5～10 所具备国际竞争力和国际视野的世界顶尖大学，能够与剑桥大学、哈佛大学等世界一流大学相媲美，改善法国高校近年来在全球大学排名中不够突出的状况。为此，法国政府决定将现有优质资源进行整合，呼吁所有具备资格的院校参与项目征集，以进行下一步全球性竞争。通过两轮竞标的学校将获得共 77 亿欧元的财政资助。"卓越计划"的院校集群按照法国区域的逻辑进行整合，这些高等教育和研究机构在科教领域享有盛名，其合并的目的在于寻求更深层次的整合。截至 2014 年，31 亿欧元的"卓越计划"项目经费已投入运行。作为国家融资的竞争方式，项目将在法国总统的主持下继续实施。2014 年 1 月 30 日，法国总统在斯特拉斯堡大学访问期间，宣布出资 20 亿欧元资助新一轮计划。

（六）日本"21 世纪 COE 计划""G－COE 计划"和"TGUP 计划"

为了加快高等教育改革的步伐，日本文部科学省于 2002 年出台了"21 世纪 COE 计划：为形成世界性研究与教育基地而实施的重点支援项目"（Center of Excellence，COE）。每个基地每年补助 1 亿至 5 亿日元，连续补助 5 年。

为了巩固"21 世纪 COE 计划"的现有成果，日本政府于 2007 年正式启动了其后续计划——"全球 COE 计划"（Global COE Program，G－COE）。该计划旨在根据日本各大学的个性与特色，进一步充实和强化大学（研究生院）的教育研究功能，在世界最高水平的研究基础上培养能够引领世界潮流并且富有创新能力与创新思想的高素质人才，同时在各学科领域内重点支持高水平的国际性教育研究基地建设，以此培养优秀的年轻科学家。

在两个"COE 计划"以及其他多个有关提升大学教育质量和研究水平项目实施的基础上，日本于 2014 年启动了以建设世界一流大学为直接目标的新计划——"全球顶尖大学项目"（Top Global University Project，以下简称"TGUP 计划"）。重点支持的经费数：A 类大学每所每年 5 亿日元，B 类大学招生规模

1 000 人以上的每所每年 3 亿日元，招生规模 1 000 人以下的每所每年 2 亿日元。该计划旨在提高日本高等教育的国际竞争力，实施大学改革，深入推进国际化的教育与研究，建成引领国际化的全球大学。

（七）中国"双一流"建设战略

2015 年 8 月 18 日，中央全面深化改革领导小组会议审议通过《统筹推进世界一流大学和一流学科建设总体方案》，对新时期高等教育重点建设做出新部署；2017 年 1 月，经国务院同意，教育部、财政部、发改委印发《统筹推进世界一流大学和一流学科建设实施办法（暂行）》。"双一流"建设的目标是到 2020 年，若干所大学和一批学科进入世界一流行列，若干学科进入世界一流学科前列。到 2030 年，更多的大学和学科进入世界一流行列，若干所大学进入世界一流大学前列，一批学科进入世界一流学科前列，高等教育整体实力显著提升。到 21 世纪中叶，一流大学和一流学科的数量与实力进入世界前列，基本建成高等教育强国。

"双一流"建设将推动一批高水平大学和学科进入世界一流行列或前列，加快高等教育治理体系和治理能力现代化，提高大学的人才培养、科学研究、社会服务和文化传承创新水平，使之成为知识发现和科技创新的重要力量、优秀文化的重要源泉、培养各类高素质优秀人才的重要基地，在支撑国家创新驱动发展战略、服务经济社会发展、促进高等教育内涵发展等方面发挥重大作用。

国家启动"双一流"建设工程后，各省结合实际纷纷制定了建设计划和经费投入计划。如北京投入近百亿元实施高校高精尖创新中心建设工作，上海第一阶段投入 36 亿元打造高峰高原重点学科建设，广东省重磅投资 300 亿元建设"双一流"，河北连续 5 年每年投入 5 亿元支持"双一流"建设。

二、各国世界一流大学建设计划对比研究

纵观世界各国实施的建设世界一流大学计划，其终极目标都很相似，即加快建设世界一流大学，提高本国高等教育的质量与水平，提高本国世界一流大学在国际上的排名和影响力，从而提高本国在国际上的卓越地位与竞争力。但由于国情、文化背景的不同，以及高等教育发展阶段不同，各国世界一流大学建设计划在实施主体、建设核心、建设评估等方面均存在自己的个性特点。不同国家和地区世界一流大学建设计划情况见表 2-5。

表 2-5　　　不同国家和地区世界一流大学建设计划目标汇总

国家	政策名称	政策目标
美国	高等教育国家综合战略	增强美国的学术竞争力，维护美国高等教育的世界卓越地位
英国	教学卓越框架计划	确保所有学生获得优秀的教学体验；向社会传递强烈的教学质量信号，重构英国高校的声誉体系，构建围绕教学质量展开竞争的高教市场；帮助高中毕业生甄别高校教学水平，从而选择学习体验好、学习收获大的院校就读；为高校提供宝贵的学生视角质量评价，促使高校依据自身问题进行教学改革、提升教学质量
德国	卓越计划	提高德国的研究吸引力，增强国际竞争力，重点促进德国大学和研究机构的研究能力和水平的提升
法国	卓越大学计划	到2012年实现2所大学跻身世界前20名，10所大学跻身前100名。为法国打造5~10所具备国际竞争力和国际视野的世界顶尖大学，能够与剑桥大学、哈佛大学等世界一流大学相媲美
俄罗斯	5—100计划	争取在2020年之前，不少于5所俄罗斯大学进入世界权威的大学排行榜前100名；每所参与"5—100计划"的大学，其留学生人数不低于该校学生总数的15%；在每所参与"5—100计划"的大学中，外国专家人数不低于该校教师总数的10%
日本	21世纪COE计划	重点支持在大学的各学术领域内形成具有世界最高水平的教育与研究基地，以提高研究水平，培养处于世界领先地位的创造型人才，推进具有国际竞争力、凸显个性色彩的大学建设
日本	G-COE计划	进一步充实和强化大学（研究生院）的教育研究功能，在世界最高水平的研究基础上培养能够引领世界潮流并且富有创新能力与创新思想的高素质人才，同时在各学科领域内重点支持高水平的国际性教育研究基地建设，以此培养优秀的年轻科学家
日本	TGUP计划	以提高我国高等教育的国际竞争力为目的，与制度改革相结合，重点支持与世界一流大学开展合作、实施大学改革、深入推进国际化的教育与研究达到世界水平的顶尖大学和引领国际化的全球大学
中国	"双一流"建设	到2020年，若干所大学和一批学科进入世界一流行列，若干学科进入世界一流学科前列。到2030年，更多的大学和学科进入世界一流行列，若干所大学进入世界一流大学前列，一批学科进入世界一流学科前列，高等教育整体实力显著提升。到21世纪中叶，一流大学和一流学科的数量和实力进入世界前列，基本建成高等教育强国

第一，政府驱动成为世界一流大学建设计划的主导力量。从各国世界一流大学建设计划的出台与实施过程来看，不难发现，政府在创建计划中始终起着主导作用，这种作用主要表现在政府普遍充当着计划的设计者、支持者和实施者的角色[1]，这又分为以下三种情形。

第一种为世界一流大学建设计划由国家或地区的最高教育主管部门直接管理，典型代表是中国。中国的"双一流"建设计划由教育部和各省级政府部门直接管理实施。教育部总体统筹规划国家"双一流"建设，各省级政府根据区域发展需求和地方高校发展情况制定符合本省实际的"双一流"建设计划。

第二种情形是由政府或教育主管部门指定的其他机构负责管理世界一流大学建设计划，典型代表是德国。德国的"卓越计划"由联邦教育部授权德国科学理事会（WR）和德意志研究联合会（DFG）两个机构共同管理并由两者组成的共同委员会和资助委员会负责具体实施。资助委员会成员由共同委员会的26名成员、各州科学部长以及联邦政府科学部长组成，其对申请项目拥有最终决定权。

第三种为世界一流大学建设计划由政府借助社会中介组织负责实施管理，典型代表是英国。英国TEF计划由政府相关部门顶层设计，强调多元主体参与，委托英国特有的"非政府公共机构"负责实施与运行，其制度设计、指标界定主要依赖高教专家学者和第三方专业机构提供的专业建议及成型的数据库支持。总计有近200所高校的学者、管理者和学生，以及雇主等校外利益相关者参与到评价体系建构的研讨中。这体现了英国院校共同治理的理念。

第二，世界一流大学建设计划以人才培养为核心。人才培养是世界一流大学建设的重要责任和使命，从各国或地区出台的世界一流大学建设计划看，均以人才培养为核心，但由于各高校办学水平和科研水平的差别，各国在人才培养的类型、层次上侧重点不同。例如，法国"卓越大学计划"侧重于禀赋优异的博士研究生，因而在博士研究生院和卓越团队项目中，都把重点放在博士研究生和青年学者的培养上。德国"卓越计划"为优秀的博士研究生和青年学者提供一流的实验设施，搭建与校内外研究机构信息交流的平台，给予年轻科研人员充分的研究空间和学术自由，希望他们未来能成为提高德国科研水平和国际地位的主力军。在大学未来战略中，各大学也都把吸引国内外优秀人才作为其实现战略发展目标的重要举措之一。[2] 日本"21世纪COE计划"在人才培养方面，致力于提升日本基础研究和尖端技术研究的科研水准，培养能够引领世界潮流并且富有创新能

---

[1] 刘宝存、张伟：《国际比较视野下的创建世界一流大学政策研究》，载于《比较教育研究》2016年第6期。

[2] 胡凯：《德国世界一流大学"卓越计划"探析》，载于《吉林工程技术师范学院学报》2013年第3期。

力与创新思想的高素质人才。俄罗斯的"5—100计划",致力于在一流大学内部加大应用型人才培养的力度,同时吸引国外知名专家来俄罗斯高校工作。

第三,世界一流大学建设计划以学科建设为着力点。学科建设是世界一流大学建设的重要组成部分,学科水平是高校核心竞争力的主要体现。各国世界一流大学建设计划纷纷立足自身特色和优势,加强基础学科、重点学科、特色学科、优势学科、交叉学科等学科建设,积极打造优势学科群。美国的"高等教育国家综合战略"主要将世界一流大学建设的学科集中在STEM等基础学科和有发展潜力的应用学科上,并且成立了专门的工作小组去推动相关学科的建设。日本的"21世纪COE计划"主要资助其重点学科,覆盖生命科学、化学、材料科学、情报、电气、电子、其他边缘交叉学科及新领域10个学科群,2004年又增加了"革新性学术领域"。2007年启动的"全球COE计划",新一轮的资助覆盖生命科学、化学、材料科学、社会科学等9个领域的140个项目。德国的"卓越计划"中的"大学未来构想战略"项目和法国的"卓越大学计划",致力于资助大学拓展优势学科,提高国际竞争力。无论是基础学科、重点学科还是优势学科建设,都在世界一流大学建设过程中发挥重要作用。

第四,严格评估世界一流大学建设计划的质量保证。各国和地区在推行创建世界一流大学的计划时基本上都采取了不同形式、不同评价体系的评估来保障计划能够达到预期目标。

德国"卓越计划"拥有专业化和国际化的评选机构,且实行第三方机构评选,评选流程主要包括预申请、正式申请和资助三个环节。研究生院项目的评估指标包括培训环境的建设,受训者的招聘,培训课程设置,培训策略,跨学科、跨文化的交流互动等。卓越集群项目在评选过程中关注项目的前沿性、对于现有知识的贡献程度、参与研究的人员质量、与其他科研机构的合作情况、对所在大学未来发展的影响等各个方面。大学未来战略项目将大学目前的国际竞争力、吸引优秀人才的能力、优秀人才成长空间、现有研究水平以及大学所拟定草案的可操作性和未来的发展潜力等方面均纳入评估范围。

英国的TEF计划评价体系由三大评价维度和三组评价证据组成。首先,TEF不局限在课堂教学,而是将"教学卓越"界定为三大质量维度,包括(课堂)教学质量、学习环境、学习结果与收获。其次,TEF采纳三组评价证据对三大质量维度进行衡量和评估。评审员与评价委员会综合这三大证据来源,评估院校的教学卓越性,给出金、银、铜牌评级。TEF评价建筑在以"学"为中心的主观评价与客观衡量相结合的基础之上。TEF注重英国既有数据库资源的整合,主要依据业已成熟的多渠道权威数据进行评估,并辅之以院校简短的自评报告。六大核心质量数据来源于长期实施的大规模学生调查,这一评价体系涵盖了教学投入、过程、产出的全周期,并突出强调以学生、学习为中心的质量评价理念。[①]

日本"21世纪COE计划"的评估包括事前评估、中期评估和事后评估。事前评估主要是对申请基地的研究实力、发展规划等进行评估,包括初审、复审、协调和确认四个阶段,最后给出确定立项、有可能立项和不立项三种结果。中期评估主要是了解基地发展情况,以便根据问题及时调整或终止资助。评价等级分为五级:一级为计划进展顺利,可顺利达到目标;二级为达到预定目标,但需要努力;三级为有一定困难达到目标,需适当调整计划;四级为很难达到目标,需大幅度调整计划;五级为难以达到目标,终止资助。事后评估主要是就项目实施的总体情况进行评估,分为四个等级:一级为能充分达到目的;二级为实现大部分目的;三是一定程度上达到目的;四是没有取得很大成绩。[②]

第三节 全球世界一流大学建设条件比较

世界一流大学拥有雄厚的办学实力,包括充足的经费和稳定的收入、良好的科研环境和学科平台,这是造就世界一流大学的基本条件。其次,世界一流大学拥有一流的生源和一流的学者队伍,汇集了众多杰出的教学科研人员和卓越的科学家,保证了学生培养质量、教学质量和科研质量,从而产生深远的社会影响和全球美誉。同时,世界一流大学的发展也具有鲜明的个性和时代特征,善于抓住机遇,整合优势资源,集中力量在重点特色领域做出突破。

一、"天时""地利"是世界一流大学的发展基础

抓住机遇,适应时代与市场需求是成就一所大学的重要因素。从历史发展来看,世界一流大学的崛起绝非偶然,而是诞生于国家、民族发展之需。不少大学对接战略需求,抓住时代机遇,因势利导制定合理的战略愿景,在服务国家战略与区域发展过程中,逐渐发展成为世界一流大学。德国在第二次工业革命中迅速崛起,政府对教育的重视和工业革命的契机成为德国世界一流大学发展的重要驱动力。18世纪的德国大学只是贵族提升文化艺术修养的场所,19世纪初,在高

---

① 曹燕南:《以"学"为中心的高校教学评价实践——英国"教学卓越框架"的特点与启示》,载于《江苏高教》2019年第3期。
② 左雪丽:《日本"21世纪COE计划"研究》,吉林大学硕士学位论文,2009年。

等教育方面，洪堡提出了"教学同科学研究相统一"的原则，德国大学逐渐形成了学术研究自由的气氛，并展现了对外"开放"的姿态。政府对大学科学研究的重视，促成了一大批研究成果的迅速转化，催生了柏林自由大学、柏林洪堡大学、柏林工业大学等一大批世界一流大学。

"二战"后，美国斯坦福大学抓住产业革命的机遇与产学研合作的良好时机，才会快速跻身于世界一流大学行列，并成功助力美国硅谷的崛起。1944年，斯坦福大学制定了明确的发展战略愿景，一方面立足特色与尖端学科，努力成为工业研究和开发的中心，通过产教融合为高科技发展、地区经济增长做出贡献；在教学和科研的战略上，斯坦福大学把全校的财力、物力集中起来，建设了一大批科学研究装置，积累了大批的科技成果，在服务国家战略的同时，为自身的崛起奠定了坚实的科研和人力资源基础。另一方面，为了加强产教融合，增加高校与企业之间的合作，斯坦福大学还制定了一套教师激励制度，鼓励教师与企业之间加强练习与交流。斯坦福大学助力硅谷的崛起，同时也是硅谷最大的受益者之一。硅谷为斯坦福大学带来众多富有创新精神和活力的优秀人才，提供了充裕的经费与资源，促进了学科平台和院系建设，使得大学的办学层次和水平扶摇直上，迅速从一个地方院校发展为全美乃至全球闻名的一流大学。斯坦福大学的成功经验显示，大学办学需要探索适宜自身情况的、具有特色的发展道路。

进入21世纪，世界迈入知识经济时代，各国间的竞争也在政治、经济、文化、科技等领域不断加强。作为英国的政治、经济和文化中心，伦敦的高等教育资源优势越发明显，伦敦市政府肯定了高校为城市改革与创新所做的贡献，并开始利用这一优势，制定城市的发展战略，发布了《伦敦1991－2021：建设世界城市》(*London*1991－2021：*The Building of a World City*)、《2003～2006年伦敦创新战略与行动计划》(*The London Innovation Strategy and Action Plan* 2003－2006)、《2020目标：伦敦部门及职业的就业项目》(*Destinations* 2020：*Employment Projections across Sectors and Occupations in London*)等一系列政策。① 此时，作为伦敦高等教育的支柱，伦敦世界一流大学承担了推动伦敦向国际化大都市转型的责任，为伦敦城市建设和经济发展提供了智力支撑和技术保障，培养了大批高水平人才。

自然环境是世界一流大学布局的前提条件。任何世界一流大学的发展都必须依托区域良好的地理条件。研究发现，世界一流大学多布局于优越的自然环境和政治、经济、文化中心等。英国的伦敦、德国的柏林、法国的巴黎、俄罗斯的莫斯科、日本的东京、中国的北京等城市，作为国家首都以及政治、经济、文化中

---

① 郭婧：《知识城市模式下伦敦高等教育的发展与特点研究》，载于《比较教育研究》2014年第7期。

心，为区域内的世界一流大学发展奠定了良好的基础。例如，北京是中国的首都，是中国的政治中心、文化中心、国际交往中心、科技创新中心；北京历史悠久、经济发达、科技繁荣，是世界知名的国际大都市，这些都为北京市世界一流大学的成长与发展提供了有利条件。美国的纽约、波士顿、旧金山，中国的广州，日本的东京等城市，布局于世界大湾区内，依托湾区得天独厚的优势，区域内的世界一流大学发展迅速，成为世界各大学发展的引领者。例如，位于美国东北部大西洋沿岸的纽约大湾区是美国工业化最早、城市化水平最高、经济最为发达的地区，核心区内波士顿、纽约、费城等城市产业结构呈现多元化和互补的格局，产业集聚带动高水平大学的集聚，而地理临近性有利于大学突破"知识的孤岛"，建立有利于知识流动、知识扩散、集体学习的制度文化体系和湾区创新体系。① 因此，依托地缘优势，纽约湾区形成了以纽约和波士顿为轴线的世界一流大学集群。

科技环境是世界一流大学发展的助推器。纵观全球世界一流大学的发展史，良好的科技环境是世界一流大学发展的催化剂。世界一流大学多布局于科技园区或依托产业集群形成大学集群。例如，美国波士顿的128公路两侧聚集了数以千计的研究机构和技术型企业，呈线状分布，并与麻省理工学院（MIT）等大学相连接，简称"128公路高科技园区"，它是美国政府全力扶持发展的高科技园区。128公路高技术产业区以MIT为依托，不断创造新思想、新技术，并将新技术转化为新产品，助力世界一流大学的发展。又如，美国硅谷是旧金山地区最有名的经济支柱，硅谷的形成与发展将斯坦福大学推至世界前列。斯坦福大学与美国硅谷"同生共赢"的发展模式，大大提高了斯坦福大学和硅谷的国际知名度与影响力，同时引领世界高等教育的发展方向，全球各地纷纷借鉴斯坦福大学—硅谷协同发展模式，创办高科技园区，加快世界一流大学高地建设的步伐。类似的还有纽约曼哈顿弗莱提荣（Flatiron）区的"硅巷"（Silicon Alley）、大伦敦的"硅环岛"（Silicon Roundabout）、北京的"中关村"、武汉的"光谷"等。

二、人力资源为世界一流大学发展提供智力支撑

世界一流大学拥有一流的生源、一流的师资队伍。根据统计，美国、中国是全球人力资源较丰富的国家。美国的哈佛大学、斯坦福大学、麻省理工学院、加州大学伯克利分校、加州大学洛杉矶分校、哥伦比亚大学，英国的牛津大学、剑

---

① 欧小军：《世界一流大湾区高水平大学集群发展研究——以纽约、旧金山、东京三大湾区为例》，载于《四川理工学院学报》（社会科学版）2018年第3期。

桥大学，中国的北京大学、清华大学等世界一流大学拥有丰富的生源和师资队伍。

从战略的高度审视人力资源规划已经成为英美一流大学的共识。在制定院校发展战略规划的过程中，英美一流大学均强调教师这个利益相关群体的充分参与，且将教师队伍建设作为核心战略或优先发展战略。例如，《麻省理工学院战略规划（2012－2020）》《普林斯顿大学战略规划》《牛津大学战略规划（2013－2018）》等院校战略规划均将一流的教师队伍建设视为人才强校的重要抓手。同时，部分英美一流大学还制定以教学为核心的专项战略规划，有针对性地推进教师发展战略。例如，剑桥大学编制了《剑桥大学教学战略：2015－2018 行动规划》，并定期提供年度进展报告持续跟进。牛津大学不仅重视吸引和招聘，同时重视开发和续留，牛津大学将"面向全世界、全国和本地区招聘教职员工，吸引、开发和续留全世界最优秀的教师"作为其大学发展目标。① 在《牛津大学战略规划（2013－2018）》中，"招聘和续留教职员工，并确保弱势群体在招聘、专业发展和晋升等所有方面均享有平等机会"② 成为牛津大学的愿景，同时，牛津大学将"在世界范围内招聘和续留高水平的教职员工"作为其院校发展的重要使命。

英美一流大学高度重视各级部门在教师培养过程中的协同效应，充分挖掘不同部门的互补优势。例如，斯坦福大学的教师培养涉及学校所有管理部门，包括教务管理部门、图书馆、科研启动（部门）、职业生涯办公室、教师之家、教师俱乐部、教师援助中心，以及各个院系和研究机构。剑桥大学在大学董事会、理事会及大学教师发展委员会指导和监督下，依托教师个人与专业发展中心建构了完善的教师发展体系。③ 由此可见，教学中心、教学实验室或教师发展中心是英美一流大学教师培养的重要载体。

在美国，"集中化的教学中心"是一流大学教师发展培训的主流模式④；英国高校教师发展培训则主要包括由人力资源部门牵头、由服务部门牵头、由教育研究所等牵头三种组织模式。⑤ 英美一流大学的教学中心、教学实验室或教师发展中心以服务教师专业发展为宗旨，提供多样化的服务项目，例如教学咨询、开展各种培训、举办研讨会和座谈会、咨询与评估、资源共享平台、教育理论研

---

① University of Oxford, *Corporate Plan 2005－06 to 2009－10*, http://www.ox.ac.uk/gazette/2004－5/supps/corpo-rate.pdf, 2017 年 7 月 28 日。

② University of Oxford, *Strategic Plan 2013－2018*, https://www.ox.ac.uk/sites/files/oxford/field/field_document/Strategic%20Plan%202013－18.pdf, 2017 年 4 月 26 日。

③ 涂文记：《剑桥大学教师发展政策及其对我国的启示》，载于《集美大学学报》2012 年第 1 期。

④ 李欣等：《美国高校教师专业发展培训中心的发端、历程及模式》，载于《江苏高教》2013 年第 1 期。

⑤ 李俐：《英国高校教师发展研究》，西南大学博士学位论文，2014 年。

究。本研究的案例院校均建立了专门的机构开展教育教学培训（见表 2-6）：哈佛大学戴瑞克·伯克教学中心、斯坦福大学教学中心、麻省理工学院教学实验室、加州理工学院教学与外联中心、牛津大学的教学中心、剑桥大学的教师个人与专业发展中心、普林斯顿大学麦格劳教学中心、芝加哥大学教学中心、耶鲁大学教学中心、哥伦比亚大学教学中心。

表 2-6　英美部分一流大学教学中心/实验室或教师发展中心概况

名称	使命	教师服务项目
哈佛大学戴瑞克·伯克教学中心	协助师生探索新的教学方式，促进创新和变革；通过对学术共同体内师生的有效支持和培训，追求卓越的教学；通过对个人和在线教学方法的严格评价，探究有效教学实践的因素	提供教师发展项目、研究生项目、教育研究与评价；提供课堂视频与观察、实践教学等服务；提供自主学习、课程评价、探究式教学等资源
麻省理工学院教学实验室	协助教师营造一个能够给学生带来学术挑战性、让学生积极参与并向学生提供个性化支持的教育环境	提供教学设计、实施和评价等各类教学指导；提供课程设计与实施指导；提供评价方法和程序等教学评价服务
牛津大学的教学中心	通过促进教师发展、制定教育和人力资源政策，支持牛津大学在学习、教学和科研方面的发展	提供教学能力培训课程；提供管理和领导力项目；提供妇女发展项目
普林斯顿大学麦格劳教学中心	支持教职人员提升教学水平，支持研究生以教师和专业人员身份开展教学实践，支持本科生成长为学习者和学者	提供自主学习课堂、在线教学等项目；面向本科生提供工作坊、学习方法咨询等服务；面向教师提供教学与专业发展项目、新教师培训、技术咨询等服务；面向研究生提供教学工作坊、教学研讨会等服务
芝加哥大学教学中心	支持学校教学共同体开发教学实践；通过工作坊、研讨会、个人咨询及其他项目和活动，鼓励教师在研读教学研究文献的基础上应用教学方法，促进有效教学的交流与反思；改进作为学术实践且体现学校价值的教学	提供与课程设计、作业设计、合作学习等有关的工作坊和研讨会；提供各类教学指导；面向教师提供整个教学流程的指导；面向博士后和研究生提供教学指导；提供其他校园资源

续表

名称	使命	教师服务项目
耶鲁大学教学中心	促进学校的平等性和参与性教学，支持学生的课程学习；提供培训、咨询和资源，使教学更具开放性和协同性，使教师在卓越教学中获得满足感，使学生形成能够反映深度学习和独立学习的批判思维	提供教师教学项目、教学咨询和课堂观察等服务；提供科研方法等指导；提供本科生写作、研究生写作等写作指导；提供在线学习、学习环境等技术支持

资料来源：根据各高校教学中心/实验室或教师发展中心网页的背景资料整理而成。

三、经费投入是世界一流大学发展的关键要素

经费充足是世界一流大学的重要标志。充足的经费有力地支撑着世界一流大学各方面的发展。凭借强大的财力，世界一流大学在吸引优质生源方面具有极大的优势。一流的资金支持不仅有效满足了学校硬件设施，同时还为广大教师开展科学研究提供了充足的资金支持和保障，大力支持一流大学的师生开展科学研究。

全球各国经费投入存在较大差异。根据 2018 年全球科研投入统计成果，整体来看，亚洲（主要是东亚及印度）、北美洲、欧洲仍然是全球研发投入的主要地区，是全球科技的引领者。从世界各国来看，2018 年全球研发经费投入最高的 4 个国家分别是美国、中国、日本和德国，经费规模均超过千亿美元。美国研发经费高达 4 765 亿美元，其次为中国的 3 706 亿美元，这两国的研发经费基本上就占了全球研发总经费的 47%，将近一半的水平。日本和德国分别以 1 705 亿美元、1 098 亿美元，名列第 3、第 4 位。而美国、中国、日本、德国前四名的研发经费占全球研发总费用的 62.5%。其他几个主要国家中，韩国、法国、印度、英国、巴西、俄罗斯的研发经费分别排全球的第 5、6、7、8、9、10 名。世界主要国家的科研投入见图 2-1。

世界一流大学的经费收入参差不齐。丰富的经费资源是构建世界一流大学的必然条件，高校经费资源保障是世界一流大学建设的经济基础和物质保障。罗森庭格教授（W. E Rosentengel）曾说过，充裕的办学经费和雄厚的财政实力是高校教学与科研的基础，欧美高校普遍将经费筹措作为高校工作的重要任务。其一，丰富的经费可以保障大学教学和科研工作的开展，提升世界一流大学的办学水平和科研能力。统计发现，世界一流大学的经费收入存在较大差距，这在很大程度上与各国经费投入有关。斯坦福大学、哈佛大学、哥伦比亚大学、加州大学等世界顶尖大学经费收入较高，如斯坦福大学 2018 年经费收入近 100 亿美元，

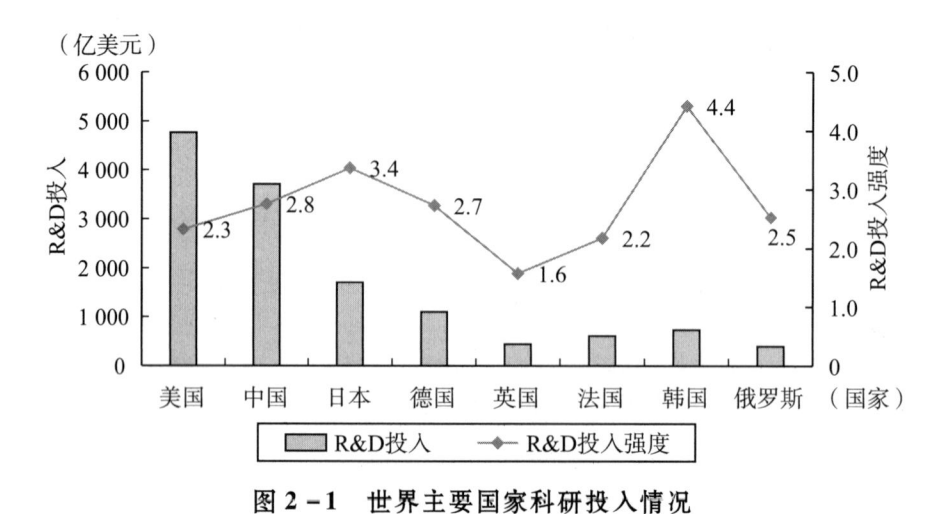

图 2-1　世界主要国家科研投入情况

资料来源：《2018 全球各国科技研发投入一览》，2020 年 5 月 12 日，https://user.guancha.cn/main/content?id=87779&s=fwzwyzzwzbt。

哈佛大学 2017 年经费收入近 80 亿美元。其他国家的世界一流大学经费收入相对较少，如位居世界前列的牛津大学、剑桥大学，2018 年经费收入均不到 40 亿美元。其二，多样化的资金支持是世界一流大学的保障性条件。资金来源的多样化，将带来更大的资金稳定性，在大多数情况下，还将带来更大的机构自主权。例如，哈佛大学的 2016 年经费总收入约为 47.8 亿美元，其中 36% 来自捐赠收入、21% 来自学费、17% 来自政府拨款、9% 来自投资收入，其他占 17%，多样化的资金来源有效支持了哈佛大学的科研活动。①

中国与欧美的世界一流大学在经费收入来源和结构上差异显著。欧美国家世界一流大学的经费来源渠道包括联邦政府和州政府的拨款、学费收入、社会和校友捐赠、校医院和附属企业盈利、原有资产投资收入、社会服务收入等，形成了收入来源多样、收入结构较为完善的经费制度。而由于中国国情和教育体制原因，中国世界一流大学已经形成了以政府拨款和事业收入为主渠道的经费收入模式，高校发展多依赖于财政拨款和事业收入。新时代，随着世界一流大学在国家战略实施、区域经济发展过程中发挥着越来越重要的作用，国家、区域、高校不同层面均高度重视世界一流大学的建设，中国高校其他收入来源的比重将会有所增加。借鉴欧美世界一流大学的经费收入模式，我国世界一流大学建设应建立多元化经费筹措机制，加大办学经费的筹措力度，全方位拓宽经费来源渠道，构建内外结合多渠道发展模式。一方面依据办学特色和学科优势积极寻求市场化收

---

① 王战军：《世界一流大学高地研究》，高等教育出版社 2021 年版。

益，例如科技转化、技术咨询、会议服务、医疗服务、租赁服务等；另一方面加大对校友捐赠和社会捐赠资金的重视，鼓励把捐赠收入作为常态化经费来源，采用积极的管理和激励措施增强高校的募集资金能力和资金管理水平。

对比中美两国文化可以发现，美国崇尚个人主义，避免政府干预，强调专业导向和灵活处理，信息披露偏向透明，高校广泛向社会、个人筹资，并积极回馈投资人和社会组织。第一，美国高校在学费设置上具有很大的自主权，不同州收取的学费不一样，学费标准的制定随政策变更与社会发展而变化，近年来历任政府持续削减高校财政资助就对高校学费调整造成了不少影响。第二，美国高校重视创收，注重通过投资获得高额回报。以密歇根大学为例，该校集中管理所有现金和投资，将大部分捐赠基金、部分保险和福利储备、慈善信托基金、礼品年金计划用于长期投资组合，投资期限越长，就越能采取以股权为导向的战略，以在更长时间内获得更高回报。该校还允许使用流动性较小的替代性投资，实现股票市场以外的股权多元化。第三，美国公立高校与私立高校相互竞争、相互依存，在推动国家发展、满足社会公众对高等教育多样化需求的同时，不断提高财政使用效益，节省政府开支。① 相较而言，中国高校财政结构则相对单一，较为依赖政府，在信息披露方面不够公开透明，对接受筹资可能带来的风险与责任感到不安。这些差异主要与文化背景有关，文化因素对高校经费收入结构影响较大。目前，政府科研经费的投入方式仍以非竞争性为主，也存在部分名义上为竞争性、实际操作中并未实现真正意义上的公平、公正、公开的经费。所以，我国中央政府和地方政府在增加常规拨款之外，应更多采用公平竞争的分配方式来增加对大学的科研经费投入，通过竞争实现经费投入向教育质量和学科水平与国际接轨的一流大学、一流学科倾斜，从而提升中国一流大学的全球竞争力。

四、"精英联盟"加快世界一流大学发展步伐

大学联盟、整合区域高校资源是推动世界一流大学建设的重要策略。精英集群引导大学内部之间各学科以及大学与大学外部研究机构之间的深层次合作，推动大学对前沿问题、重大问题的科学研究。精英集群整合了各大学的办学实力和科研潜力，对于大学的发展和大学竞争力的提升发挥关键作用。当前，全球各国的世界一流大学都不约而同地成立了大学联盟或大学共同体。

（一）美国"常春藤大学联盟"

常青藤大学联盟（Ivy League）是美国首屈一指的大学联盟，历史悠久、治

---

① 陈武元：《美日两国高校经费筹措模式及其对我国的启示》，载于《高等教育研究》2018年第7期。

学严谨、文化底蕴深厚，诞生了一大批科学家、政治家、企业家、教育家等。常青藤大学被作为顶尖名校的代名词，是美国的重要明信片，由耶鲁大学、哈佛大学、宾夕法尼亚大学、普林斯顿大学、布朗大学、哥伦比亚大学、康奈尔大学七所大学及达特茅斯学院组成。依托优美的校园环境、浓厚的学术氛围、强大的科研实力，常春藤大学联盟集聚了一大批科研院所、学术大师和精英人才，吸引了全球最优秀的学生与教师。强大的智力资源和健全的教育体系成为美国经济发展和大学竞争力提升的关键要素。另外，大学联盟加快了世界一流大学的知识创新、学术创新和科技创新等，有效实现了新知识与新技术的孵化、推广与应用，为美国城市建设和经济发展提供了智力支撑和技术保障。

（二）英国"罗素大学集团"

罗素大学集团（The Russell Group）成立于1994年，由英国最顶尖的24所世界一流研究型大学组成，是全世界产生诺贝尔奖得主最多的著名高校联盟。该高校联盟代表着英国大学的最高办学水平和学术水平。集团成员每年共获得全英大学65%以上的科研经费和赞助资金。

罗素集团盟校包括6所金三角名校（剑桥大学、牛津大学、帝国理工学院、伦敦大学学院、伦敦政治经济学院、伦敦国王学院）、6所红砖大学（曼彻斯特大学、布里斯托大学、伯明翰大学、利兹大学、利物浦大学、谢菲尔德大学）、2所苏格兰大学（爱丁堡大学、格拉斯哥大学）、威尔士和北爱尔兰最高学府（卡迪夫大学、贝尔法斯特女王大学）以及其他8所英格兰大学：伦敦玛丽女王大学、诺丁汉大学、南安普顿大学、纽卡斯尔大学、华威大学、杜伦大学、埃克塞特大学、约克大学。该集团积极开展与世界各国顶级高校联盟的交流合作，产出了一大批科研成果。2008年出炉的英国大学科研水平评估（RAE）结果显示，罗素集团大学虽然只占了英国高等教育机构总数的10%，但是却创造了全英60%以上的世界一流水平科研成果。

（三）德国"柏林大学联盟"和"TU9联盟"

依托地理邻近性，2018年2月，柏林洪堡大学、柏林自由大学、柏林工业大学及柏林夏洛特大学签署联合声明，成立柏林大学联盟（Berlin University Alliance），以大学联盟的形式参与德国"精英战略"（Exzellenzstrategie）的角逐，并期望将柏林打造成为一个研究中心。此外，德国的精英理工大学联盟（TU9）是德国最顶尖的9所工业大学的联合平台。其学科设置广泛，其中机械、电子、材料、建筑、化工、生物医学在世界上享有盛誉。TU9联盟的目标是提供一个标准化的教学机制，同时保证各大学间的资源共享。柏林世界一流大学成立的"精英联盟"和"精英集群"不断获得高端的科学研究项目，获得高额的政府提供的竞争性经费，不仅使柏林成为德国最具有吸引力的研究地点之一，而且极大地推动了城市的发展。"精英联盟"和"精英集群"不仅实现了不同类别高校的优势互补，而且实现了深层次的资源共享。

（四）中国"C9联盟"

借鉴国际世界一流大学合作发展模式，基于校际间的合作愿景，2009年10月，北京大学、清华大学、浙江大学、哈尔滨工业大学、复旦大学、上海交通大学、南京大学、中国科技大学和西安交通大学9所中国著名研究型高校联合签署协议成立C9联盟，成为中国首个顶尖大学间的高校联盟。中国C9联盟形式类似于美国常春藤大学联盟、英国罗素大学集团、德国TU9联盟等，旨在加强各高校之间的交流与合作，实现优势互补、价值互增，进而加快世界一流大学建设，被国际上称为"中国常春藤盟校"。C9联盟对中国高校培养拔尖创新人才，提升大学办学水平和科研水平，进一步加强国际合作与交流发挥重要作用，是中国加快建设世界一流大学进行的一次非常有益的探索。

这些学术团体和联盟的建立，一方面加强校际间的交流合作与协同共赢，助力交叉学科创新研究能力的提升，从而客观上加速了科技成果转化的过程。另一方面，区域大学集群立足自身优势，聚焦区域重大需求，构建跨机构科研组织模式，积极创新大学合作模式，有利于走出高校原始创新能力不足的困境，提升解决重大"瓶颈"问题的能力，打造兼具地区特色和国际影响的高等教育研究智库。相似的大学联盟还有法国的索邦巴黎西岱大学联盟、国际科技大学联盟、澳大利亚八校集团、环太平洋大学联盟、日本学术研究恳谈会、加拿大U15大学联盟等。

第四节　全球世界一流大学建设成效比较

依托地缘优势，世界一流大学凭借顶尖的教师团队与先进的人才培养理念，培养造就了一大批国家领袖、商界精英，以及各领域应用实践型精英人才，并坚持对接国家战略，服务城市区域发展需求，促进了各领域的开拓发展与社会进步。

一、世界一流大学的人才与服务贡献

人才培养是世界一流大学的重要职能，世界一流大学以培养全球精英为使命。无论是传统古典大学，还是近百年建立的世界著名高校，它们都致力于培养一大批政治家、经济家、教育家、科学家，而且培养的毕业生在全球范围内具有很强的竞争力，同时这些高校汇聚了一批诺贝尔奖得主和顶尖级学术大师，确保了人才培养质量的提升。

世界一流大学是国家政治家的摇篮。基于先进的办学理念、良好的学术环境、杰出的师资条件和先进的基础设施，世界一流大学在各行各业培养并汇集了大批的国际一流学者和一流人才。以旧金山地区的斯坦福大学、加州大学伯克利分校、加州大学旧金山分校3所世界一流大学为例，截至2018年10月，旧金山地区逾两百位诺贝尔奖得主，其中加州大学伯克利分校107位、斯坦福大学83位、加州大学旧金山分校5位；菲尔兹奖得主22位，其中加州大学伯克利分校14位、斯坦福大学8位；图灵奖得主52位，其中斯坦福大学27位、加州大学伯克利分校25位；更有约200位奥运会冠军从旧金山湾区走出。[①] 可以说，世界一流大学为国家乃至全球孕育了一批优秀的人才。又如，英国伦敦除了牛津大学、剑桥大学外，区域内的伦敦大学学院、伦敦政治经济学院等大学，为英国的政坛持续输送着顶层设计者。截至2019年，牛津大学培养了26位英国首相，剑桥大学则培养了15位英国首相。[②] 伦敦政治经济学院为英国和全球培养了近40位前任或现任国家首脑，70余位英国国会议员，孕育并推广了一批重大的学术思想，诸如韦伯、拉斯基、吉登斯的社会民主主义，罗宾斯、哈耶克、波普的自由主义等，对英国乃至整个世界的政治经济发展都具有较大的影响力。[③]

世界一流大学是国际人才培养基地。由于优越的城市地位和国际影响力，世界一流大学本身就是人才流动的主要区域。另外，世界一流大学占有一流的师资、一流的物资、一流学科条件以及领先的学术地位，吸引了越来越多的优秀生源前来就学。据统计，美国的纽约、洛杉矶、旧金山、波士顿，英国伦敦，以及德国柏林等，集聚了大批来自世界各地的留学生，很大程度上反映了这些地区世界一流大学的声誉和办学水平。波士顿地区的麻省理工学院，国际留学生占全校

---

① Cal Olympians：from Antwerp to Rio, 2016年8月13日, https://calbears.com/news/2016/8/13/olympics-cal-swimmers-bring-home-six-more-gold-medals.aspx?path=olympics.

② University of Cambridge. About the University, 2019年5月22日, https://www.cam.ac.uk/about-the-university/how-the-university-and-colleges-work.

③ 程新奎：《伦敦政治经济学院的独特发展策略》，载于《现代教育科学》2008年。

学生比例达到 33.2%，哈佛大学达到 27.0%。洛杉矶各一流高校的学生国际化水平都非常高。在加州理工学院 2018~2019 年毕业生中，有 46.5% 的是外国学生，以中国、加拿大、印度、韩国等为主。加州大学洛杉矶分校 2017~2018 年本科生新生中，有 12% 的国际学生。① 在南加州大学 2018 年秋季入学的学生中，国际学生占到了 23.9%，主要来自中国、印度、韩国、加拿大等地。②

世界一流大学是服务社会与城市区域发展的主力军。社会服务是世界一流大学的重要职能，任何一所世界一流大学都必须正确处理好与国家、区域之间的关系，服务国家战略和城市发展需求。首先，世界一流大学要树立明确的服务理念，增强与区域社会发展之间的联系。如加州大学洛杉矶分校将"通过教学和学术服务于社会，教育一代又一代的社会领导者，并将适应社会需求的技能和社会责任感传递给学生"作为大学发展的使命。南加州大学在其《回应需求：2018 年南加州大学战略计划》中也明确提出服务当地需求的理念。其次，世界一流大学将服务社会的理念付诸行动，纷纷立足高校优势和特色，打造一流智库，服务国家战略和城市区域发展。伦敦以"世界一流大学"为依托，建设了一批智库和研究机构，同时伦敦区的世界一流大学积极打造全球顶尖高校教育智库，不仅为伦敦"知识型都城"的建设提供了智力支持，并针对伦敦市建设的重点问题，为伦敦市政府和广大民众提供了专业信息、国际经验、政策咨询建议。中国的世界一流大学也不断开展以重大战略需求和经济社会发展为导向的基础研究，发挥高端智库和政策咨询作用。例如，武汉大学一直高度重视社会服务能力的提升，致力于打造立体化、系统化的社会服务。目前，以国家级智库平台为龙头、部级基地与省部共建智库为骨干、其他各类基地为基础的"珞珈智库方阵"在武汉大学已基本形成。武汉大学各类智库承担了国家部委委托的大量调研和培训任务，一批智库专家深度参与国家文化改革、质量发展、语言文字事业等战略规划的研究起草，为维护国家利益、谋划国家战略、推进国家治理现代化提供了有力支持，也让"珞珈智库"品牌的国内外影响力不断增强。③

二、世界一流大学的经济与科技贡献

世界一流大学建设项目通过经费资助、人才引进等各种激励措施和制度设

---

① Undergraduate Profile，https：//www.apb.ucla.edu/Portals/90/Documents/Campus%20Stats/UGProfile17-18.pdf.
② Facts and Figures，https：//about.usc.edu/facts/.
③ 《"珞珈智库方阵"基本形成 武大举行首届珞珈智库论坛》，2017 年 12 月 11 日，http：//www.cssn.cn/zk/zk_jsxx/zk_zx/201712/t20171211_3776096.shtml。

计，在很大程度上促进了大学科研水平的提高，同时对国家各地区的科技创新发挥重要作用。世界一流大学的科技贡献主要表现在科技奖项、成果转化等方面。

世界一流大学是科技发展与创新的重要引擎。诺贝尔奖、图灵奖等科技奖项反映了世界一流大学的科技水平，代表了一流大学对探索人类未知领域做出的重大贡献。根据统计，美国、英国、德国、俄罗斯等国家的世界一流大学学者，获诺贝尔奖、图灵奖等奖项较多。中国的世界一流大学中诺贝尔奖获得者极少，需要进一步提高科研水平。伦敦区世界一流大学集中了一批优质的科研精英，拥有雄厚的科研实力。截至2019年，牛津大学共有69位诺贝尔奖得主、3位菲尔兹奖得主、6位图灵奖得主。而剑桥大学表现更佳，有117位诺贝尔奖获得者、11位菲尔兹奖得主、7位图灵奖得主。而从伦敦区的内环来看，伦敦大学学院也有33位诺贝尔奖得主与3位菲尔兹奖得主。同时，该学院也拥有39位英国皇家协会院士，27位英国科学院院士，13位皇家工程科学院院士和83位英国医学科学院院士。①而伦敦政治经济学院则培养了20位诺贝尔奖获得者。当今最杰出的科学哲学家南希·卡特赖特、英国社会学界泰斗莱纳德·T. 霍布斯等人都在该校任教。②而帝国理工学院培养了20位诺贝尔奖获得者、1位菲尔兹奖得主和3位图灵奖得主。与此同时，该学院还拥有74名皇家科学院院士、85名皇家医学院院士、84名皇家工程学院院士。伦敦国王学院也培养了12位诺贝尔奖得主和1位图灵奖得主。③

中国世界一流大学在科技成果转化方面贡献突出。为了促进科技成果转化，武汉高校纷纷成立科技成果转化中心，构建"五位一体"校内科技转化平台、"三级"校地合作科技转化机构，打造校内外协同科研成果转化平台，2016～2018年，转化国家发明专利275件，科技成果转化金额达到1.28亿元，推进成果转化供给侧改革取得显著成效。在武汉世界一流大学的引领和支持下，2018年，武汉市重大科技成果就地转化1 072项，签约总金额371.4亿元；技术合同成交额722.54亿元；全年专利申请量60 511件，授权量32 397件，发明专利申请量29 095件，授权量8 807件，每万人发明专利拥有量34件，居国家前列。④广州世界一流大学为广州高新技术的发展提供了重要的支撑。2017年，广州新增高新技术企业4 000家以上，增量仅次于北京，总数超过8 700家。2017年广州专利申请量11.8332万件，同比增长33.3%，其中发明专利申请量3.6941万

---

① University College London. About UCL, 2019年7月19日, https：//www.ucl.ac.uk/about/? utm_source = homepage&utm_medium = click&utm_campaign = homepage_about.
② 郭德红：《伦敦政治经济学院的发展模式》，载于《清华大学教育研究》2007年第5期。
③ King's College London. About King's, 2019年7月19日, https：//www.kcl.ac.uk/aboutkings.
④ 武汉市统计局：《武汉市2018年国民经济和社会发展统计公报》，2019年4月5日，http：//www.tjcn.org/tjgb/17hb/35881_4.html。

件,同比增长 29.5%；PCT 国际专利申请量 2 441 件,同比增长 48.7%；发明专利授权量 9 345 件,同比增长 21.9%。①

世界一流大学是国家和区域经济发展的助推器。大学对经济的贡献主要表现为助力国家或地区增加就业机会,提高经济效益。依托密集的高等教育资源,在世界一流大学的支持下,北京经济增速非常可观。2018 年,北京市全年实现地区生产总值 30 320 亿元,全市人均地区生产总值为 14 万元。2018 年 7 月,财富中文网于全球同步发布了最新的《财富》世界 500 强排行榜。在上榜公司数量上,中国公司达到了 120 家。从企业总部所在城市来看,在这 120 家企业中,53 家总部设在北京,占中国企业入榜数的 44.2%,占 500 强榜单数的 10.6%。美国洛杉矶的世界一流大学在科学研究方面取得了显著的经济效益。研究发现,2015~2016 财年,南加州大学为加州创造了 81.3 亿美元的经济产出,为加州工人提供了 29.1 亿美元的工资,为加州的地方政府和州政府带来 4.55 亿美元的税收收入。② 2016~2017 财年,加州大学洛杉矶分校对加州经济的总影响（包括产出、就业和劳动收入）为 110.6 亿美元,为全州提供了 72 700 多个全职工作岗位,是洛杉矶市的第四大雇主。2000 年以来,基于加州大学洛杉矶分校开发的技术,已经创建了 140 多家公司,这些公司的市场估值总计达到了 330 亿美元。2016~2017 财年,加州大学洛杉矶分校共有 70 项发明被授权给公司用于商业用途,获得了 1 226 项美国专利。③

校友经济作为大学发展的重要基础,为大学的发展奠定物质条件。世界一流大学高地上诞生了诸多的政治家、科学家、教育家、企业家、学术家等,这些卓越的校友对于大学的各种有形或无形的回馈进一步强有力地推进了世界一流大学高地的建设。如自 2017 年以来,武汉市委、市政府充分挖掘"武汉校友"独特资源,探索创新"大学 +"发展新模式,创造性实施"百万校友资智回汉工程",携手在汉高校,先后举办 20 多场"百万校友资智回汉"高校专场、区域专场、国际专场活动,引进国内外高层次人才百余人,签约项目总投资突破 2 万亿元④,有力地支持了武汉世界一流大学的建设。

---

① 《2017 年广州净增高新技术企业 4 000 家》,南方网,2018 年 2 月,http://economy.southcn.com/e/2018-02/28/content_180937116.htm。
② *USC Economic and social impact analysis*,https://about.usc.edu/files/2017/03/USC_EIR_FINAL.pdf.
③ 2018 UCLA Economic Impact Report,http://www.ucla.edu/economic-impact/pdf/ucla-economic-impact-report-2018.pdf.
④ 蔡木子、陈卫东:《强势对接上海国际性资源"高精尖"人才"扎堆"来汉》,载于《长江日报》2019 年 6 月 2 日。

第三章

世界一流大学本质与特征

党的十九大报告提出了习近平新时代中国特色社会主义思想，明确中国特色社会主义进入了"新时代"，并指出我国社会主要矛盾已经转化为人民日益增长的美好生活需要和不平衡不充分的发展之间的矛盾。新时代、新矛盾对我国高等教育提出了更新更高的要求。高等教育应围绕解决人民日益增长的对公平优质高等教育的需求与其发展的不平衡不充分之间的矛盾，以提高质量为核心，明确新内涵，提出新方略。高校原有的基于计划经济的价值观念体系和思维模式无法适应新时代大学改革和发展的需要，原有的重点大学建设已不能适应新时代经济和政治环境的变革，新的要求和实践与原有建设方式有足够的差别，以至于需要为其设置一个新的标签，国家将其命名为"双一流"，但这些新实践是否可以看作现有实践活动的新发展，应如何被纳入现有实践活动中来，需加以探讨。

国务院《统筹推进世界一流大学和一流学科建设总体方案》以及教育部等三部委《统筹推进世界一流大学和一流学科建设实施办法（暂行）》等一系列"双一流"建设政策文件陆续颁布，密集、深入、系统地描绘了我国"双一流"建设的未来图景，为加快推进我国高等教育走上世界高等教育舞台的中心发挥了引领作用。要建成世界一流大学，首先要明确何为世界一流大学、厘清新时代一流大学内涵，这就需要对其标志进行提炼，对其特征进行总结，从而早日使我国的一流大学建设达到世界水平，实现我国高等教育的内涵式发展。

第一节 世界一流大学本质

一、历史视角的世界一流大学本质

一流大学内涵的探讨一直是高等教育学科领域的重要议题，在不同的历史阶段中解读也有所差异。中国人视角下的世界一流大学是自清朝闭关锁国政策破产、近代"睁眼看世界"发现与西方列强的差距后所产生的概念，其概念的演变经历了一个漫长曲折且意义深远的认知发展过程，充分体现了国家政治、经济、文化、教育的历史变迁。

1919年，新文化运动的领袖胡适先生在美国哥伦比亚大学留学期间因被教授问到"中国有大学乎"并告知"大学乃一国文化之中心"而语塞，当天他在日记中写道："吾他日能见中国有一国家大学，可比此邦之哈佛，英之牛津、剑桥，德之柏林，法之巴黎，吾死瞑目矣。嗟夫！"在抗战胜利后，他出任北大校长时提出"争取学术独立的十年计划"，认为"今后中国的大学教育应该朝着研究院的方向去发展。凡能训练研究工作的人才的，凡有教授与研究生做独立的科学研究的，才是真正的大学。凡只能完成四年本科教育的，尽管有十院七八十系，都不算是将来的最高学府"。他建议政府"在十年之内，集中国家的最大力量，培植五个到十个成就最好的大学，使他们尽力发展他们的研究工作，使他们成为新时代一流大学的内涵探析第一流的学术中心，使他们成为国家学术独立的根据地"。① 1945年9月，中国当代著名哲学家、教育家冯友兰先生在《大学与学术独立》中提出中国要强大起来，真正成为世界强国，就必须确立知识学术独立自主的百年大计，建立"知识上底独立，学术上底独立"的"大大学"，并表示国家"树立几个学术中心，其办法是把现有底几个有成绩底的大学，加以充分底扩充，使之成为大大学"。② 很显然，这里所提及的"国家大学"与"大大学"概念便是曾经国人心中的世界一流大学，概念的提出与探索体现了以胡适、冯友兰先生为代表的中国近代社会各界对国家建设世界一流大学的责任抱负与美好愿景，所提的建设建议与当下的"双一流"建设有异曲同工之妙。1949年中华人

---

① 《胡适全集》（第20卷），安徽教育出版社2003年版。
② 《冯友兰论教育》，人民出版社2010年版。

民共和国成立后，国家先后批准建立了多批重点大学。1977 年以后，国家提出逐步恢复和建设全国重点高等学校的方针政策。① 1995 年 11 月，经国务院批准后正式启动"面向 21 世纪重点建设 100 所左右的高等学校和一批重点学科的建设工程"的"211 工程"。1998 年 12 月 24 日，教育部发布《面向 21 世纪教育振兴行动计划》，由此开启"985 工程"重点大学建设计划。2011 年 1 月，国家统计局发布公告表示中国成为世界第二经济大国。2012 年 4 月 24 日，教育部正式发布《高等学校创新能力提升计划》（简称"2011 计划"）的实施方案，以国家急需为根本出发点，决定以协同创新模式为合作纽带，在高校中建立国家级协同创新中心。2015 年 8 月 18 日，中央全面深化改革领导小组会议审议通过《统筹推进世界一流大学和一流学科建设总体方案》，强调"坚持以中国特色、世界一流为核心，以立德树人为根本"进行"双一流"建设。2017 年 1 月，经国务院同意，教育部、财政部、发改委印发《统筹推进世界一流大学和一流学科建设实施办法（暂行）》。这是新时代我国建设世界一流大学的重大战略部署。

至此，国人视角中的世界一流大学概念与内涵更为清晰丰富，由最初的模仿美之哈佛、英之牛津与剑桥，强调研究与学术职能，到新时代注重发掘中国特色、立德树人，创新引领，既展现了中国政治、经济、文化历史的曲折性和复杂性，也体现了国人对世界一流大学建设自主探索的理想信念与坚定决心。

二、现实视角的世界一流大学本质

新时代是一个什么样的时代？缘何要关注建设一流大学？新时代一流大学又扮演着何种角色？可分别从全球视角和中国视角对两者关系进行解读和剖析。

（一）全球视角的新时代与一流大学

以全球视角看，新时代是以信息经济、网络经济、数字化经济为特征的知识经济时代。在这个时代，大数据、云计算等新兴技术手段应运而生，并逐步开始被引入知识生产领域。大学与社会更加紧密结合。知识生产力逐渐成为国家的核心竞争基础，成为促进经济发展的根本要素，乃至引起原有经济生产要素结构变革，知识被纳入生产函数，化为生产力提高和经济增长的内生动力。在基于知识经济的新时代，知识、无形资产和知识型劳动者成为核心生产要素，科学技术是知识经济时代的第一生产力，人力素质和技能成为知识经济实现的先决条件。

知识是联结大学与知识经济的纽带。大学中研究与传授的知识是高深知识，

---

① 耿有权：《试论中国特色世界一流大学》，载于《研究生教育研究》2016 年第 1 期。

在新时代也包括高新科技知识即科学技术,这是将大学与新时代共同研究的必然性,也是大学在知识经济新时代走向经济社会中心的必然结果。从教育的外部关系规律看,一方面,新时代的知识经济引导和推动高等教育的改革与发展;另一方面,高等教育的改革与发展也拉动和促进新时代的发展。① 大学的三大职能为人才培养、科学研究和社会服务。大学的人才培养就是传播知识,为新时代的发展培养拔尖创新人才;大学的科学研究是生产知识,为新时代提供一流成果与前沿思想;大学的社会服务是应用知识服务社会以创造价值,成为新时代产业的孵化器。

在充满着知识经济气息的新时代,地球逐渐变成了扁平的世界,国际社会的合作与竞争不可避免。大学与外界社会有着越来越紧密多样的联系,例如学校对校外机构的资金支持依赖增加,资助者、国家、社会对学校产出的人才、成果及各种类型的服务要求提高。此时的大学跟以往相比已经成为利益相关者众多、层次复杂、培养高级专门人才、致力科学研究、具有多种社会功能的高等教育机构。而当不同国家的大学互相交流学习时,也推动了"世界一流大学"这个概念的产生与广泛应用,一流大学作为高端人才的输出口,必是全球化与国际化进程中不可或缺的重要角色。

(二) 中国视角的新时代与一流大学

以中国视角看,新时代就是中国特色社会主义新时代。党的十九大报告用"五个时代"对中国特色社会主义新时代作了最权威、最深刻的阐述:"这个新时代,是承前启后、继往开来、在新的历史条件下继续夺取中国特色社会主义伟大胜利的时代,是决胜全面建成小康社会、进而全面建设社会主义现代化强国的时代,是全国各族人民团结奋斗、不断创造美好生活、逐步实现全体人民共同富裕的时代,是全体中华儿女勠力同心、奋力实现中华民族伟大复兴中国梦的时代,是我国日益走近世界舞台中央、不断为人类作出更大贡献的时代。"② 可以看出,"现代化强国""共同富裕""为人类作出贡献"三个词是新时代的重要要求与体现,在这些时代要求下,科学技术与人力资本扮演的角色愈加重要,甚至成为达成新时代要求的充要条件。

习近平总书记也在阐述新时代中国特色社会主义理论时提出,"新时代中国特色社会主义思想,明确坚持和发展中国特色社会主义,总任务是实现社会主义现代化和中华民族伟大复兴,在全面建成小康社会的基础上,分两步走在本世纪

---

① 付八军:《知识经济与高等教育的相关性探析》,载于《高等教育研究》2005 年第 3 期。
② 习近平:《决胜全面建成小康社会 夺取新时代中国特色社会主义伟大胜利——在中国共产党第十九次全国代表大会上的报告》,载于《人民日报》2017 年 10 月 28 日。

中叶建成富强民主文明和谐美丽的社会主义现代化强国"。他强调，要"加快建设创新型国家……培养造就一大批具有国际水平的战略科技人才、科技领军人才、青年科技人才和高水平创新团队"。① 在这样的新时代背景下，大学发展有了新的方向，不仅人才培养是关键，也要提供一流的科学交流平台，使各国都有机会接触一流成果，与团队间平等交流。同时新时代大学的建设也必将围绕国家战略需要，服务于新时代中国特色社会主义建设，为更好地实施人才强国战略、满足建设创新型国家等现代化经济体系的建设要求提供源源不断的高水平人才，坚定我国人民的文化自信。

2019年，我国高等教育毛入学率达到51.6%②，高等教育发展迈入普及化阶段。2020年，我国高等教育在学人数达到4 183万，稳居世界前列。虽然高等教育发展成效显著，但无论从纵向发展、横向比较，还是从供求关系角度看，我国高等教育与发达国家仍存在显著的差距。高等教育质量也不尽如人意：高校毕业生的就业反馈质量不高，鲜有出现本土培养的国际一流专家、行业领导者，更不必说推动人类发展的发明与科学技术。习近平总书记指出："发展是解决我国一切问题的基础和关键，发展必须是科学发展，必须坚定不移贯彻创新、协调、绿色、开放、共享的发展理念。"③质量是中国高等教育改革发展的核心任务和时代主题，大学的内涵式发展最终也是落脚于教育质量的提升与保障。在经济高速发展的背景下，高等教育水平、条件、环境、教学理念等各方面均需要提供新理念、新思想才能满足我国人民越来越强烈的享受优质高等教育资源的需求，高等教育的创新和改革刻不容缓，一流大学的建设迫在眉睫。

由此可见，中国要建设的"世界一流大学"并非是空洞抽象的口号，而是服务于新时代中国特色社会主义建设的战略举措，是建立在一流的办学理念、学术师资、人才培养基础上，将一流学术成果转化为有价值的社会服务的扎实工程。

第二节　世界一流大学内涵

抽象的世界一流大学并不存在，不同历史背景、不同文化环境下所建设产生

---

①③ 习近平：《决胜全面建成小康社会　夺取新时代中国特色社会主义伟大胜利——在中国共产党第十九次全国代表大会上的报告》，载于《人民日报》2017年10月28日。
② 《2019年全国教育事业发展统计公报》，中华人民共和国教育部网站，2020年05月20日，http://www.moe.gov.cn/jyb_sjzl/sjzl_fztjgb/202005/t20200520_456751.html。

的世界一流大学也各有千秋,它们既存在一些普遍的共性,也存在特殊的个性,普遍性在于其在全世界范围内是可以比较的,比较出来的结果便是"一流大学";特殊性在于一方面不同大学各有特色,另一方面同一所大学在建设时其各个方面在不同发展阶段各有特点。分析世界一流大学的特殊性是正确认识该事物的基础,同时也是正确探索和解决建设问题的关键,所以我们观察和研究一流大学,首先就要注意到一流大学的特殊性,坚持具体问题具体分析。这也是与以往所谓"一流大学"的单一评判标准有所区别的地方。传统的评价标准,我们更可以说是巨型大学、综合性大学、多学科大学的评判标准,而非知识经济背景下新时代的一流大学评价标准。我国是教育大国,但还不是教育强国,也不是高等教育强国,这是一个基本判断。① 大而不强是我国高等教育不能回避的现实,而若要将"大学"中"大"的含义由"规模大"转变为"强大",则必须创造一个新的评价指标体系,用新的理念、新的思想、新的视野、新的路径去评价和判定一流大学。

一、功能导向的世界一流大学内涵

根据对大学的内涵以及世界知名大学的共性与特殊性的分析,"双一流"建设是建立在高等教育基础上的一流教育建设,以培养满足国家发展需求的顶尖高级专门人才为培养目标。世界一流大学应当是具有全球吸引力、追求卓越、引领发展,能够培养一流人才、产出一流成果、促进社会发展、引领文化方向、参与全球治理的大学。其中,"全球吸引力、追求卓越、引领发展"是新时代世界一流大学的三个标志,这个标志是印在社会民众脑海里的,而非某些单一数据罗列而成的;"培养一流人才、产出一流成果、促进社会发展、引领文化方向、参与全球治理"是新时代世界一流大学的五大标准,也是建成世界一流大学的充分必要条件(见图3-1)。

世界一流大学是服务于新时代中国特色社会主义建设、满足一系列现代化经济体系建设要求的高水平人才储备地,是建立在一流的人才培养基础上的、促进社会发展的扎实工程,并在运行过程中引领文化方向、参与全球治理,在为国家发展战略服务的同时推动人类社会发展。

---

① 杜玉波:《全面推动高等教育内涵式发展》,载于《中国教育报》2012年11月24日。

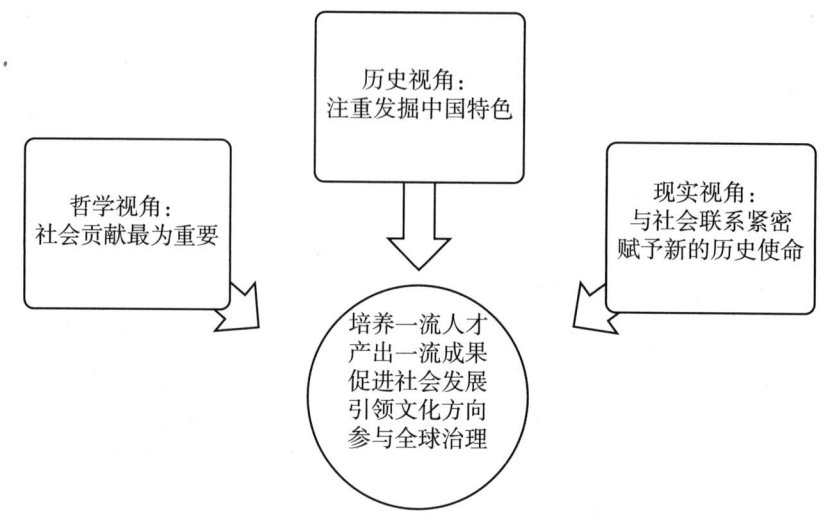

```
        历史视角:
      注重发掘中国特色

哲学视角:              现实视角:
社会贡献最为重要        与社会联系紧密
                      赋予新的历史使命

        培养一流人才
        产出一流成果
        促进社会发展
        引领文化方向
        参与全球治理
```

图 3-1 多维角度指向的世界一流大学

（一）一流的人才是世界一流大学的产出核心

一流人才是"双一流"建设的核心，特别是拔尖创新人才的培养。马克·莱索曾指出：由于世界教育的技术化，教育也随之技术化，教育的技术化导向使学生成了学校培养的"人力资本"，以便提高经济增长和竞争力。[1]

习近平总书记在致清华大学建校 105 周年的贺信中强调，"我国高等教育要紧紧围绕实现'两个一百年'奋斗目标、实现中华民族伟大复兴的中国梦，源源不断培养大批德才兼备的优秀人才"，要求清华大学要"广育祖国和人民需要的各类人才"。[2] 可见国家需要的一流人才不仅仅应学业成绩好，更应当是德、智、体、美、劳全面发展的富有创新意识与国家意识的人才。这些一流人才来源广、素质高、能力强，能够钻研出一流的成果，具有先进正确的文化思想，有志于服务社会、参与全球治理。一流人才培养的背后需要一流的师资、一流的生源、先进的教育理念、浓厚的校园文化等来支撑，这对一流大学的建设也提出了相应的高要求。

（二）一流的成果是世界一流大学的关键指标

科学研究是大学的基本职能，一流的成果是体现一流大学输出的重要指标。

---

[1] 马克·莱索、蒋开君：《我们仍然需要面向思的教育——海德格尔论技术时代的教育》，载于《教育学报》2011 年第 1 期。

[2] 《习近平致清华大学建校 105 周年贺信》，新华网，2016 年 4 月 22 日，http://www.xinhuanet.com//politics/2016-04/22/c_1118711427.htm。

一流的成果除了具有国际影响力、学科前沿的论文及学术科研成果外，更需要对国家发展、学科发展有支撑的成果。

习近平总书记在党的十九大报告中提出要"加快一流大学和一流学科建设，实现高等教育内涵式发展"①。产出"一流"而非"平庸"的科学研究成果应是一流大学内涵式发展的重要体现，也是其区别于一般大学的重要指标。一流的成果体现于质量，应是瞄准世界科技前沿、强化基础研究的前瞻性基础研究和引领性原创成果，为建设科技强国提供有力支撑。目前累计有七成影响人类生活方式的重大科研成果由高等教育机构研发。斯坦福大学是美国硅谷技术密集知识的供给方，其技术转化中心至今已经有累计超过 6 000 项发明公布，创造近 10.3 亿美元的总转让收入。② 反观我国，中国社会科学院发布的《法治蓝皮书（2017）》指出，中国知识产权存在着量多质低现象，从 2012 年至 2014 年，专利许可实施率仅为 2%，中国专利申请数量较多，但利用率不高。这些问题都制约着国家的进一步发展。我国正处于上升发展时期，一流大学应产出具有前瞻性、创新性、跨学科的一流研究成果，争取成为全球相应领域的引领者甚至开拓者，服务国家发展战略，推动国家发展。

（三）促进社会发展是世界一流大学的责任体现

一流大学须能够促进社会全面发展，包括文化发展、经济发展、国家发展和区域发展等，需要对全人类的发展起促进和推动作用，这也是其对国家、社会扶持高校发展的反馈与责任体现。

西方发达国家的一些大学早在近一百年前便提出了要为社区经济与社会发展服务的思想，突破了大学办学原有的"象牙塔"形象并形成"产学研联合体"的新办学模式，并于 20 世纪末发展出了"大学—产业—政府"三螺旋创新模式，其中有不少参与的企业发展成为新型的知识企业。这些企业在提高大学人才培养质量、发展科学技术和促进科研成果转化为生产力方面发挥了重大的作用。现有一流大学积极参与知识产业发展，以大学为重要合作伙伴形成高新科技产业园区，美国的硅谷、英国的剑桥科技园便是知名成功案例。③ 大学合作或独立创办高新技术公司，是探讨知识经济发展背景下社会发展的重要方式，大学与公司互为依赖、相互成就。世界一流的斯坦福大学是美国第一所在校内成立工业园区的

---

① 习近平：《决胜全面建成小康社会　夺取新时代中国特色社会主义伟大胜利——在中国共产党第十九次全国代表大会上的报告》，载于《人民日报》2017 年 10 月 28 日。
② 《斯坦福大学为什么没有校办企业》，人民网，2015 年 6 月 19 日，http://scitech.people.com.cn/n/2015/0617/c1057-27165818.html。
③ 潘懋元、刘振天：《发挥大学中心作用　促进知识经济发展》，载于《教育发展研究》1999 年第 6 期。

大学，其起初将多余的空间租给校友企业，为本校学生提供实践基地与科研项目，而后便一发不可收拾地迅速扩张，吸引众多科技创新公司在同区落户，最终形成科技中心、人才高地的"硅谷"。硅谷也在发展过程中反哺斯坦福大学，新兴科技产业与斯坦福大学展开多边合作，建立密切联系，支撑斯坦福大学站在全球科技创新前沿。

（四）引领文化方向是世界一流大学的重要追求

在引领方面，首先是思想引领，其次为理念引领，最终转化到文化的引领。我国大学文化是社会主义文化的重要组成部分，大学的文化塑造、创新、发展对社会的发展产生不可忽视的影响。

大学是一种功能独特的文化机构，是与社会的经济机构和政治机构既相互关联又鼎足而立的高等教育机构，是人类文化发展到一定阶段的产物，基于长期办学实践，经过历史积淀、自身努力和外部环境多重影响，逐步形成一种独特的大学文化。① 大学文化是社会文化的重要子集，一个好的大学文化，于校内应具有引导师生行为、激励师生精神的作用，由此形成健全积极的高校办学理念和价值观念，促进大学内涵式发展；于社会应能够通过对输出人才潜移默化的思想渗透，陶冶民众情操，形成契合民族精神和时代主旋律的价值取向，带动当地乃至全社会以社会主义核心价值观为引领的文化繁荣，为国家发展、新时代建设提供文化支撑和方向引领。享誉全球的加州大学伯克利分校便是一个创造新文化、引领美国自由主义风潮的典型案例。加州大学伯克利分校以自由包容著称，该校师生曾在 20 世纪 60 年代越南战争期间抗议美国政府，并在 1964 年发起"言论自由运动"，此举引起了美国人对政治和道德观念的重新审视。学校还为此开办"言论自由运动咖啡厅"，用于纪念这场轰动全球的文化思潮运动。

（五）参与全球治理是世界一流大学的必由之路

"坚持推动构建人类命运共同体"是习近平新时代中国特色社会主义思想的重要内涵，表明了国家坚持为人类做出更大贡献的国际胸怀。一流大学的建设也要从国际高度谋篇布局，要积极参与全球治理，争取获得更大的国际话语权与国际影响力。

国家正走向世界的经济、政治、军事中心，迫切需要大量的经济、政治、军事等领域人才参与和服务。"一带一路"建设道路上机遇与挑战并存，国际金融市场贸易战、货币战一触即发，环境污染问题严峻威胁日常生存。中国在国际社

---

① 王冀生：《大学文化的科学内涵》，载于《高等教育研究》2005 年第 10 期。

会上的不少诉求都得不到重视与倾听，其问题就在于中国在国际组织等各类平台中缺少具有国际视野、治理才能的人。虽然在国际组织中担任中高层职位的中国面孔日益增多，但总体数量仍然偏少，中国高校应当培养和输送更多高端人才，尤其是输送新生力量进入国际组织，深入理解与掌握国际组织的"游戏规则"，强化话语权和国际影响力。

二、发展导向的世界一流大学内涵

世界一流大学是一个相对和比较的概念，其背后的内涵体现在以下方面。

（一）一流大学是高等教育多样化的产物

近代以来，关于大学与社会的关系有一句实质性的名言，那就是"走出象牙塔"。因为传统大学是"象牙塔"式的自治型组织，无所谓一流不一流。只有在走出了"象牙塔"后，社会需求的多元使得大学产生了分化，于是才有了所谓的一流大学。

早期的古典大学如意大利的博洛尼亚大学、法国的巴黎大学和英国的牛津大学、剑桥大学，都是教学型的，育人是它们的唯一职能。1810年，德国创立柏林大学，提出"教学与研究相结合"，拓展出了大学的研究职能，因此学界也有"柏林大学是现代大学起源"之说。但是，大学这时候仍然在象牙塔之内，尽管此时教育已开始有为国家服务的一面，但与社会并没有太直接的关系，例如洪堡教育思想的一个重要理论支点就是"为学术而学术的自由理念"。研究只是培养人的手段，把要研究的问题解决了，人才也就培养出来了。

当美国提出高等教育的社会服务后，大学开始走出"象牙塔"，因为它与社会发生直接的联系。于是，高等学校走向多元模式，一批以研究为导向的大学产生了。这就是所谓的研究型大学，有些甚至被称为密集研究型大学。后来，它们成为最高水平、最高层次大学的代表，影响了整个世界，于是也就有了世界一流大学的说法。因此，一流大学的产生，是高等教育多样化的产物。

（二）一流大学根植于社会服务职能

大学服务社会，就需要解决社会的问题，因此研究成为服务的手段。大学不断解决新问题，也不断得到社会的支持。

大学服务社会，其实也与政府的推动分不开，如1862年之后得益于美国国会通过的《莫雷尔法案》而设立的一批赠地学院。其中最具盛名的威斯康星大学,它提出把整个州作为自己的校园,州需要什么就做什么。这使得威斯康星大学事实上成为了社会的服务站,也因此成就了著名的威斯康星思想。

也可以说,实用和进步两种办学理念的结合,推动了美国高等教育的繁荣。实用是指有用,面向社会需求,不无病呻吟;进步是不断向前、不断提高,在解决社会问题的过程中创新发展,促进科学技术水平、教师学术水平和学校影响力的不断提升。

(三) 一流大学具有不同的模式

高等教育的多样化其实就是大学或高等学校模式的多样化,主要包括办学模式、教学模式和管理模式。这些既受大学传统的影响,也受本国文化、经济和国家治理方式的影响,既恪守着基本的职能,又有着自己的侧重,由此形成不同大学的不同使命和不同模式。例如,英国在古典大学路径上成长起来的牛津大学、剑桥大学,产生于产业革命后的城市大学如曼彻斯特大学和产生于20世纪60年代的新大学如华威大学,它们都是位居有影响力大学排行榜百名之内的大学。美国的著名研究型大学如哈佛大学、哥伦比亚大学、斯坦福大学、麻省理工学院、加州大学伯克利分校,有私立也有公立,教学模式和办学方向也相差很大,它们对世界大学的影响也很大。法国有一类以工程师学校为代表的大学校,是典型的精英教育机构,地位高于综合大学。瑞士的苏黎世大学和苏黎世联邦理工学院,一个是传统大学,一个是为国家工业化服务的现代大学,一个遵循着权力重心自下而上的管理模式,一个遵循着自上而下的管理模式,但它们都是世界知名的研究型大学。以上著名大学,模式千千种种,发展路径、重点也各不相同,但应该都可以归为世界一流大学行列。

三、世界一流大学的概念

目前,世界大学的四大排行榜成为评判大学水平的重要依据:上海交通大学世界一流大学研究中心发布的上海交大世界大学学术排名,《泰晤士高等教育》发布的泰晤士世界大学排名,国际高等教育研究机构发布的QS世界大学排名,以及《美国新闻与世界报道》发布的世界大学排名。对四大排行榜近五年发布的19份榜单(《美国新闻与世界报道》至今只发布过四届"世界最好大学排名")分析发现,哈佛大学、牛津大学、剑桥大学、麻省理工学院、斯坦福大学、加州理工学院6所大学19次进入榜单前十名。本书将以上6所获得"大满贯"的大学作为世界一流大学的典型代表,研究它们共有的标志与特征。

牛津大学和剑桥大学建校于13世纪,至今均已有800余年的发展历史,是英语国家中历史最悠久的大学；哈佛大学有 380 年的发展历史；另外 3 所大学稍显"年轻"，创建于 19 世纪。牛津大学与剑桥大学两所拥有 800 余年历史的英国高等学府都实行导师制与学院制，但却各有不同的精神气质；在查尔斯河两侧的哈佛大学和麻省理工学院，一个传承着英式精英教育模式，一个强调德国大学模式，将"手脑并用"作为校训；位于硅谷的斯坦福大学，给予每个学生"改变"与"创造"的激情；加州理工学院崇尚科学与创新，这里诺贝尔奖的获奖密度堪称世界之最。在历史的长河中，每所大学都形成了不同的成长模式，但其共有的标志与特征却深深蕴藏于大学的文化与精神之中。

世界一流大学是高等教育在促进人类文明进步并服务国家经济社会发展过程中成长起来的，在人才培养中取得突出成就，在科学知识创造与社会文化发展中发挥引领示范作用，是始终位居世界最前列的综合性研究型大学。

第三节　世界一流大学特征

创建世界一流大学，要以中国特色、世界一流为核心，我国的世界一流大学建设既要具有中国特色，又要具备全球视野。

一、世界一流大学的三大标志

世界一流大学在事业上不断追求卓越，始终引领社会发展，具有强大的全球吸引力，这些标志造就了世界一流大学的核心竞争力，它孕育于大学精神之中，显著、持久而鲜明。

（一）追求卓越

追求卓越是世界一流大学的核心价值取向，对大学的设置和运行起到关键的决定作用，并深入影响了大学内的人与物。无论何时，世界一流大学从不停止追求卓越的脚步。哈佛大学始终关注人才培养问题，历次的本科生课程改革彰显了其在人才培养中不断超越的精神；牛津大学曾被认为是以人文见长的大学，但它并未止步于此，不断拓展学科范围，逐步发展为文理并重的世界一流大学；麻省理工学院在国家经济动荡与学院财政紧缺之时，仍在思考如何塑造未来，保持并强化卓越。追求卓越与创新变革的精神浸入了大学的血脉，便成就了一所大学的文化性格，其校风、学风、教风自然形成，其教师、学生、职员深受感染。剑桥大学至今有近百位诺贝尔奖获得者,这誉满全球的杰出学术成就,是卓越的大学精神在每一个个体上的深刻体现。正是这种追求卓越的精神,引领世界一流大学的师生不断探知真理,勇攀科学高峰,取得无数举世瞩目的成就。

(二) 引领社会发展

引领社会发展是世界一流大学的时代使命。世界一流大学培养了各个领域的领军人才,产出了尖端创新的理论与成果,推动了世界高等教育发展,促进了人类的文明与进步。与此同时,世界一流大学不断进行的内部变革,推动了全球高等教育的改革与发展。最为重要的是,世界一流大学凭借强大的创新领导力,推动着全球各个领域的发展,改变了人类的生活方式。因此,世界一流大学是推动人类社会进步与发展的重要引擎,它们变革了世人的思维与行动方式,深刻影响着世界的发展。

(三) 全球吸引力

追求卓越的价值取向与引领发展的时代使命,使世界一流大学具有极高的知名度与美誉度,从而获得强大的国际吸引力。世界一流大学的知名度来自其悠久的办学历史、深厚的校园文化底蕴、独特的办学理念、先进的大学制度,也来自雄厚的资金支持和优越的外部环境;世界一流大学的美誉度来自其长久以来在人才培养、科学研究、社会服务、文化传承创新、国际交流合作等方面做出的被世人推崇的卓著贡献,以及因此而保持在各类媒体的高曝光度。来自世界各地的一流学者、优质生源、战略合作者以及充足的资金之所以乐于选择世界一流大学,正是看重了世界一流大学带来的品牌效应与世界一流大学各类丰富的资源。人才和资金的注入也带来了正向效应,又进一步带动了世界一流大学的快速发展。

二、世界一流大学的四大特征

世界一流大学的特征是世界一流大学区别于其他大学的显著特点。就哈佛大学、牛津大学等六所大学而言,它们成长为世界一流大学是因为都具备拥有开明的校长、强大的师资、优秀的学生以及充裕的经费这四大显著特征。

(一) 校长明

校长明,是指一流大学的校长具有鲜明的办学目标与理念、英明的决策与果敢的判断、高明的管理智慧以及声名显赫的学术水平。每一所世界一流大学,都是由一代又一代卓越的校长铸就的，出色的校长对一所大学的发展至关重要。首先，一流大学的校长需要深谙教学规律，能够清晰认知本校学科发展情况，能够明确定位学校当前在国内外所处的地位与未来发展目标，能够始终如一保持初心，践行大学的使命与职责。其次，一流大学的校长需要拥有开阔的发展视野与精准的判断力，在改革创新中能够力排众议，在局势变化中能够力挽狂澜。再次，一流大学的校长需要拥有高超的管理智慧。世界一流大学都是由多国学术与管理精英组成的"超级战队"，唯有卓越的管理者才能领导这支战队所向披靡。最后，一流大学的校长应是学术领域声名显赫的学者。开明的校长，犹如世界一流大学这艘巨轮的掌舵人，带领着世界一流大学始终保持正确的航向。

（二）教师优

教师优，是指一流的大学拥有杰出的教师团队，产出一流的科研成果，取得优异的学术成就。杰出的教师团队是一流大学发展的核心要素。一流的教师不仅能助学生增智、解惑，也能助学生明理、通情，他们以德立身，是学生的行为垂范。世界一流大学不仅拥有全球顶级的大师作为学术带头人，在学术团队中，每一名教师也能够独当一面。世界一流大学的每一名教师都将追求真理、不懈攀登奉为精神信条，产出了质优量高的科研成果。杰出的教师团队，犹如世界一流大学这艘巨轮的水手，协力推进世界一流大学全速航行。

（三）学生强

学生强，是指一流大学的在校生拥有强大的学习能力，毕业生拥有强劲的职业发展力。世界一流大学都将人才培养作为大学的重要目标，致力于培养未来世界的优质公民。麻省理工学院在人才培养中强调"手脑并用"，尽可能多地将课堂教学与实践教学充分结合。哈佛大学在人才选拔和培养时，要求学生不仅要涉猎广泛的学科背景，获得优异的学习成绩，还要有特殊才艺特长，而最重要的是"诚实和正直"，做一个对团队有贡献的人。一流的学生在进入大学时是优质的生源，在毕业时更是优秀的毕业生，大学给予了他们最大的人生增量。世界一流大学凭借顶尖的教师团队与先进的人才培养理念，培养造就了拔尖创新人才，促进了各领域的开拓发展与社会进步。

（四）经费足

经费足，强调一流大学具有充足的经费。充足的经费有力地支撑着世界一流大学各方面的发展。凭借强大的财力，世界一流大学在吸引优质生源方面具有极大优势。此外，世界一流大学还提供了极具国际竞争力的薪酬标准，吸引全球学者的加盟。一流的资金支持不仅有效供给了学校的硬件设施，同时也为广大教师开展科学研究提供了充足的资金支持和保障，大力支持一流大学的师生开展科学研究。

三、中国特色世界一流大学

对世界一流大学标志和特征所进行的分析，为我国世界一流大学的建设提供了很好的借鉴与经验。各建设高校应服务国家重大建设战略，深化对"双一流"建设的认识，构建现代大学制度，重视"人"的核心作用，建设具有中国特色的校园文化体系。

（一）服务国家战略，深化对"双一流"建设的认识

"双一流"建设这一重大决策，承载了以中华民族伟大复兴的中国梦和"两个一百年"奋斗目标为代表的国家理想。放眼未来，"双一流"建设必将见证我国高等教育成为世界高等教育的中心、我国发展成为世界经济中心的发展历程。各建设高校要站在历史的高度，深化对"双一流"建设战略的认识，将发展目标与国家重大建设战略和经济社会发展牢牢结合起来，站在世界科技发展的最前沿，为社会发展提供源源不竭的创新驱动力，助力我国社会主义现代化强国的建设。

（二）改革治理模式，建设现代大学制度

以大学章程为核心的现代大学制度，推动了世界一流大学的快速发展。确保世界一流大学的社会主义办学方向，就要坚持我党对我国高等学校的绝对领导，完善高校党委领导下的校长负责制。我国高校实行党委集体领导制，高校的领导不仅要"校长明"，更要"党委明"，这就需要高校党委集体高度团结统一，拥有集体魄力，具有敏锐的眼界与方向感。建立与我国治理模式相适应的中国特色现代大学制度，通过推动内部管理制度改革、人事制度改革、学术制度改革，保障世界一流大学的建设与发展。

（三）突出重点任务，重视"人"的核心作用

世界一流大学建设，要以立德树人为根本，以建设一流师资队伍、培养拔尖创新人才为主要建设任务。一流的师资队伍对一流大学的建设起到支撑作用，是

培养一流人才、产出一流成果的基础。要从多方面深入实施人才强校战略：加快引进国际高水平师资，带动引领学科建设与科研发展；建设适合人才成长与发展的制度环境，激发中青年教师的成长活力；建设高水平的专业化管理团队，为教师和学术团队的发展提供有效支撑。培养一流人才是一流大学的核心要务，事关国家的发展与民族的复兴，一所大学要培养出一流的人才，就要重视本科教育，为青年人设计优质的本科教育，培养其创新精神和实践能力，造就其兼济天下的历史使命感和社会责任心，使其成为全面发展的人，成为创新型、应用型、复合型的拔尖人才。

（四）坚持文化自信，建设具有中国特色的校园文化

我国大学要建立高度的文化自信，才能促进中华文化的繁荣兴盛。一流大学各建设高校要营造深厚的校园文化氛围，重视校园文化的育人功能，利用追求卓越、引领发展的校园文化带动师生不断超越自我，攀登科学高峰。要将先进的大学文化贯彻到大学建设发展的每一个细节，同时，要善于总结、提炼校园文化的思想内涵，使其形成代表学校的重要标志，成为全体师生共同的价值追求。

通过吸取世界一流大学先进的办学经验，结合我国重大战略需求和经济社会发展实际，各建设高校要加快世界一流大学建设的步伐，不忘初心，砥砺奋进，为中华民族的伟大复兴做出积极贡献。

第四章

世界一流大学评价理念与评价体系

中国特色世界一流大学建设评价体系的构建,既需知史以明鉴,也要回应时代需求;既需突出中国特色,也要取得国际认可。因此,本章将梳理我国世界一流大学建设评价的历史演进脉络,总结各国世界一流大学建设评价的经验做法,依据宏观政策,进而提出具有中国特色与国际视野的我国世界一流大学评价的新理念、新体系、新模式。

第一节 我国世界一流大学评价的历史演进

自我国开展高校重点建设以来,"985工程"是真正意义上以建设世界一流大学为目标的重点建设计划。1998年5月4日,江泽民同志在庆祝北京大学建校100周年大会上指出:"为了实现现代化,我国要有若干所具有世界先进水平的一流大学"[①],我国真正意义上的世界一流大学重点建设计划——"985工程"由此拉开了序幕。

"985工程"历经三期建设,取得了卓越的成效,对我国高等教育发展起到了重要的促进作用,是我国实施世界一流大学建设历史的起源。在"985工程"历经三期的建设基础上,我国开始实施"双一流"建设。"双一流"建设

---

① 赵沁平:《走出中国建设世界一流大学的路子》,载于《光明日报》2017年3月7日。

将世界一流大学与世界一流学科建设统筹起来，实施绩效评价为主，动态开放竞争的调整机制，既是解决以往世界一流大学建设中身份固化、竞争缺失、重复交叉等问题的新思路与新举措，也标志着我国世界一流大学建设评价在历史传承中不断取得进步。通过对比分析"985工程"期间出台的系列文件与"双一流"建设《统筹推进世界一流大学和一流学科建设总体方案》（以下简称《总体方案》）和《统筹推进世界一流大学和一流学科建设实施办法（暂行）》（以下简称《实施办法（暂行）》）。可以分析出我国世界一流大学建设评价的历史发展呈现出评价组织的多元性逐渐增强、评价标准的科学性逐渐完善、评价效用的激励性逐渐深化等趋势。①

一、评价组织的多元性逐渐增强

"985工程"第一、第二期的评价组织与实施由政府部门（如教育部、财政部"985工程"办公室）主导，验收阶段组织专家进行集中验收，体现了政府主导下的专家验收工作机制。2010年，教育部、财政部共同出台的《关于加快推进世界一流大学和高水平大学建设的意见》较早提出，中国的"世界一流大学"建设须借鉴国际成功经验，成立"985工程"专家委员会。从此文件及之后出台的《"985"工程建设管理办法》来看，彼时的"专家委员会"实质为"学术专家委员会"，即其评审专家均来自学术界，成员较为单一。随后，设立多元化、独立性的专家委员会，将其作为把控、决策中国大学重点建设计划进程的重要一环，由其开展"世界一流大学"建设评价的组织和实施工作，已成为保障我国重点建设工程质量的集体共识。根据2017年出台的"双一流"建设《实施办法（暂行）》，专家在"双一流"建设计划中的主体地位相较以往得到了进一步强化；同时，评价主体的"多元性"和评价方式的"多样性"特征亦相对凸显。该计划提出要邀集政府、高校、科研机构、行业组织等人员构成"专家委员会"，对中国世界一流大学建设的绩效进行评估。

二、评价标准的科学性逐渐完善

2004年出台的《关于继续实施"985工程"建设项目的意见》将重点高校视为推进研发基础设施建设和人才资源原始积累的主要个体，重点从"队伍建设、平台建设、条件支撑和国际交流与合作"等方面进行规划、建设和评

---

① 崔育宝：《我国"世界一流大学"建设评价研究》，中国科学技术大学博士学位论文，2018.

价，突出科技创新平台和哲学社科创新基地在整个工程中的基础地位。此外，国家更注重评价高校师资规模、平台数量、获奖数量、论文数量等技术层面的数据，如《关于做好"985工程"二期验收等有关工作的通知》规定："教育部学位管理与研究生教育司和课题组主要负责收集能够从公开渠道获取的数据（如院士、973首席科学家、长江学者、国家重点实验室、国家重点学科、获国家级奖、SCI论文等）"等。而"双一流"建设诞生自重点建设高校科研创新和国际竞合能力不断提升、创新驱动发展战略和中华民族伟大复兴"中国梦"的实现日益迫切的现实情况下，因此，国家重点建设工程不再秉持科研一维导向。2015年的"双一流"建设《总体方案》以"五大建设任务"和"五大改革任务"作为建设框架的"四梁八柱"，更加强调重点高校的国家贡献、突出立德树人、注重大学使命的回归，重点建设绩效的评价重心亦随之发生转移：由"技术性"评价逐渐偏向"战略性"评价，由"科研型"评价逐渐回归至"教研型"评价。

三、评价效用的激励性逐渐深化

从"985工程"的三个建设周期来看，阶段验收和绩效考核结果主要体现在建设资金和奖金的引导使用上，而该工程并未建立动态调整机制，致使"身份固化、竞争缺失"成为我国高校重点建设工程的突出问题并长期为社会所诟病。因此，在"985工程"的验收与评价中，任何评价结果都只能成为一种"投入参考"和"奖励依据"，对整合配置科教资源、提升办学绩效作用甚微。为改善这一状况，"双一流"建设《总体方案》明确提出在创新实施方式时，要建立动态调整机制、促进高校竞争发展，这一指导思想成为未来重点建设工程打破"身份固化"的核心思路。"动态调整"既涉及"双一流"建设高校的遴选认定与进入退出，也关乎国家社会的多元支持与资源配置，还影响未入围高校的建设信心与发展规划。"动态调整"能否践行的关键在于评价及其效用。"评价效用"是评价组织所开展的评价活动和形成的评价结果对评价对象及其利益相关者产生的激励影响和约束效果。在"双一流"建设中，只有评价效用得到切实保障，才能实现绩效考核与身份认定、权益获取、资源配置、竞争优化等系列活动形成联动，达致"总量控制、开放竞争、动态调整"基本框架的形成，激发全国高校的内生动力和发展活力。

第二节 世界一流大学评价的新理念

"双一流"建设《总体方案》与《实施办法（暂行）》作为实施世界一流大学建设评价的指导思想和行动指南，对其中涉及世界一流大学建设评价的政策文本进行分析与解读，将对构建科学的世界一流大学建设评价体系具有重要启示意义。

一、世界一流大学评价的基本原则

结合世界一流大学定位以及"双一流"建设的宏观政策设计理念，本书认为我国世界一流大学建设评价的原则能够概括为卓越原则、贡献原则、分类原则、特色原则与易行原则，这五大基本原则为"双一流"背景下我国世界一流大学建设评价指明了基本方向。

1. 卓越原则

世界一流大学建设高校汇集了丰富而一流的教育资源，也因此要承担更多的历史使命与责任。从历史角度来看，我国对重点大学和重点学科的评选一直都是坚持"卓越导向"。以我国曾经实施的三次重点学科评选为例，通过对《申请高等学校重点学科简况表》的内容进行分析，可以看出重点学科评选就十分强调代表性成果展示与学术同行评议的功能发挥。"双一流"建设方案提出要"引导和支持具备一定实力的高水平大学和高水平学科瞄准世界一流，汇聚优质资源，培养一流人才，产出一流成果，加快走向世界一流"。因此，不断追求卓越是世界一流大学的核心动力，卓越导向的评价指标设计也应是世界一流大学建设评价的应有之义。

从评价指标的设计来看，目前社会对大学评估重视数量忽视质量的做法并不认同，然而，从评价的发展规律来看，从重视"量"到注重"质"，尚需一定的时间过程。无论是教育部相关部门主持的本科教学评估与学科评估，抑或是社会各界发布的大学排名，在其发展初期时往往都偏重于量的评价，忽视质的评价，偏重于客观数字描述，忽视学术同行评议与院校发展特色。造成我国各类高等教育在评估初期"重量轻质"的主要原因，一方面在于当时的我国大学整体实力不足，加之参评院校范围又广，过分提高对质的评价会造成高校间的评价结果不具可比性；另一方面也在于为高校设定一个不切实际的高目标会使院校对其建设与发展失去信心。随着我国政府对大学的长期重点建设，我国大学综合实力不断提升，无论是本科教学评估与学科评估，还是民间组织实施的大学排名，其在评价指标体系设计上逐渐开始强调质量指标，强调学术同行以及其他利益相关者在评价过程中的功能发挥。

2. 贡献原则

强调大学对国家、社会的贡献是我国一流大学建设的主旋律。"双一流"建设从"五位一体"总体布局和"四个全面"战略布局出发，强调"面向国家重大战略需求，面向经济社会主战场，面向世界科技发展前沿""突出建设的质量效益、社会贡献度和国际影响力，突出学科交叉融合和协同创新，突出与产业发展、社会需求、科技前沿紧密衔接"。① 围绕"三面向""三突出"的建设方向，我国世界一流大学建设旨在引导高水平大学积极发挥在国家重大战略需求、经济社会发展、世界科技发展中的贡献、支撑与引领作用，带动我国高等教育在人才培养、科学研究、社会服务、文化传承、国际交流中综合水平的总体提升，实现高等教育强国的建设目标。因此，世界一流大学建设评价要全面综合、科学客观、公平公正地评价"双一流"建设成效，其指标的设计要引导我国高校在人才培养、科学研究、社会服务、文化传承与创新上做出国家贡献。

从评价指标的设计来看，国家贡献可以包含很多方面，培养德才兼备的社会主义建设者是贡献，做出一流的科研成果是贡献，为地方经济发展贡献力量也是贡献。"双一流"建设方案也在总体目标中提出要"提高高等学校人才培养、科学研究、社会服务和文化传承创新水平，使之成为知识发现和科技创新的重要力量、先进思想和优秀文化的重要源泉、培养各类高素质优秀人才的重要基地，在支撑国家创新驱动发展战略、服务经济社会发展、弘扬中华优秀传统文化、培育和践行社会主义核心价值观、促进高等教育内涵发展等方面发挥重大作用"②。另外，从高等教育分类发展来看，每一所大学都有自己的特殊定位。作为世界一流大学建设高校，其在国家贡献实现上会与其他类型高校有不同的定位，因此世界一流大学建设在指标设计上要注重引导世界一流大学建设高校在世界一流大学的定位上做出自己的贡献。

3. 分类原则

从全世界范围来看，无论是在资源投入视角下，抑或是对产出成果进行评价

---

① 习近平：《面向世界科技前沿 面向经济主战场 面向国家重大需求 面向人民生命健康 深入实施科教兴国战略人才强国战略创新驱动发展战略 实现高水平科技自立自强》，载于《三峡日报》2021年5月29日。

② 《国务院关于印发统筹推进世界一流大学和一流学科建设总体方案的通知》，中华人民共和国中央人民政府网，2015年10月24日，http://www.gov.cn/zhengce/content/2015-11/05/content_10269.htm。

的视角下,不同类型的高校具有不同的特点,在进行资源投入与成果评价时,要注重分类原则。高等教育领域"重理工,轻人文"的现象长期存在:在经费投入上,科学技术研究经费往往多于人文研究经费;在科研评价上,以世界大学排名常用的论文评价指标为例,理工科领域的论文产出往往多于人文社科领域的论文产出。

究其根源,造成经费投入与论文产出的差异根源在于学科本身的差异。然而,并不能因为学科的差异导致评估结果的"顾此失彼"。牛津大学前校长科林·卢卡斯(Colin Lucas)指出:"一流大学应该是在科技方面有很突出的成就,但是不能忽略其他人文方面的学科……在发展科技的同时,不能只强调应用科学的发展,还要强调人文学科的平衡发展。否则,大学的发展就会扭曲。"[①]"双一流"建设《总体方案》也给出了人文学科的评价导向——在"提升科学研究水平"中也明确提出要"打造一批具有中国特色和世界影响的新型高校智库,提高服务国家决策的能力。建立健全具有中国特色、中国风格、中国气派的哲学社会科学学术评价和学术标准体系"。因此对世界一流大学建设高校进行评价时要遵循文理兼顾、分类评价的原则,同时注重考量学科差异性对评估结果带来的差异性。

4. 特色原则

"双一流"建设《总体方案》提出世界一流大学建设要坚持"中国特色、世界一流",坚持"中国特色"是"双一流"建设的底色。时任教育部部长陈宝生在党的十二届全国人大五次会议记者会上回答中外记者提问时指出,"'双一流'是要建设世界一流大学、一流学科,它的定性就是八个字'中国特色、世界一流',标准是中国特色和世界一流的有机融合"[②]。从评价指标设计视角来看,世界一流大学建设评价既要有能够反映国情的中国特色指标,也要包括反映世界水平的世界可比指标。

从评价指标的设计来看,社会服务的成果更能体现中国特色性,科学研究的成果产出更具有世界可比性。在社会服务的考察上,要引导建设高校紧密围绕我国"双一流"建设的建设任务与改革任务,始终不忘服务中华民族伟大复兴的初心,以国家战略、社会需求和引领发展为主要目标,强调高校在服务国家重大战略与区域经济社会发展、服务行业企业发展,在智库建设、前沿理论、产业转型升级等方面发挥重要作用。在科学研究的考察上,要引导建设高校不崇尚"五唯",不以"SCI至上",要面向国家与社会需求,"把论文写在祖国的大地上,

---

① 科林·卢卡斯:《世界一流大学要保持文理平衡》,http://edu.sina.com.cn/i/26140.shtml。
② 《教育部部长陈宝生就"教育改革发展"答记者问》,中华人民共和国中央人民政府网,2017年3月12日,http://www.gov.cn/xinwen/2017-03/12/content_5176677.htm#1。

把科技成果应用在实现现代化的伟大事业中"①。然而,以目前流行的世界大学排名指标体系为例,基于学术论文的文献计量学指标都占据重要地位。不容忽视的问题是,这些可以在全世界范围内进行比较的科研成果还主要是被西方国家(尤其是以英语作为通用语言的国家)主导。这一局面不利于我国引导科学研究服务国家科技发展,还会造成军事科技等关键领域的技术泄密。尤其在人文社会科学领域,不同的国家具有不同的特色,在评价时也要更多地强调本国特色。因此,在对我国大学的人才培育、科学研究、社会服务等情况进行评价时,不仅要使用国际通用指标,也要更多地考虑到中国特色,从而引导各建设高校对社会经济发展需求作出积极回应。

5. 易行原则

就世界一流大学建设评价的指标设计而言,既要针对世界一流大学的卓越性导向选取具有卓越品质的指标,同时也要注意指标设计的简单易行。以美国大学联合会的大学准入评价为例,它只注重决定大学持续优秀的重要指标,而不关心其他指标的表现,其在第一阶段的遴选指标也不过只有 5 个。指标的简洁性不仅关系到评估工作的可行性与可操作性,而且可以避免高校忽视关键性工作而用较多的次要工作来弥补的弊端。② 因此,世界一流大学建设评价在指标设计时要注重拨冗繁。

二、世界一流大学评价的主要内容

"双一流"建设《总体方案》提出了"五大建设任务"和"五大改革任务"。目前已经公布的我国一流大学建设高校的"双一流"建设方案也基本是以"五大建设任务"和"五大改革任务"为编制框架,因此,"五大建设任务"和"五大改革任务"应成为世界一流大学建设评价的主要维度。"985 工程"时期发布的《关于做好"985 工程"二期建设规划和编制"985 工程"建设项目可行性研究报告的通知》也曾明确要求各建设高校要按教育部文件要求,以队伍建设、平台建设、机制创新、条件支撑和国际交流与合作五项建设任务为框架进行"985 工程"二期建设规划的编制。通过对比"985 工程"与"双一流"建设的政策文本,能够更好地理解"双一流"建设的"五大建设任务"和"五大改革任务"的内涵,也能够更好地总结"双一流"建设的评价内容要点。

---

① 朱有勇:《把论文写在祖国的大地上》,光明日报网,2019 年 12 月 11 日,https://www.yndaily.com/html/2019/guandian_1211/115108.html。

② 许建钺、傅雄烈:《简化高校评估指标体系的探讨》,载于《高等工程教育研究》1986 年第 4 期。

通过对比发现，两者在"建设任务"与"改革任务"的设置上存在显著区别，具体反映在以下两个方面。

一是"双一流"建设《总体方案》在对建设内容的描述上，进行了"建设任务"与"改革任务"的区分。首先，我们可以从"985工程"第三阶段对建设内容的描述来理解"建设任务"与"改革任务"的区别。从"五大建设任务"与"五大改革任务"来看，"建设任务"代表大学社会职能的实现，"改革任务"则代表要构建具有中国特色的大学治理体系。不难看出，"985工程"对"建设任务"与"改革任务"的区别还较为模糊，"双一流"建设对"建设任务"与"改革任务"的区分更为明显。其次，"双一流"建设将"传承创新优秀文化"纳入"建设任务"之中，将"推进国际交流合作"归入"改革任务"之中，进而使"五大建设任务"与我国提出的四项现代大学重要职能（"人才培养、科学研究、社会服务、文化传承与创新"）相对应，反映出"双一流"建设背景下我国高等教育重点建设逐步回归大学教育初心，更加重视大学使命的实现（见表4-1）。

表4-1 "985工程"时期与"双一流"建设时期对建设内容的表述比较

阶段	建设内容的表述
"985工程"二期	四、建设任务 （一）机制创新。 （二）队伍建设。 （三）平台建设。 （四）条件支撑。 （五）国际交流与合作
"985工程"第三阶段	三、加快推进世界一流大学和高水平大学建设的主要任务 （一）实现学科建设新的突破，加快建成一批达到国际先进水平的学科。 （二）改革培养模式，进行拔尖创新人才培养的改革试点。 （三）充分利用当前机遇，加快引进和造就学术领军人物和创新团队。 （四）加强与国家科技发展的衔接，加快提升自主创新和社会服务能力。 （五）加大对外开放和开展高水平国际交流与合作的力度。 四、以改革创新精神开创"985工程"建设新局面，建立适应世界一流大学和高水平大学发展的制度 （一）以更新人才培养观念、创新人才培养模式、改革人才评价制度为核心，全面提升人才培养质量。 （二）以建设高水平教师队伍和高水平管理队伍为重点，实行人员分类管理，建立多种形式的内部分配和薪酬激励制度。

续表

阶段	建设内容的表述
"985工程"第三阶段	（三）以出高水平成果为目标，创新科研工作组织体制，建立科学的考核制度，营造有利于教师潜心治学、开展教学科研的环境。进一步改革高校内部学术组织架构和运行机制，完善治理结构，改进管理方式和资源配置方式。 （四）落实和扩大学校在建设高水平大学上的自主权。 （五）以先进的建设世界一流大学办学理念为指导，以大学文化建设和机制体制创新为基础，努力形成"中国特色、世界水平"的高水平大学发展模式和先进的大学文化
"双一流"建设	二、建设任务 （一）建设一流师资队伍； （二）培养拔尖创新人才； （三）提升科学研究水平； （四）传承创新优秀文化； （五）着力推进成果转化 三、改革任务 （一）加强和改进党对高校的领导； （二）完善内部治理结构； （三）实现关键环节突破； （四）构建社会参与机制； （五）推进国际交流合作

资料来源："985工程"二期的"建设内容"表述源自《教育部财政部关于继续实施"985工程"建设项目的意见》；"985工程"第三阶段的"建设内容"表述源自《教育部财政部关于加快推进世界一流大学和高水平大学建设的意见》；"双一流"建设的"建设内容"表述源自国务院发布的《统筹推进世界一流大学和一流学科建设总体方案》。

二是"双一流"建设要实现建设高校的动态调整机制。在不实施动态调整机制的情况下，由于不涉及高校间的比较，因此可以对建设高校"建设任务"与"改革任务"执行情况进行统一评价，通过总结经验、肯定成绩、发现不足、及时纠错、持续改进的方式稳步推进高校重点建设。然而，在实施动态调整机制的情况下，由于涉及高校间的比较，就需要对建设高校的"建设任务"评价与"改革任务"评价进行区别对待。对于"建设任务"而言，在具体评价过程中可以使用一些量化指标进行测算并可以在高校间进行比较。对于"改革任务"而言，它们是构建中国特色现代大学治理体系的重要组成部分[①]，是一流大学建设

[①] 赵沁平：《基于教育规律探讨一流大学建设的几个"双一流"》，载于《研究生教育研究》2017年第5期。

的制度和组织保障，引导高校追求一流的办学目标，培养一流的人才，产出一流的成果，做出一流的贡献。① 借用史静寰对世界一流大学建设"形"与"神"的比喻，认为"建设任务"好比世界一流大学建设的"形"，"改革任务"好比世界一流大学建设的"神"，"建设任务"的高质量实现有赖于"改革任务"的高质量实施，而"改革任务"的高质量实施又需要"建设任务"的高质量实现来表征，真正的世界一流大学就是要做到"形神兼备"。②

从具体的评价实践来看，无论是"建设任务"还是"改革任务"，其执行情况的评价，都要考虑不同高校的不同特色。"建设任务"与"改革任务"是世界一流大学建设的重要内容，是持续推进世界一流大学建设的源动力③，对世界一流大学建设的方向性、持续性、发展性具有重要影响。而每一所高校都有不同的历史底蕴与办学特色，因此，要在建设评价的设计中，在共同的"五大建设任务"与"五大改革任务"框架下，突出不同高校的特色。

由此，世界一流大学建设评价的维度设计应以"双一流"建设《总体方案》提出的"五大建设任务""五大改革任务"来展开，这不仅符合"双一流"建设的宏观政策规划，也有利于各高校按照最初的建设方案实施建设计划。

第三节 世界一流大学评价的新体系

设计创新的世界一流大学建设评价体系，需从世界一流大学建设评价的宏观政策指导思想出发，总结世界一流大学建设评价的构建核心、设计理念、具体层次、实际功能、评价维度，能够更精准的构建中国特色的世界一流大学建设创新评价体系。

一、世界一流大学评价的一个核心

习近平总书记在全国教育大会上强调，扭转不科学的教育评价导向，坚决克服唯分数、唯升学、唯文凭、唯论文、唯"帽子"的顽瘴痼疾，从根本上解决教

---

① 管培俊：《一流大学建设的两个关键要素：制度与人》，载于《中国高教研究》2018 年第 5 期。
② 史静寰：《"形"与"神"：兼谈中国特色世界一流大学建设之路》，载于《中国高教研究》2018 年第 3 期。
③ 瞿振元：《全面深化改革是"双一流"建设的强大动力》，http://www.moe.gov.cn/jyb_xwfb/moe_2082/zl_2017n/2017_zl46/201709/t20170922_315080.html。

育评价"指挥棒"问题。随后,科技部、教育部、人力资源和社会保障部等部委联合开展了专项行动,对"五唯"倾向进行集中清理。克服"五唯"、强调贡献是国家对"双一流"建设与评价所做出的重要指示。"五唯"造成了教育系统急功近利、唯利是图、浮躁投机的不良风气,也是近年来学术造假问题不断涌现的始作俑者,更是部分高校偏离立德树人、服务国家"初心"的首要原因。世界一流大学建设绝不能以论文、"帽子"、奖项作为建设目标和评价标准,这是党中央、国务院当机立断,对"双一流"建设提出的最新指示和要求。清理"五唯",不再追逐国内外排名,不再唯"SCI至上",建立中国特色的世界一流大学建设评价体系,是历史赋予我们的重任。①

二、世界一流大学评价的两大理念

"融通中外、简约可行"是世界一流大学建设评价的两大主要理念。② "融通中外"是对成效评价"中国特色、世界一流"的诠释,具体说来,是指评价建设成效的目光不能局限于国内,更要放眼全球,要求各建设高校在服务国家发展的同时,将视野扩大到促进全人类的进步上。其中,"中国特色"是"双一流"建设的本色,是实现赶超的有效选择,要坚持社会主义办学方向,坚持党对高校的领导,坚持服务国家需求,体现教育的人民性,创造性地传承中华优秀传统文化;"世界一流"是对我国教育对外开放的总体要求,要在坚持教育自信的基础上,达到国际认可的一流标准。

"简约可行"则是对评价操作层面的基本要求,评价体系不再追求评价指标的大而全,而是注重事关发展的关键环节和重大问题,在评价方面力求不给建设高校增添负担,引导建设高校不去刻意追逐评价指标,不浪费人力、物力、财力去"拉项目""戴帽子""挂牌子",倡导建设高校凝心聚力,静心搞建设,专心谋发展。可以说,简约可行的评价指标,不仅有利于评价的实施,也有利于引导高校专注于自身建设与发展。

三、世界一流大学评价的三个层次

通过对"双一流"建设相关政策文本解析,遵照可持续发展的理念,从我国高等教育长远发展来看,我国世界一流大学评价体系应包含世界一流大学的绝对

---

①② 王战军、刘静、乔刚:《清理"四唯" 呼唤"双一流"建设评价创新》,载于《中国高等教育》2019年第1期。

评价、世界一流大学的建设成效评价、世界一流大学的动态调整三个层次的评价。这三个层析的评价应能够对应我国各种高校、42所世界一流大学建设高校、未入选的高校，评价的设计涉及我国高等教育的方方面面，是一个系统而全面的评价体系。

这三个层次的评价中，一是对世界一流大学的绝对判断，这一评价主要回答"什么是世界一流大学"这一问题。二是对世界一流大学的建设成效评价，这一评价主要回答"42所世界一流大学建设高校的建设情况如何"这一问题。三是对世界一流大学的动态调整评价，这一评价主要回答"世界一流大学的进入与退出机制如何构建"的问题。理清我国世界一流大学建设评价的三个层次的内涵，将助力我国世界一流大学建设，有效推动我国"双一流"建设步伐，整体推进我国高等教育的全面发展。

四、世界一流大学评价的四大功能

通过对政策文本的解读，本书认为我国世界一流大学的建设评价要能够达到分析诊断、动态调整、信息公开、示范引领的效用。

诊断功能。以评促建是我国实施高等教育评价长期坚守的评价理念。"双一流"建设《总体方案》也明确提出"要强化跟踪指导，对建设过程实施动态监测，及时发现建设中存在的问题，提出改进的意见建议"。因此，世界一流大学建设评价也需在遵循以评促建的评价理念基础上，充分发挥评价的分析诊断功能，促进建设高校早日建成世界一流大学。

决策功能。"双一流"建设评价要为宏观决策服务，为动态调整的实现奠定基础。"双一流"建设确立了以绩效为杠杆的基本原则，要通过建立激励约束机制，鼓励公平竞争，实施动态管理，实现有增有减的建设经费动态支持与有进有出的建设资格动态管理。与此同时，建设评价也要发挥激励作用，对建设水平高、建设成效好的高校，提高下一轮的支持力度，并树立为全国院校的示范典型，引导我国高等教育发展的方向。

改进功能。建设评价的结果将作为建设高校的经费增减、资格有无的重要依据，使入选高校始终怀有危机意识，不断改进建设措施，提高建设成效，进而推动"双一流"建设的步伐，持续提高我国高等教育的办学水平。[1]

引领功能。"双一流"建设是我国新时代高等教育的领航雁工程，其建设评

---

[1] 崔育宝、李金龙、裴旭、万明：《我国世界一流大学建设评价体系的构建及完善论思》，载于《学位与研究生教育》2017年第11期。

价不仅将左右我国"双一流"建设的步伐,还会影响我国各类别、各层次高校的建设方向。世界一流大学建设评价将有效促进高校之间互相借鉴,引领高等教育强国建设。

五、世界一流大学评价的五个维度

世界一流大学建设评价由达成度、贡献度、支撑度、引领度、满意度五个维度组成,内容丰富多元,将从五个方向综合评价世界一流大学的建设。①

达成度考察一流大学建设方案目标的完成情况。作为世界一流大学建设评价的第一个维度,衡量既定建设目标的达成情况,体现了评价的目标导向。我国世界一流大学建设既要考虑中国实际,遵循教育规律,又要按照各省市、各建设高校的建设方案科学合理地逐步推进。达成度要分别考察各建设高校的建设成效与我国"双一流"建设总体目标对比的完成情况、与区域"双一流"建设目标对比的完成情况、与自身《建设方案》中建设目标对比的完成情况。达成度的评价一是考察各建设高校在师资队伍建设、创新人才培养、科研水平提升、文化传承创新、推进成果转化等建设任务中的完成情况;二是考察各建设高校在坚持党的领导、内部治理改革、关键环节突破、社会参与成效、国际合作交流等改革任务中的完成情况。各建设高校要不断对标自身建设现状与国家、区域战略发展及本校建设的目标要求,侧重对核心与重点问题的突破,提高建设效率。

贡献度考察一流大学在服务社会主义现代化强国建设中的作用发挥情况。作为世界一流大学建设评价的第二个维度,衡量高校解决实际问题的能力和水平。实现科教兴国战略、人才强国战略、创新驱动发展战略等重大的国家战略,建设制造强国、科技强国、质量强国等社会主义现代化强国,迫切需要一流大学参与其中,各建设高校要面向国家与社会需求,"把论文写在祖国的大地上,把科技成果应用在实现现代化的伟大事业中"②,提升对经济建设与国家发展的贡献率。因此,贡献度的评价一是考察建设高校在服务国家重大战略与区域经济社会发展中的贡献程度;二是考察建设高校有效服务行业企业发展的能力;三是考察各建设高校在智库建设、前沿理论、产业转型升级等方面所发挥作用的情况。各建设高校应发挥特色与优势,努力成为促进技术变革、加速创新发展的动力源,国家重大决策的智囊团,在研究战略需求、服务战略需求中做出卓绝贡献。

---

① 王战军、刘静:《构建中国特色评价体系 推进世界一流大学建设》,载于《清华大学教育研究》2018 年第 6 期。

② 习近平:《为建设世界科技强国而奋斗》,新华网,2016 年 5 月 31 日,http://www.xinhuanet.com/politics/2016-05/31/c_1118965169.htm。

支撑度考察一流大学在支撑发展与创新中的作用情况。作为世界一流大学建设评价的第三个维度，体现了一流大学在支撑社会发展中所起到的无可替代的作用。加速我国核心竞争力和综合实力的提升，需要一流大学提供富有创新精神和实践能力的复合型人才、拔尖创新型人才和应用型人才，开展能够解决重大实践问题的创新型研究，增强"关键核心技术创新能力"[①]，因此，支撑度的评价一是考察各建设高校在国家重点战略领域、区域经济发展、相关行业等方面发展的不可或缺作用；二是考察建设高校在内涵式发展中所取得的重大成果、零的突破或填补空白的能力；三是考察建设高校在大学内部治理问题与中国特色现代大学治理方面的卓越成效及其对我国现代大学制度建设的支撑作用。各建设高校要推进资源共享进度，与外界形成良好的协同合作机制，为建设社会主义现代化强国提供有力支撑。

引领度考察一流大学对学科前沿与文化思想的引领情况。作为世界一流大学建设评价的第四个维度，衡量其对国内外相关领域的引领情况，体现了一流大学在国内外的影响与引领作用。世界一流大学建设要在学科建设、科学研究、文化引领中起到卓越的领跑作用，着力发展与国家安全和重大利益相关的学科、国家急需支撑产业转型升级和区域发展的学科，提高基础研究水平，加强战略性、全局性、前瞻性问题的研究，增强文化自信，形成推动社会进步、引领文明进程的一流大学文化。因此，引领度的评价一是考察建设高校在学科建设中的引领程度；二是考察建设高校在世界科技发展中的引领程度；三是考察建设高校在促进先进思想和优秀文化传播中的引领程度。各建设高校要大力发展学科交叉融合与协同创新，力争做国际科技发展前沿中的领跑者，在服务区域发展的同时攀登学科领域高峰。

满意度考察一流大学建设在国内外的认可与满意情况。作为五个维度中的重要维度，是我国世界一流大学建设评价的最高标准，衡量国内外对一流大学建设的满意情况。满意度的评价一是考察各建设高校在政府、社会、公众中的满意情况，反映"双一流"建设期待与建设现实的匹配程度，展示各方对建设高校的综合表现印象。二是关注一流大学的国际认可与评价情况。通过有影响力的第三方评价，客观综合地评价各建设高校的国际排名情况，同时考察各建设高校对国际人才的吸引情况，观测建设高校在国际标准和规则制定中的话语权情况。

[①] 《习近平主持召开中央财经委员会第二次会议强调　提高关键核心技术创新能力　为我国发展提供有力科技保障》，央视网，2018 年 7 月 13 日，http：//tv.cctv.com/2018/07/13/VIDExOCsZI5qMJ1SDwtw84Rc180713.shtml。

第四节 世界一流大学建设评价的新模式

我国世界一流大学建设评价包含世界一流大学的认定评价、世界一流大学的建设成效评价、世界一流大学的动态调整三个层次的内容。构建世界一流大学建设评价的新模式,需要对三个层次的评价进行深入分析,从而完善世界一流大学建设评价体系。

一、世界一流大学的认定评价

世界一流大学的认定评价是第一层次的评价,所谓"认定评价",主要回答"什么是世界一流大学"这一问题。"双一流"建设展示了带动我国高等教育整体发展的宏大愿景,随着国家"双一流"建设相关文件的出台,各省(区、市)也形成政策的"支持联盟",相继出台了本地区的"双一流"建设方案。各省(区、市)的"双一流"建设是对我国"双一流"建设的支撑,体现了国家引导各级各类高校在本层次高校中冲击世界一流的决心,是我国建设高等教育强国的基础。① 世界一流大学的绝对评价标准,将引导我国各层次各类型大学冲击世界一流,加速我国高等教育强国建设的步伐。

世界一流大学的绝对评价,主要包括三个方面的内容:第一,考察各高校对国家战略、区域经济社会、行业发展所做出贡献的情况;第二,考察高校人才培养的效果情况;第三,考察高校大学与学科的水平情况。结合以上三方面评价内容,从达成度、贡献度、支撑度、引领度、满意度这五个维度出发,构建了世界一流大学的认定标准(见表4-2)。世界一流大学的绝对评价包含定性与定量两种评价标准,其中,贡献度、支撑度是衡量对国家、社会、行业的贡献与支撑情况,可依靠定性指标测量,而引领度、满意度可依据学科、大学的全球排名情况进行判定,部分项目可使用定量指标衡量。

---

① 王战军、刘静、杨旭婷、钟贞:《省域"双一流"建设推进策略研究》,载于《江苏高教》2019年第10期。

表4-2　　　　　　　　　世界一流大学认定标准

认定维度	认定项目	认定标准
达成度	世界一流大学建设达成情况	世界一流大学建设目标的达成情况
	高校建设目标的达成情况	高校自身制定的近期、中期、远期目标达成情况
贡献度	服务国家重大战略	培养国家战略急需人才情况,开展战略性、全局性、前瞻性问题研究情况,重大项目对接国家战略情况,国际合作服务国家战略情况
	服务经济社会发展	培养区域经济发展急需人才情况,开展区域性问题研究情况,区域社会服务开展情况,国际合作服务经济社会发展情况
支撑度	支撑行业企业发展	人才培养服务行业企业情况;科学研究对接行业企业发展情况;深化产教融合,与行业企业开展的合作情况;科研成果转化效率与科研成果应用于实践的情况
	回应社会需求	人才培养服务区域社会发展情况;科学研究回应区域性课题研究情况;社会服务对区域的引领带动,与社会资源共享情况
引领度	引领学科发展	学科交叉融合与协同创新;与国家安全和重大利益相关的学科建设情况;国家急需支撑产业转型升级和区域发展的学科发展情况;进入全球学科排名前500名情况
	引领世界科技发展	基础研究开展情况,应用研究开展情况,哲学社会科学研究开展情况
	引领思想文化发展	传播中华民族优秀传统文化情况,传播社会主义核心价值观与先进思想情况
满意度	国际认可情况	进入全球大学排名前500名情况,学术声誉情况,国际生源与师资情况,参与全球性重大活动情况
	国内认可情况	政府对建设成效的满意情况,社会对建设成效的满意情况,公众对建设成效的满意情况

二、世界一流大学的建设成效评价

世界一流大学的建设成效评价是第二层次的评价,所谓"建设成效评价",主要回答"42所世界一流大学建设高校的建设情况如何"这一问题。实施成效评价,将对世界一流大学的建设起到导向作用。实施中国特色的世界一流大学建设成效评价,将引导高校立足中国实际,找准本校优势与特色,主动服务社会需求;实施中国特色的世界一流大学建设成效评价,将突出建设业绩,打破以往身份固化的情况,实行总量控制下的动态调整,对各建设高校具有良好的激励约束作用;实施中国特色的世界一流大学建设成效评价,将引导高校紧抓立德树人这一根本任务,突出高校建设的目标达成度、战略贡献度、行业支撑度、创新引领度和社会满意度,走出中国大学内涵式发展道路。①

  世界一流大学的建设成效评价,用以反馈世界一流大学建设高校的建设状态。建设成效评价的主要内容可包含以下几个方面:第一,增量评价。通过数据分析,评价世界一流大学建设的起始状态与当前状态,并对本校状态进行时间轴纵向对比,对建设状态增量进行判断。对增长缓慢,甚至负增长的高校,进行预警。第二,水平评价。通过数据分析,评价世界一流大学建设的水平状态,并对状态进行不同学校间的横向对比,对建设水平状态较低的高校进行预警。第三,绩效评价。通过数据分析,评价世界一流大学建设的投入产出效率,并对状态进行本校的时间轴纵向对比与不同学校间的横向对比,对绩效降低与绩效较低的高校进行预警。世界一流大学建设成效评价将是42所世界一流大学建设评价的主要标准,也是世界一流大学动态调整的重要依据,预警次数较多的高校,将被剔除出世界一流大学建设高校的行列。

  世界一流大学建设将会产生海量数据,建设成效评价也面临着对海量数据进行分析处理的问题。高等教育监测评估是近年来兴起的一种新的评价手段,其理论与方法不断取得发展,为世界一流大学建设成效海量数据的处理提供了新思路与新方案。世界一流大学建设成效评价的监测对象主要是各建设高校的实时数据,通过对数据的网罗,利用处理海量数据的信息化技术,力求用多种类型的数据反映建设高校的建设状态。而上文中所提到的独立的数据监测平台,是汇集"双一流"建设专有数据的关键,将为"双一流"建设的动态监测提供基本保障。"双一流"建设数据监测平台将集大数据挖掘、监测状态实时输出、建设成效横纵比对等多种功能为一体,为各建设高校、各级政府提供多维动态观测建设成效的服务。平台数据主要源于国家部门相关数据、第三方评价数据、院校填报部分数据、各类公开数据。在数据挖掘方法上,大数据和"互联网+"的各种信息技术发展使海量的"双一流"建设数据整理转化为观测者需要的各类信息。在动态监测结果呈现上,监测平台将各种数据信息输出整理为各类交互式动态图表,友好、便捷、动态、全方位地展示各建设高校的建设成效,协助各建设高校

---

① 王战军、刘静:《构建中国特色评价体系 推进世界一流大学建设》,载于《清华大学教育研究》2018年第6期。

及时发现建设问题，提高建设效率。在建设成效横纵比对上，通过横向比较其他建设高校的建设成效、纵向比较自身各年度的建设成效，协助建设高校找到建设短板，也为各级政府下一轮"双一流"建设的决策提供参考。

三、世界一流大学的动态调整

世界一流大学的动态调整是第三层次的评价。所谓"动态调整"，主要回答"世界一流大学的进入与退出机制如何构建"这一问题。世界一流大学的动态调整，将是提高"双一流"建设的竞争性，打破原有的身份固化文化，实现动态调整、"能进能出""能上能下"的关键所在。

动态调整的实现既要考察高校的实际建设情况，更要考察国家的需求情况。其中，"能出"与"能下"主要通过世界一流大学成效评价的结果判断。世界一流大学建设成效评价是42所世界一流大学建设成效评价的主要标准，也是世界一流大学动态调整的重要依据。在成效评价的增量评价、水平评价与绩效评价中表现较弱、预警次数较多的高校，将被剔除出世界一流大学建设高校的行列，实现"双一流"建设的"能出"与"能下"。"能进"与"能上"则主要通过高校在以下两方面的表现来判断：一是考察国家对高校的需求与高校对国家的贡献；二是考察高校自身目前的发展水平与未来的发展潜力。其中，需求情况主要参考国家对高校的需求情况以及高校回应国家需求、贡献国家发展的能力；水平问题主要考察高校自身在人才培养、科学研究、社会服务、文化传承与国际合作中的实际表现。

世界一流大学的动态调整不仅要关照"国际可比"的标准，尤其要关注"中国特色"的要求。特别是在"能进"与"能上"的调整中，要着重考虑国家战略与区域经济社会发展的需求。总之，动态调整要依据国家战略布局，在关键地域、关键领域部署世界一流大学建设高校，既能体现国家对区域经济布局的考量，也能体现国家对行业发展战略的规划。

第五章

世界一流学科评价理念与评价体系

随着我国世界一流学科建设战略目标的逐步推进，如何科学评价一流学科建设，已经成为各界关注的重点问题。一流学科建设评价是一项复杂的系统工程，既要符合学科建设与发展的基本规律，也要体现"双一流"建设的战略内涵和时代意蕴。在当前清理"五唯"现象的背景下，有必要对一流学科建设评价进行深入分析，回归中国特色的世界一流学科本身，重新思考一流学科建设评价的理念遵循、维度创新与路径选择。

第一节 "双一流"建设语境下的学科评估

建设世界一流学科离不开学科评估的保驾护航。世界一流学科语境下的学科评估存在着窄化、泛化、矮化和固化等现象。学科评估是一个内涵丰富的概念，是一个逻辑严密的理论体系，更是一项严谨复杂的实践活动。

一、学科评估存在的缺陷

（一）学科评估窄化为学科排名

高等教育正处在一个排行榜时代。不论是大学评估还是学科评估，几乎都在以评估之名行排名之事。第三方评估自不必言，行政性评估（或准行政性评估）也不遑多让。学科因为其更适合排名的特质，所以学科评估几乎成了"学科排名"的天下。泰晤士高等教育（THE）的"世界大学学科排名"、QS全球教育集团的"世界大学学科排名"、美国新闻与世界报道的"世界大学学科领域排名"、上海软科的"世界一流学科排名"、美国科技信息所的"ESI学科排名"等都是具有较高知名度的学科排行榜。

目前国内最有影响力的学科评估当数教育部学位与研究生教育发展中心（以下简称"教育部学位中心"）开展的"一级学科评估"。和前述世界大学学科排名的大张旗鼓相比，教育部学位中心则一直强调自己的非排名目的。不过，众所周知，其第一轮和第二轮评估结果纯粹以排名方式公布，第三轮评估虽然采取了一定的措施，如按指标体系计算得到原始得分后，再采用"聚类统计"算法，将原始得分相近的聚为一类，然后按类公布。[①] 但实际上，按类公布虽较按分公布有了一定的改变，但仍外显出浓重的排名痕迹。

学科评估窄化为学科排名，在一定程度上忽略或者抹杀了学科的丰富内涵。将丰富的学科用几个机械的数字表达，是用最简单的方法评判最复杂的事情，如果再用其来指导实践，无疑是一件十分荒谬的事情。学科排名，可以参考，但不能迷恋。

（二）学科评估泛化为大学评估

早期的大学和学科发展并不同步。直到19世纪，当洪堡提出"教学与科研并重"的理念并在柏林大学得以践行的时候，学科才从大学的边缘走向大学的中心。在我国，从20世纪80年代开始，学科之于大学的重要性终于得到广泛认可。学科是大学得以存在和发展的基础，是大学办学水平和办学特色的重要指标。学科建设是打造世界一流大学的基础性工程。[②]

随着学科在大学地位的提升，"言必称"学科在大学成为一种必须和时尚。对学科的重视在给学科带来大发展的同时也带来了对学科建设功能的过度解读。在这种过度解读之下，大学建设和学科建设被混为一谈。学科建设和大学建设混淆的直接后果就是学科评估和大学评估不分彼此，而由于大学评估在前，学科评估在后，所以学科评估不可避免地会效仿乃至因袭大学评估，终极的表现就是学科评估被泛化为大学评估。表5-1显示出，许多广受瞩目的世界大学排行榜和学科排行榜，或多或少都存在指标体系雷同的现象。

---

①② 翟亚军：《大学学科建设模式研究》，科学出版社2011年版。

表 5-1　若干世界大学排名和学科排名一级指标比较

评估机构	大学评估	学科评估
THE	教学； 科研； 论文被引； 国际化； 产业收入	教学； 科研； 论文被引； 国际化； 产业收入
QS	学术声誉； 雇主声誉； 教师/学生比例； 师均论文被引； 国际教师比例； 国际学生比例	学术声誉； 雇主声誉； 篇均被引； H—指数
USNEWS	全球学术声誉； 区域学术声誉； 发表论文； 出版书籍； 学术会议； 标准化论文引用影响力； 总被引数； 高被引论文数量（在引用最多文献的前10%）； 高被引论文（在引用最多文献的前10%）的百分比； 国际合作； 高被引论文数量（在各自领域被引次数最多的前1%）； 高被引论文百分比（在各自领域被引次数最多的前1%）	全球学术声誉； 区域学术声誉； 发表论文； 出版书籍； 学术会议； 标准化论文引用影响力； 高被引论文数量（在引用最多文献的前10%）； 高被引论文（在引用最多文献的前10%）的百分比； 国际合作
ARWU	获诺贝尔奖和菲尔兹奖的校友折合数； 获诺贝尔奖和菲尔兹奖的教师折合数； 各学科领域被引用次数最高的科学家数； 在 Nature 和 Science 上发表论文的折合数； 被科学引文索引和社会科学引文索引（SSCI）收录的论文数； 上述五项指标得分的师均值	教师获权威奖项数； 论文标准化影响力； 论文总数； 国际合作论文比例； 顶尖期刊论文数

学科评估泛化为大学评估，模糊了学科和大学的界限，抹平了学科和大学的重点，偏离了大学和学科发展的内核，违背了大学和学科的本质与规律。从学科的本源来看，知识性是大学最基本的特征，创造知识是学科最基本和最原始的功能。一般意义上的学科本身并不具有教学的含义，学科新人的培养都是在学术研究中进行的，教学只是学科进驻大学后建立在学科基本功能之上的延伸和拓展。学科进驻大学之后，就开始处于学术研究和人才培养的矛盾之中，而学科评估被泛化为大学评估正是这种矛盾的集中体现。

（三）学科评估矮化为一般学科评估

学科是人类关于世界认识成果的一种分类，是人们在长期发展过程中产生的知识碎片混合物经过分化、整合、重组建构起来的具有一定知识范畴的逻辑体系。[①]知识是一个网状的连续体，学科是这个连续体被分割后的一个个独立个体。一方面，每个学科都是这个知识系统的一部分，所有学科都包含共同的基因；另一方面，"龙生九子，九子各不同"，每一个学科都拥有自己不同于其他学科的研究范畴和研究范式。学科类属的不同决定了评估指标体系的差异，学科分类评估即源于此。

同一类属学科因为归属于不同大学而有了不同的表现，这种不同或表现于学科水平，或表现于学科研究领域。而正是由于学科水平的不同才使得学科排名具有了逻辑上的意义。但不是一切有价值的都能量化，也不是一切能量化的都有价值[②]，逻辑意义与实践价值之间并不能完全画上等号。因此，分层评估不仅可行而且必要。但是和分类评估的发展相比，人们似乎还远远没有认识到分层评估的重要性。就目前已有的学科评估而言，不论学科如何划分，也不论同一类别下学科规模如何，同一类属的学科都是采取同一指标体系进行评估。

任何有看点的比赛，双方水平必然旗鼓相当，学科评估亦然。把一流学科和一般学科放在一起进行评估甚至排名，看上去似乎很公平合理，毕竟指标面前人人平等。但是，一流学科和一般学科的区别不仅仅是某项指标上得分的高低，其水平的悬殊使得两者具有了本质的不同。这种不同反映在评估上就是：一流学科评估是必须能够显示一流学科韵味的高端指标，是一般学科可望而不可即的指标。

（四）学科评估固化为特定学科评估

多元化评估已成为大学学科评估的潮流。多元的评估主体、多元的评估目的、多元的评估模式、多元的评估方法、多元的评估内容构成了一幅学科评估的

---

① 翟亚军：《大学学科建设模式研究》，科学出版社2011年版。
② 王义遒：《建设世界一流大学究竟靠什么》，载于《高等教育研究》2011年第1期。

丰富图景。多元化的评估可以帮助人们多角度认识学科。不过，现实中也存在着奉某一特定评估为规臬，过度迷信或者迷恋某一特定评估的现象。比如，在部分省份和大学公布的"双一流"建设规划中，ESI 学科排名被作为是否是世界一流的依据，而教育部学位中心的一级学科评估则被看成国内学科排名的依据，将进入 ESI 全球前 1% 作为建设世界一流的目标，将进入教育部学位中心的一级学科排名前列作为进军国内一流的目标（见表 5-2）。

表 5-2　　　　　　　部分省份建设世界一流学科目标

省份	ESI 全球前 1%（个）	ESI 全球前 1‰（个）	预计达成年份
山东	50	10	2030
江苏	100	2~3	
甘肃	15		
湖南	40		2020
浙江	50		
河南	10		
湖北	70	6	2020
福建	20	3	2020
	35	6	2030
海南	2~3		2020
	5~8		

资料来源：笔者根据各省双一流建设方案整理。

将一流学科评估局限于某一特定的评估，会人为地关闭全方位了解学科的窗口，将学科建设局限于一个或有限的几个指标建设上。比如，由于大多数评估指标体系中论文发表占有绝对大的比重，于是许多大学把发表论文作为了学科建设的主要追求。为了增加论文发表数量，使其在评估中有一个良好的表现，便将论文发表与奖金、评优、职称挂钩，凡事用论文说话。当然，论文规模确实有了突飞猛进的增长。据有关统计，目前我国已成为世界第二科技论文大国，科技论文数量和"自然指数"等指标仅次于美国。但是论文数量的增加并没有带来质量的同步增长，我国科研实力与科技发达国家差距依然很大，还不是科技强国。[①] 自然科学如此，人文社会科学则更令人担忧。以历史学为例，据李华瑞估计，在 1.5 万篇宋史论文中，1/3~1/2 是完全没有学术价值的废品，余下的到底有多少

[①] 徐旭东：《论文多为何拿不了诺贝尔奖》，载于《人民日报》2016 年 10 月 24 日。

具有较高的学术价值也很难说。①

二、学科评估面临的困境

（一）学科评估不能承受之重

评估不是救世主。评估的局限决定了评估功能的有限，过分夸大评估功能或试图利用评估攫取利益，都会降低评估的质量。被忽略的评估局限评估无疑是有益的。20世纪80年代后期，日本著名学者喜多村和之教授研究指出，美国大学"强盛"的原因之一，就是"大学从里到外被种种评价包围着"。② 评估的益处很多，评估有益于高校摸清家底，有益于促进竞争，有益于内涵建设，有益于帮助公众了解大学。③ 但是评估也不是万能的，评估的局限决定了其在学科建设中作用的间接和有限。

首先，学科评估是一项主观性很强的活动。评估是评估主体为了某种目的而对评估客体进行的评判。不论评估者如何强调评估的客观性，评估者的学科观和价值观都会渗透于评估之中。定量评估曾因为数据的精确可靠和结果的直观可视赢得了人们的推崇，但随着评估的发展和对学科认识的加深，定量评估的局限也越来越明显，机械和粗糙是人们对其诟病的主要原因。为了摆脱这种局限，人们转而又开始加大定性评估的比重。于是蕴含评估者主观意识的评估指标体系叠加上定性指标得到的主观数据，学科评估的主观性得到了强化。如QS学科排名指标体系的四个指标中包括学术声誉和雇主声誉两个定性指标，占指标总数的50%。在其涉及的46个学科中，牙医学、兽医学、护理学3个学科这两个指标的权重最低，合计为40%。其余43个学科均等于或大于50%，艺术与设计、现代语言和表演艺术3个学科更是高达100%。

其次，学科评估是一项专业性很强的活动。评估者的知识素养、知识结构、能力品质，以及评估者的学科观和评估观都影响着评估的质量。即使认可度比较高的学科评估也可能出现专业性不足的问题，如在教育部学位中心组织的第四轮一级学科评估活动的前期，出现了评估者指定部分刊物为A刊的现象，一时间议论纷纷，饱受质疑，后来不得不取消了此种做法。当然，指定期刊这种做法与其说是专业性缺乏，不如说是一种行政思维在作祟。不过，缺乏专业性的学科评估

---

① 李伯重：《论学术与学术标准》，载于《社会科学论坛》2005年第3期。
② 周川：《中国式学科评估：问题与出路》，载于《探索与争鸣》2016年第9期。
③ 董云川：《对新一轮学科排名热的理性思考》，载于《上海教育评估研究》2013年第2期。

并不鲜见,也并不是所有的情况都能被人们意识到并且得以纠正,如某些评估存在着论文至上现象,把论文看作表征学科水平的主要因素甚至唯一因素。论文至上或者说唯论文论看似重视学术研究和学术成果,与学科的本质更相契合。学科学认为,学科内涵表现为知识说、组织说和规训说三种学说的共通和融合,肩负着人才培养、科学研究和服务社会三大职能。发展知识是学科最原始也是早期最主流的功能,但学科发展至今,随着学科从大学边缘成为大学核心,学科功能也不断拓展,其功能的唯一性早已被打破。因此,主要或仅用一纸论文来全面考量学科无疑陷入了一种狭隘的学科论。

(二) 被夸大的评估功能

学科评估并不能真正评估出学科的质量,为了便于操作,只是用一些显性的、可量化的指标来作为评价依据。目前大学里比较普遍的急功近利的种种做法,在很大程度上其实都是"指标"的需要,未必是出于真正学术的需要。[①] 事实表明,学科评估功能被无限夸大的说法并不是无中生有,人们对评估功能的认识还存在着许多误区。

误区之一:世界一流学科是评出来的。理论上人们是不认可这种说法的,但现实中这种说法又大有市场。想当初,我国不论是对于学科发展还是学科排名,都不掌握话语权,面对我国的学科在各学科排行榜上不尽如人意的表现,我们曾一度指摘这些排行榜表现出强烈的西方化倾向,认为这些排行榜是为西方量身打造,其排名不足以反映我国大学学科的真实水平(当然这也有部分道理,但主要的原因恐怕还是水平不足)。但吊诡的是,如今排行榜还是那些排行榜,我们在排行榜上的表现却已可圈可点,此时我们似乎忘记了对这些排行榜曾经的腹诽和不屑,反而用其来证明我们的进步。是我们的学科水平提高了,还是这些排行榜在悄悄迎合着我们?抑或是我们在悄悄迎合着这些排行榜?其实,只要对同一时间段不同的排行榜进行比较就会发现,位居各排行榜前列的总是那几个学科,虽然这些学科之间的名次会略有不同。这就揭示了一个基本事实:学科水平是一个客观存在,它的名次不会因为排行榜的不同而有明显的上升或下降。与其说世界一流学科由学科排行榜圈定,倒不如说学科排行榜由这些一流学科来证明。毕竟,人们对哪些是世界一流学科都有一个基本的认知。

误区之二:学科评估会提高学科质量。就理论而言,学科评估和学科质量没有任何的关系,或者说评估和质量没有直接的必然联系。评估就如体检,体检的结论是"没问题"或"有问题",以及"可能有什么问题",仅此而已。如果通

[①] 陈学飞等:《中国式学科评估:问题与出路》,载于《探索与争鸣》2016年第9期。

过体检发现了问题并得到及时的治疗，在这个意义上，体检和健康是有关系的。但如果讳疾忌医，那么体检有等于无，对于健康没有一点帮助。学科评估也是如此，如果评估结果得不到被评估者的认同，那么评估也只是评估者自娱自乐的活动，所谓的提高质量不过是评估者的臆想而已。而如果评估结果出现偏差，被评估者却据此去指导学科建设，那么此时的评估不仅不会提高质量反而会起到相反的作用。学科建设中出现的重规模轻质量、重科研轻教学等不良现象，不能不说是受到了某些不良评估的影响。

（三）被扭曲的评估诉求

评估被捆绑了太多的利益因素。[①] 学科评估包含了评估者、被评估者、政府、社会大众等众多的利益相关者，不同利益相关者对评估的诉求是不同的。学科评估被裹挟了太多的商业利益。在我国，评估制度完善和成熟的脚步并没有跟上政府职能转换的脚步。由于利益的诱惑和缺少制度的约束，部分第三方评估把利益追求放在了评估的首位，因而出现了种种令人瞠目的现象。比如有的排行榜上赫然居于首位的学科其实根本就不存在，还有被披露出来的花钱买名次的现象，此外还有借学科排名博取大家关注的现象，评估成为一种另类形式的广告。

政府开展的评估是不含商业因素的，但是这并不表明政府的评估没有利益追求。随着政府职能的转变，"管办评"分离下的政府不能再直接开展学科评估，但是影响依然较大。教育部学位中心开展的一级学科评估应该是各大学最重视的学科评估，一方面是由于它的政府背景，其信息可能更为全面和可靠，这也得益于其信息获取的便捷。另一方面就是学科评估多数情况下被用来作为政府资源分配的主要依据。

三、学科评估的再造之道

（一）学科评估需恪守三大原则

学科评估是一项严肃而科学的活动，去行政化、去利益化、去功利化是保证评估科学而纯粹的三大基本原则。在《国家中长期教育改革和发展规划纲要（2010—2020年）》中，"管办评分离"被作为教育体制改革，转变政府职能的重大举措正式提出。2013年党的十八届三中全会通过的《关于全面深化改革若干

[①] 陈学飞等：《中国式学科评估：问题与出路》，载于《探索与争鸣》2016年第9期。

重大问题的决定》，再次强调"深入推进管办评分离"。

目前，在政府还不能完全脱离评估时，政府开展的评估要坚持去行政化原则，防止将评估当成一种评判、影响甚至框定学科发展的手段。同时，政府要把工作的重心转移到加强评估立法，促进信息化建设，完善评估机构准入制度等法律、制度建设上来。当评估完全脱离行政化轨道的时候，评估制度也随之成熟与完善，以评估为手段攫取利益的行为将受到遏制，去利益化的评估成为现实。当大学学科建设没有了行政化评估和利益化评估的羁绊，就会远离功利和浮躁，回到学科建设本位上来。

（二）以学术的名义进行学科评估

以学术的名义就是一流学科评估要回归学科本真。学科评估是服务于学科发展目标，还是学科建设紧紧追踪学科评估指标？看似十分明了的事情，实际上却常常本末倒置，学科建设常常围绕学科排名进行，把学科排名作为学科建设的"指挥棒"。之所以如此，一是对学科和学科建设等相关概念和概念之间的逻辑关系不清楚；二是评估理念出现偏差，不知何为评估，也不知为何评估，更不知如何对待评估。简言之，就是最关乎学术的学科被非学术性的评估层层包围，学科评估非但不能惠及学科反而扰乱了学科的发展。

以学术的名义，就是学科评估必须围绕学科，以服务于学科为目的。以学术的名义，就是对学科评估保持一份敬畏。这种敬畏不仅是对学科的尊重，也是对评估活动的尊重。政府对学科评估保持敬畏，就是要求政府在评估中扮演好自己应该扮演的角色，安其位，负其责。社会对学科评估保持敬畏，就是要明白学科评估不是人人可以为之的活动，学科的知识、评估的技术、评估的伦理都是学科评估者必备的。大学对学科评估保持敬畏，就是当大学面对五花八门的学科评估时，要保持理性，坚守使命，使评估为我所用而不是被评估牵着鼻子走。

（三）站在学科评估的世界制高点

世界一流学科评估就要有世界一流的品格和气度，有世界一流的胸怀和视野。虽然我们经常诟病已有的学科评估，虽然这些学科评估也存在着许多的缺陷，但这并没有阻挡我们仍然把它们作为了解甚至做出某些重要决断（比如"双一流"建设名单的确定）的依据。然而西方语境下构建起来的学科评估指标体系，不可避免地在我国会出现水土不服的情况，之所以使用恐怕也有不得已而为之的成分，毕竟目前我们并没有构建起一个符合我国国情且世界通用的一流学科评估指标体系。

以教育部学位中心开展的一流学科评估为例，和西方学科评估严重的西方化倾向不同，教育部学科评估中心开展的评估在适合我国国情上具有其他任何学科评估无可比拟的优势。可是，也恰恰是这种优势，成了其不能拓展至全世界的阻碍。世界一流学科评估首先必须是世界的，必须要得到世界学术共同体的认可，与国际社会在一个话语体系之中，在这个评估体系面前，所有的学科都可以平等地展示自己。

风物长宜放眼量，正是扬帆万里时。"双一流"建设战略的提出表达了我们对于世界一流的强烈渴望，展示了我们冲击世界一流的决心。能不能建成世界一流靠行动，而不是靠评估。因此，世界一流学科评估与世界一流学科建设拥有同等重要的意义，因为一流学科评估本身就是世界一流学科建设的一部分。世界一流的一流学科评估不仅需要世界一流的评估方法和技术，更需要世界一流的责任心、世界一流的气度和世界一流的品格。我们肩负着建设世界一流学科的重任，也肩负着早日构建起符合我国国情也具有世界普适性的一流学科评估体系的使命。"双一流"建设任重道远，唯有不忘初心、砥砺奋进，方能不辱使命。

第二节 世界一流学科评价的逻辑起点

学科评价活动包括明确对象、确定原则、研究内容、制定标准、选择方法等多个方面。其中，首要的也是最为关键的便是明确评价对象并正确理解其内涵，这是学科评价活动的逻辑起点。要开展世界一流学科建设评价，首先需要我们对世界一流学科的形成与发展逻辑具备清晰的认识。

一、世界一流学科的生成与发展逻辑

世界一流大学和一流学科建设对于我国高等教育改革发展是一项全新的历史使命，也是高等教育强国战略、人力资源强国战略和科技强国战略的重要组成部分。学科是现代大学的基石，一流学科是一流大学建设的基础和根本，因此，一流大学建设必然落实到一流学科建设上来。"学科的划分是在知识积聚到一定程度后开始的人为活动，学科的建构过程首先遵循知识发展的内在演化逻辑，完成知识的系统化使命，其次才形诸于外在的社会建制，完成知识的制度化使命。"[①]一流学科生成具有双螺旋逻辑的制度属性。

---

① 龚怡祖：《学科的内在建构路径与知识运行机制》，载于《教育研究》2013年第9期。

（一）世界一流学科生成的外部推动逻辑与内在生成逻辑

学科是迄今为止人类所掌握的最重要的一种复杂知识系统形态①，也是构成大学肌体的核心元素，对大学的建设或投入，其核心必然落实到对学科的建设或投入上来，因为现代大学是以学科为基础建立起来的社会组织②。学科的生成、发展、演化及衰落受制于知识（技术）创新速度、社会需求水平及环境的综合影响与制约。学科一旦定型，其结构就具有保守的特点并与实践相对脱节。③ 与此同时，学科与学科间既高度分化又高度整合，学科交叉与跨学科研究不断促使新的研究领域出现并积聚力量试图生成新兴学科，因此，新兴学科的生成并不必然是精心设计的产物，对"未知领域"的天然好奇构成了学者学术追求与探索热情的无限源泉。作为一种制度化的知识运行与创造载体的学科形态，学科的成长过程天然受到学科逻辑和社会需求逻辑的交互影响④，学科的建构过程交织着内在生成逻辑与外部推动逻辑两种力量⑤。外部推动逻辑主要指学科成长过程中必须汲取外部社会的"营养成分"以保持其自身不断发展。在现代社会，任何学科的发展均离不开稳定、充裕的人力、物力和财力的支持，因此，外部推动逻辑构成了一流学科成长的必要条件。一流学科的成长更多地受制于学科内在生成逻辑。内在生成逻辑主要指学科首先遵循知识发展的内在演化逻辑与"内在规定性"，这种"内在规定性"始终遵循和沿着学科发展的本质逻辑方向演进，外部推动力度只会影响速度却不能够改变其方向。从这种意义上而言，学科建设中各种外部人、财、物的投入应围绕着学科的内在生成逻辑进行配置，但现实中的情形往往是，学科的内在生成逻辑方向非常隐蔽且"神秘莫测"，并不断充满偶然性和不确定性，导致既有的资源配置往往更多是沿着外部推动确定的"制度性"逻辑方向前进，进而导致在促进学科发展方面的"制度性低效"。

（二）世界一流学科的成长与建设需遵循双螺旋逻辑定律

在现代社会，学科的成长受到内在知识逻辑和外部制度逻辑的"混合影响"。一方面，按照龚怡祖教授的观点，学科的内在建构会遵循"问题研究形态→研究领域形态→基本研究范畴形态→学科形态"的路径展开⑥，其中，"问题研究→研究领域→基本研究范畴"三个阶段是知识由"自发存在形式"向"自觉存在

---

①⑤⑥ 龚怡祖：《学科的内在建构路径与知识运行机制》，载于《教育研究》2013 年第 9 期。
② 刘贵华、孟照海：《论研究生教育的发展逻辑》，载于《教育研究》2015 年第 5 期。
③ 劳凯声：《教育研究的问题意识》，载于《教育研究》2014 年第 8 期。
④ 周光礼：《"双一流"建设中的学术突破——论大学学科、专业、课程一体化建设》，载于《教育研究》2016 年第 5 期。

形式"演化的大致形态，而由"基本研究形态"上升为"学科形态"，则标志着学科真正成为一个更加稳定、成熟、独立的知识体系。另外，"学术秩序既是科学性的又是社会性的"①，学科的成长与建设越来越依赖于外部社会的各种资源投入与支持。在政府主导的高等教育后发外生型国家中，学科的成长与建设对外部社会的这种依赖性表现得更为直接和强烈。"根据法国哲学家福柯的观点，在不同的历史条件和发展阶段，什么知识能够进入研究者的视野通常会受到社会关系的影响和制约。"② 以学科为主要载体的各种类型的学术研究活动越来越需要剥去"神秘的外衣"而接受来自大学组织场域外部的各种秉承"正义性"或"正当性"的绩效问责，而在这种"绩效问责"面前的表现状况，对大学组织场域内部的学科优先秩序与次序正在产生日益明显的影响，学科内部的科学探索活动亦需要对外部社会的"功利性的有用与有益需求"给予适当回应，以扩大或保持学科发展汲取外部社会资源的能力。

二、世界一流学科与一流大学的逻辑关系

一流学科的建设毋庸置疑是一流大学建设的核心内容，而一流大学的建设必然不囿于一流学科的建设。

一流大学和一流学科建设是一项系统工程，本书结合我国一流大学和一流学科建设的战略指导方向和基本发展规律，从"职能维—创新维"两个维度动态分析一流大学和一流学科建设中的逻辑关系，分析矩阵如表 5 - 3 所示。

表 5 - 3 一流大学和一流学科建设逻辑关系"职能维—创新维"分析矩阵

创新维 \ 职能维		一流大学和一流学科建设职能维				
		人才培养	科学研究	文化传承	社会服务	国际交流
一流大学和一流学科建设创新维	知识创新	(1) 一流专业人才培养； (2) 一流专业师资团队建设……	(1) 基础前沿知识突破与创新； (2) 专业知识扩散……	(1) 立德树人文化的传承； (2) 专业文化与学术道德继承发扬……	(1) 提供原始创新服务； (2) 基础条件建设与共享……	(1) 学科专业知识国际化流动； (2) 学术国际影响力……

---

① ［法］P. 波丢：《人：学术者》，王作虹译，贵州人民出版社 2006 年版。
② 刘贵华、孟照海：《论研究生教育的发展逻辑》，载于《教育研究》2015 年第 1 期。

续表

创新维＼职能维		一流大学和一流学科建设职能维				
		人才培养	科学研究	文化传承	社会服务	国际交流
一流大学和一流学科建设创新维	技术创新	(1) 专业技术人才培养； (2) 技术研发团队建设……	(1) 重大共性关键技术； (2) 颠覆性创新技术……	(1) 科研范式传承与创新； (2) 科研信仰传承创新……	(1) 技术应用示范； (2) 产业规模扩大……	(1) 专业领域技术流动； (2) 国际市场与产品开发……
	价值创新	(1) 拓展专业领域人才多元价值； (2) 价值多元的课程体系……	(1) 专利技术的产出与多元应用； (2) 工具与方法的创造……	(1) 高等教育使命观的传承与创新； (2) 传统文化新价值开发……	(1) 科技成果的产业化价值创新； (2) 科技价值多元化开发……	(1) 高等教育价值理念的国际流动； (2) 学术思想的国际流动……
	模式创新	(1) 人才培养模式创新； (2) 教学模式创新……	(1) 科研模式创新； (2) 经费管理模式创新……	(1) 文化传承模式创新； (2) 大学办学模式创新……	(1) 产业结构调整服务； (2) 经济发展模式转变……	(1) 国际合作模式创新； (2) 国际交流模式创新……
	制度创新	(1) 人才培养制度创新； (2) 人才引进制度创新……	(1) 科研管理制度创新； (2) 科研激励制度创新……	(1) 社会主义核心价值观体现； (2) 大学治学精神……	(1) 国家整体自主创新力提升； (2) 核心竞争力提升……	(1) 人员国际交流制度创新； (2) 项目合作制度创新……

职能维：无论是一流大学的建设还是一流学科的建设，都离不开职能的体现，根据《实施办法（暂行）》中明确提出的"全面提升我国高等教育在人才培养、科学研究、社会服务、文化传承创新和国际交流合作中的综合实力"[①]，将人才培养、科学研究、社会服务、文化传承和国际交流作为职能链的五个要素展开分析。

创新维：在创新驱动发展战略的引领下，国家创新能力已经成为衡量国家核心竞争力的重要因素。一流大学和一流学科建设最根本的变化就是从源头创新，本书选择知识创新、技术创新、价值创新、模式创新和制度创新五个创新维度来

---

① 《关于印发〈统筹推进一流大学和一流学科建设实施办法（暂行）〉的通知》，中华人民共和国教育部网站，2017 年 1 月 27 日，http：//www.gov.cn/xinwen/2017－01/27/content_5163903.htm#1。

剖析一流大学和一流学科建设之间的逻辑关系。

(一) 职能耦合逻辑关系

职能是事物、机构本身具有的功能或应起的作用,从职能维剖析一流大学和一流学科建设的关系,研究认为一流大学建设和一流学科建设之间存在职能耦合逻辑关系,如图 5-1 所示。

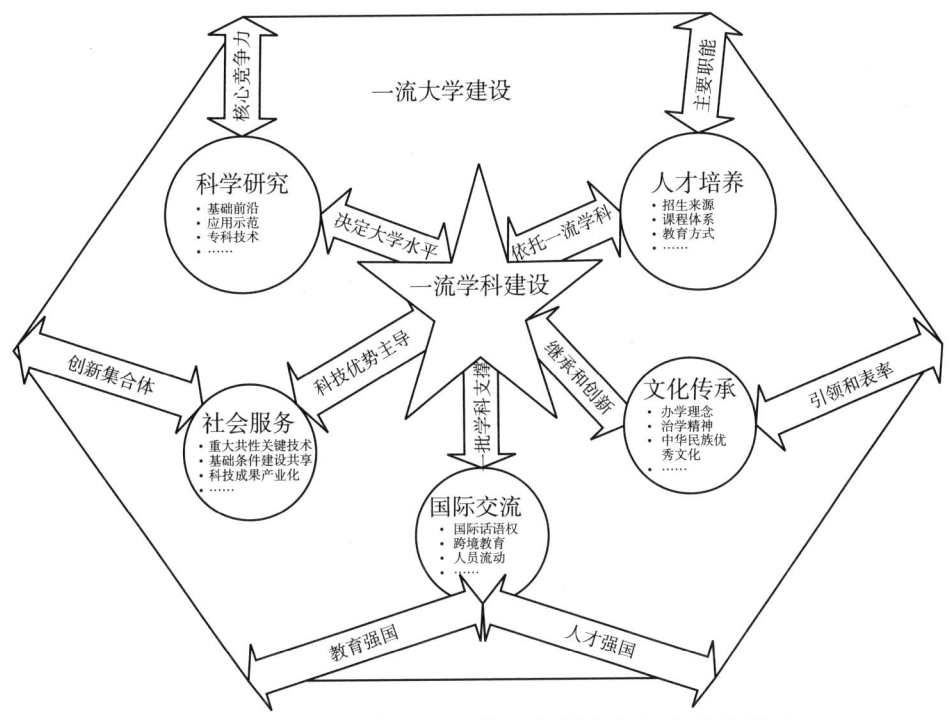

图 5-1 一流大学与一流学科建设职能耦合逻辑关系

1. 一流人才的培养主要依托一流学科,培养一流人才是一流大学的主要职能

人才培养是大学最本源、最基础、最核心的职能。双一流建设的关键任务就是要建设一流师资队伍和培养拔尖人才。"深入实施人才强校战略,强化高层次人才的支撑引领作用""坚持立德树人,突出人才培养的核心地位"是《总体方案》中明确提出的建设任务。① 学科建设是大学建设的主旋律,人才培养工作和打造师资团队都与学科建设密切相关。而大学是由若干学科构成的学术共同体,学科的布局合理性、科研原创性、人才创新性和发展可持续性等直接决定了大学

---

① 《国务院关于印发统筹推进世界一流大学和一流学科建设总体方案的通知》,中华人民共和国教育部网站,2015 年 11 月 5 日,http://www.gov.cn/zhengce/content/2015-11/05/content_10269.htm。

的办学质量和学术水平。

从人才培养的职能上来看，一方面，一流学科是培养创新人才和打造一流师资的重要载体，一流大学建设过程中能否培养出拔尖创新人才一定要植根于一流学科的建设；另一方面，拔尖创新人才应具有宽阔的学术视野和创新思维①，一流大学可以通过学校整体的学科布局，形成良好的学科群环境，通过综合各方面学科的通识教育、交叉互动，培养一流的复合型人才。拔尖创新人才的培养和一流师资队伍的锻造离不开一流大学和一流学科的通力合作。一流大学通过建设一流大学能够为培养一流人才提供良好的环境，一流学科通过培养一流人才来实现一流大学人才培养的主要职能。

2. 一流学科的科研水平就是一流大学的科研实力，科研实力是一流大学的核心竞争力

科研产出是高校赖以生存的基础。②《总体方案》中明确提到"以国家重大需求为导向，提升高水平科学研究能力，为经济社会发展和国家战略实施作出重要贡献"③。科学研究是科学之本、技术之源，是提升原始创新能力的根本途径，是创新驱动发展的力量源头，是提高社会生产力和综合国力的战略支撑。在创新驱动发展战略下，科学研究为国家的经济腾飞、产业升级、社会转型提供了颠覆性的力量。

科学研究是大学的重要职能，学科或者专业是承担科学研究的重要主体。有学者认为学科建设是大学科研的代名词。④ 学科建设与科学研究的关系是直接的，其成果直接以论文、论著、专利等形式体现出来。⑤ 特别是以国家重大战略需求为导向时，大学依托国家重点实验室、协同创新研究中心、高精尖研究中心等一流学科的跨组织平台，在科学研究领域取得了显著的成果。从科学研究的职能角度来看，一流大学的建设过程中应将科学研究职能的立身之本植根于学科，而科学研究职能的发扬光大借力于学科群。一流大学从学科群的角度来支撑科学研究，特别是在资源配置有限的情况下，进行学科的战略规划和布局，优化配置人力、物力、财力，高效精准培育打造学科高峰，营造良好的学科生态环境，激发科学研究的创新活力。建设一流大学、提高科学研究水平的关键抓手就是提高一流学科的科学研究水平，通过提升一流学科的科研实力来提高一流大学的核心竞

---

① 马廷奇：《高校交叉学科建设与拔尖创新人才培养研究》，载于《成才之路》2015 年第 34 期。
② 陈英杰、陈效林：《科研导向对科研产出的影响：基于高校教师社会资本的研究》，载于《科技进步与对策》2013 年第 12 期。
③ 《国务院关于印发统筹推进世界一流大学和一流学科建设总体方案的通知》，中华人民共和国教育部网站，2015 年 11 月 5 日，http://www.gov.cn/zhengce/content/2015-11/05/content_10269.htm。
④ 马陆亭：《一流学科建设的逻辑思考》，载于《高等工程教育研究》2017 年第 1 期。
⑤ 张德祥：《高校一流学科建设的关系审视》，载于《教书育人：高教论坛》2017 年第 2 期。

争力。

3. 一流学科继承发扬本学科领域的文化，一流大学对中华民族的文化起到传承创新作用

世界各国的一流大学，无不是在本国独有文化的滋养中实现发展、突破和创新的。大学既应向学生传输大学精神、学术精神、治学精神，更应将本国优秀文化的代表传承给学生，特别是中国特色的优秀文化。《实施办法（暂行）》中指出，要"积极建设具有中国特色、中国风格、中国气派的哲学社会科学体系"①。中国特色一流大学的建设一定要坚持民族特性，建设大学独特的软实力。

从文化传承的职能来看，特别要关注一流大学和一流学科对中国文化继承、保护、发扬和创新的功能。一流学科的建设不仅要培育学科信仰、学科精神、学科研究范式、学科价值观等学科自身的文化，同时在科学研究中应重视中国特色社会主义理论体系的应用，尤其是中国特色社会主义核心价值体系的指导地位，不能一味推崇西方价值观。坚持马克思主义指导思想是指对作为认识世界、改造世界的理论基础的马克思主义的价值认同，从根本上说，是指对人类社会发展规律的价值认同。② 中国特色世界一流大学应在保护继承中国优秀文化的基础上，坚持马克思主义在高校意识形态中的主导地位。③ 大学章程、治学精神、办学理念等都是大学自身的软实力。一流大学的文化建设应从深层次内涵出发，充分发扬以爱国主义为核心的民族精神和以改革创新为核心的时代精神，怀着创造中国民族美好未来的中国梦，打造独具匠心的大学章程、办学理念和治学精神，对中华民族的文化起到传承和创新的作用。

4. 一流学科通过自身科技优势服务社会，一流大学作为创新集合体提供社会服务功能

当前大学的社会服务能力不断增强，既承担知识生产传播、人力资源供给的重要职责，也提供了大量的科技成果服务经济社会发展。通过推动大学协同创新进行成果转化和知识转移，加速科技进步与经济社会发展，已成为世界各国的共识。

高等教育主要通过以下几种途径来服务社会：一是培养科技型、应用型、创新型、基础型、复合型等各类高素质人才，为社会输送大量的优质人才。二是原始创新向应用科学技术转化，如重大共性关键技术的突破。一流学科可以依托自

---

① 教育部　财政部　发改委：《关于印发〈统筹推进世界一流大学和一流学科建设实施办法（暂行）〉的通知》，中华人民共和国教育部网站，2017年1月17日，http：//www.gov.cn/xinwen/2017-01/27/content_5163903.htm#1。

② 吴潜涛：《社会主义核心价值体系的科学内涵》，载于《道德与文明》2007年第1期。

③ 张立山：《坚持马克思主义在高校意识形态中的主导地位研究》，山东大学硕士学位论文，2010年。

身的科技优势为产业部门提供共性技术研发、关键技术转移、人力资源开发、知识生产传播等综合服务，并通过一流大学这个创新集合体广泛开展技术转让、共建技术中心、共同开发课题等多种形式合作，增强企业的技术创新能力，有效地促进科技力量向经济社会的转移。三是智力集成优势资源向策略性应用转化，如新型智库对政府、企业、行业提供的战略性咨询服务。一流大学应充分发挥其科研资源优势和智力集成、创新思维优势，对国家、地方和社会重大问题进行研究分析，提出对策，成为实施公共管理、制定内政外交政策的智囊团和思想库。四是公共研究平台的建设和共享，如开放国家重点实验室，通过校企平台共建重点实验室、工程中心、研发中心、研究院、大学科技园等科技平台，促进校企合作不断向战略联盟方向发展，进而促进创新要素在区域内的流动与优化配置。从社会服务角度，一流学科应发扬学科特色和优势，推进原始创新并力争完成颠覆性创新，为产业升级提供弯道超车的动力，而一流大学应综合考虑作为一个创新集合体，打破学科界限，贯通整个学科体系，提供创新服务。

5. 一流学科在专业层面进行国际交流，一流大学需要一批一流学科的支撑才能在国际高等教育领域产生影响力

科学与技术知识的全球化交流是当前科技进步的发展趋势，加强国际交流合作是全球化时代下高等教育培养创新人才、发展科学技术、服务社会发展、有效传承文化的有效途径。"一带一路"科技创新行动计划明确提出要"开展科技人文交流、共建联合实验室、科技园区合作、技术转移4项行动"[①]。有学者指出，在"一带一路"科技行动计划中高等教育要担当好智力支持、创新之源和智库之责三种角色。[②] 本土学术与国际学术的交流与碰撞已经成为一流大学和一流学科建设中一项重要的职能。[③]

一流学科作为一个相对独立的学术共同体，需要在全球范围引智创新，特别要在促进知识流动、技术流动、思想流动方面起到带领作用，吸收国际先进经验，促进知识的生产、传播和使用，争做本学科国际学术前沿的领跑者。一流大学是一个边界开放的组织，是知识不断流动、技术推陈创新、人才交流互动、思想迸发突破的学术共同体，一流大学的建设要立足本国、放眼全球，从

---

① 《习近平在"一带一路"国际合作高峰论坛开幕式上的演讲》，2017年5月14日，http：//news.xinhuanet.com/world/2017-05/14/c_1120969677.htm.

② 何海燕：《高等教育在"一带一路"科技行动计划中地位重要》，2017年5月17日，http：//paper.cnwomen.com.cn/content/2017-05/16/038565.html? nsukey = 72cdvxjFff4hnI3oX0jHcThZhITYxeNVuJxshkYib/J50GnyAIqpkrlrosXsAfbjCXtcxmHm7vjrDB8l/yDm88odmH0DSfAsNljoaLUFOW7AMTxNAwoZqIOQXypMxQA0u9zj816NTSHq8HKAsoog/m5cTXbwVHHwpEM7b0G9WVs =.

③ 崔育宝、李金龙、裴旭等：《我国世界一流大学建设评价体系的构建及完善论思》，载于《学位与研究生教育》2017年第11期。

全世界范围内吸引优秀生源、顶尖师资和创新资源，通过打造、培育、助推一批世界一流学科，开展国际性的协同创新，这样才能在国际舞台上赢得广泛的声誉和扩大影响。同时要有学术主人翁意识，营造和维护良好的国际学术环境，打造有效、协同、灵活的国际化合作平台，在世界舞台上展现中国特色一流大学的风采。

（二）互利共生逻辑关系

一流学科不一定只存在于一流大学，而一流大学必然拥有一流学科，一流学科是一流大学的充分不必要条件。在创新驱动发展战略的引领下，一流大学和一流学科的建设应从既往的要素驱动转变为创新驱动。从创新维的角度分析一流大学和一流学科建设的逻辑关系，研究认为一流大学建设与一流学科建设之间存在着互利共生的逻辑关系，如图 5-2 所示。

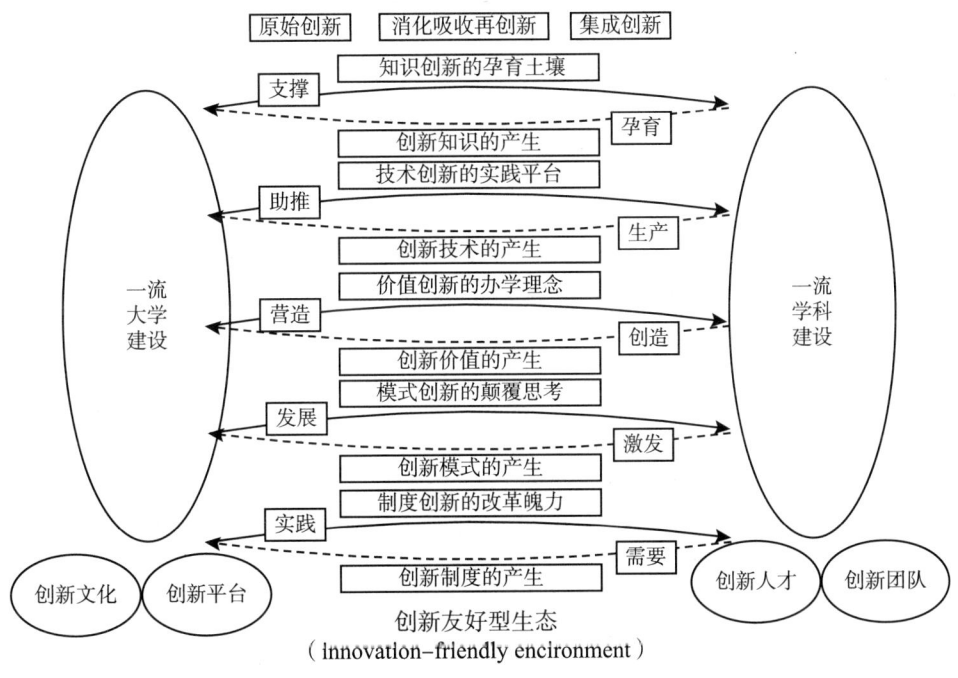

图 5-2　一流大学和一流学科建设的互利共生逻辑关系

1. 一流学科孕育创新的知识，一流大学提供支撑一流学科知识创新的土壤

人类社会近百年的技术发展史中创造的每一项奇迹，都是深深扎根于知识创新的成果。知识创新是技术创新的基础，是新技术和新发明的源泉，是促进科技进步和经济增长的革命性力量。一流大学的建设需要为一流学科提供知识创新的孕育土壤，包括自由的学术环境、通畅的交流机制、前瞻的学科布局①、高效的行政管理体制、充足的科研经费支撑、可靠的质量保障体系②等，从硬实力和软实力全方位为一流学科的知识创新提供保障和支撑，而一流学科在创新友好型生态中会通过创新知识的产出来反哺一流大学的建设，学科形成的原始创新成果不仅提升了大学的学科水平和国家的整体基础研究实力，更为应用科学的发展和科技成果转化奠定了坚实的基础。

2. 一流学科产生创新的技术，一流大学助推一流学科进行技术创新

布鲁贝克（J. S. Brubacher）把高等教育的基本矛盾归结为"追求真理"的"认识论"活动与"追求权力"以解决社会问题的"政治论"活动之间的二元对立③。在经济社会发展过程中，高科技产业的升级往往不是螺旋式的，常常带有根本技术转变的特点，所以关键技术的突破可能引起整个产业的彻底升级，往往谁拥有了关键的创新科技成果，谁就会在整个产业界处于优势地位。一流学科产生的高水平前沿创新技术对相关产业有显著支撑和引领作用，同时技术创新作为高等教育社会服务和科学研究职能中的重要组成部分，应面向国家重大战略需求的重点领域和优先方向。一流大学应依托一流学科和创新基地，培育和建设国家实验室、国家重点实验室、国家重大科技基础设施、国家工程实验室和国家工程（技术）研究中心，加快形成以技术创新与成果转化、公共服务为主体的高校创新平台体系。

3. 一流学科创造创新的价值，一流大学营造多元化价值的创新氛围

价值思维就是一种以长远的眼光进行价值设计的系统思考方式，价值思维强调持续的价值创新。④ 一流学科通过知识创新和技术创新产生的先进科学技术并不能直接对现实生产力产生直接的影响，更不能保证实体经济一定会实现突破，也就是说先进科学技术并不能带来直接利润或者价值⑤，需要通过价值创新开发先进科学技术多元的价值属性，不断提高先进科学技术的价值增量，才能为实体经济提供有效支撑并使其获得竞争优势。大学在诞生之初被赋予的唯一功能价值是人才培养，而随着时间的推移，逐步拓展为集教学、科研、服务三大功能价值于一体的大型综合性学术体。在经济社会不断变革和科学技术日益进步的今天，

---

① 张德祥：《高校一流学科建设的关系审视》，载于《教书育人：高教论坛》2017年第2期。

② 王战军、乔伟峰：《中国高等教育质量保障的新理念和新制度》，载于《教育文化论坛》2014年第5期。

③ ［美］约翰·S. 布鲁贝克：《高等教育哲学》，王承绪、郑继伟、张继平等译，浙江教育出版社2002年版。

④ 刘向东、孙道银：《开放式创新理论框架：价值创新思维的实现途径》，载于《科技管理研究》2009年第4期。

⑤ Chesbroughh. Business Model Innovation: opportunities and barriers, Long Range Planning, 2010 (2).

一流大学的建设迫切需要打破既往思维定式、价值观和资源观，通过跨越性的思考分析，营造崇尚多元化价值的创新氛围，从简单地提供知识、技术、服务转变到提供解决问题的方案和价值，实现从知识创新、技术创新到价值创新的提升，从满足当代的需求发展到引领时代发展的需求。

4. 一流学科激发创新模式的产生，一流大学发展模式创新

大学的模式创新涉及教学模式创新、培养模式创新、科研模式创新、管理模式创新、办学模式创新、合作模式创新等，大学的模式创新有助于提高人才培养、科技创新、社会服务等各个方面的效率和水平，如产学研合作模式的创新，对产业结构调整和发展方式转变起到促进作用；科学技术公共创新平台模式创新，能够促进主体间有效对接和各自优势的发挥。例如，斯坦福大学提出的《斯坦福大学 2025 计划》开创了未来一流大学发展的新模式，而该模式正是由斯坦福大学的一流学科学院——设计学院牵头启动的。① 模式创新的方式突破了既往自上而下的改革方向，由学科牵头，牵一发而动全身，颠覆了该校整体运行模式。

5. 一流学科的建设亟须制度创新，一流大学要充分利用创新制度优势

当前深化科技体制改革已经进入深水期，《深化科技体制改革实施方案》针对高等教育明确提到"深化科研院所分类改革和高等学校科研体制机制改革，构建符合创新规律、职能定位清晰的治理结构，完善科研组织方式和运行管理机制，加强分类管理和绩效考核，增强知识创造和供给，筑牢国家创新体系基础"②。大学发展的每一次质的飞跃和突破性进展，无不以大学制度结构的局部或整体性变革为前提③。学术活力不仅是一流学科的发展要求，更是一流大学的生命之源。创新的大学制度一定是建立在充分尊重大学学术组织特性的基础上，为一流学科的建设和突破提供制度空间和制度优势。大学跨越式发展的核心是大学制度的跨越式发展，建设世界一流大学的实质是建设世界一流大学制度。④ 一流大学的建设需要建立更高效、更开放、更具有活力的大学制度，从受制于运行低效、僵化的大学制度转变到充分发挥大学制度优势提高办学活力。

三、中国特色世界一流学科的形成逻辑

中国特色的世界一流学科是由外部社会需求和学科本体需求两种推动力共同

---

① 王佳、翁默斯、吕旭峰：《〈斯坦福大学 2025 计划〉：创业教育新图景》，载于《世界教育信息》2016 年第 10 期。
② 《中共中央办公厅 国务院办公厅印发〈深化科技体制改革实施方案〉》，中华人民共和国教育部网站，2015 年 9 月 24 日，http://www.gov.cn/xinwen/2015-09/24/content_2938314.htm。
③ 马廷奇：《大学组织的变革与制度创新》，华中科技大学博士学位论文，2004。
④ 黄书光：《论中国早期教育现代化的艰难探索》，载于《社会科学战线》2001 年第 6 期。

促成的。一方面,建设世界一流学科是国家重要战略抉择,集中反映了国家和社会发展对学科建设的期望和要求;另一方面,世界一流学科也是我国学科建设发展到一定阶段后追求更高发展水平和更优建设状态的应然选择。社会需求和本体需求相融合,共同塑造了中国特色世界一流学科的独特内涵。

社会需求驱动下形成的世界一流学科,意味着世界一流学科建设肩负着国家责任和社会责任。世界一流学科建设正处于中国特色社会主义迈入新时代、社会主要矛盾发生根本性变革的关键时期,新的历史方位赋予了一流学科建设独特的历史使命。当前,党和国家事业发展对科学知识和优秀人才的需要,比以往任何时候都更为迫切。① 学科是高等教育的基本构成元素,社会对科学知识和优秀人才的需要就是对优质高等教育的需要,对优质高等教育的需要归根结底是对各类优质高水平学科的需要。通过建设世界范围内的一流学科,提升学科创新型人才培养、先进科研成果产出、文化传承与创新能力,并进一步为国家和社会发展注入更多创新活力,是当前我国世界一流学科建设的时代使命和社会职责。

本体需求驱动下的世界一流学科,意味着世界一流学科建设肩负着推动我国学科发展的责任。多年来,依托各类学科建设项目,一批重点学科建设取得重大进展,学科发展水平得到快速提升。但在高等教育由外延式扩展转向内涵式发展的今天,学科建设与发展也面临着新的问题与挑战。如何在知识生产模式转型、学科交叉融合趋势深化的过程中创新要素配置、提高竞争力、凝聚精神内核、实现持续发展,是当前我国学科建设迫切需要解决的问题。我国世界一流学科建设就是要走出一条具有中国特色的一流学科建设发展道路,以国际化视野,在解决传统问题的基础上做好学科发展的转型工作,呈现新的学科建设与发展样态。

第三节　世界一流学科评价的新理念

中国特色的世界一流学科独特的形成逻辑和外在表征,要求我们不能沿用传统的学科评价思路,而必须确立一套符合我国世界一流学科成长路径的评价理念,引导各学科积极探索具有中国特色的世界一流学科建设道路。

---

① 杜玉波:《新时代高等教育的历史方位和发展走向》,载于《中国高教研究》2018 年第 12 期。

一、世界一流学科评价的基本原则

世界一流学科建设评价指标体系，以统筹推进具有中国特色的世界一流学科建设为目标，以国务院、教育部等部门发布的《统筹推进世界一流大学和一流学科建设总体方案》《统筹推进世界一流大学和一流学科建设实施办法（暂行）》等文件为依据，以过程绩效考核为杠杆，坚持立德树人，落实《国家中长期教育改革发展规划》和《国家教育事业发展"十三五"规划》，加快促成具有中国特色的世界一流学科早日建成，为实现"两个一百年"奋斗目标和中华民族伟大复兴的中国梦提供有力支撑。

世界一流学科建设评价遵循以下基本原则：

第一，强调世界一流、中国特色。入选"双一流"建设名单的这465个不同高校学科都是国内排名靠前，以冲击世界一流学科为最终目标。因此对这些学科建设评价也应以国际上一流学科评估标准要求为主要依据；同时要体现出中国特色，即评估指标的遴选和标准要具有中国特色、符合中国国情，把立德树人作为根本目标。

第二，注重阶段性、过程性评估。世界一流学科评价不能把最终建设结果作为评估目的，要注重学科建设过程中的诊断性、形成性评估，评估其建设进展情况，即评价其阶段性、过程性建设情况，如以建设方案的制定与目标的确定、实施情况、取得的阶段性成果等作为主要考察指标。

第三，重点评估与全面考察相结合。既要重点评估世界一流学科的关键性指标（如师资队伍、人才培养、科学研究、社会服务、文化传承与创新、国际交流等）建设情况，又要全面考察学科建设的总体情况，设计的指标体系应尽可能将衡量学科发展水平的主要因素全面完整地反映出来，以便对评估对象作全方位、多角度评估。这样既能抓住重点和关键环节，又能避免以偏概全。

第四，可操作性与指导性相结合。对学科建设进行评估应坚持"以评促建、以评促改、重在建设、贵在落实"的基本原则，因此所制定的学科评估指标体系就不能笼统、含糊不清、就事论事，而应该具有可操作性和指导性，便于评估对象、评估专家和评估机构进行观察、评判、实施和改进。

二、世界一流学科评价的主要内容

依据我国对世界一流学科建设标准要求并参考国内外有关学科评估指标体系后，世界一流学科评价应从学科建设指导思想、师资队伍与科研团队、科研成果水平、人才培养、社会服务与文化传承、国际视野、学科建设条件与利用、学科组织和学科声誉等方面开展。

第一，学科建设指导思想。学科建设指导思想是明确学科办学定位、建设目标，把控学科发展方向的关键。主要考察本学科建设的目标定位是否明确、建设思路理念是否先进、学科建设中心地位是否真正确立、校领导的重视程度、建设规划方案是否可行、保障措施是否到位以及是否坚持社会主义办学思想和新时代教育思想、立德树人、服务国家需要、弘扬传承中华民族优秀传统文化等。

第二，师资队伍与科研团队。师资队伍与科研团队是学科建设的关键与核心。主要从师资队伍与科研团队的结构和学科建设骨干两方面来进行考察，主要考察学科建设队伍的数量质量、结构层次、科研团队运行、研究方向、研究能力水平和发展潜力等。

第三，科研成果水平。科研成果和水平是评判学科建设绩效的关键性、标志性指标。对学科建设科研成果的评估主要包括评估本学科科研的整体水平以及产出的标志性科研成果，如论文、项目、获奖、专利、著作教材及成果转化情况等，突出考察申请获批的国家重大项目、在国际等级期刊（TOP期刊）发文、引用率、取得的国内外大奖和荣誉称号等情况，同时适当考虑成果转化率。

第四，人才培养。培养高素质创新型人才是建设具有中国特色世界一流学科的基本任务。人才培养质量主要体现在培养过程、导师评价、在校生学习科研、毕业生就业及用人单位评价四个方面。其中培养过程质量主要体现在课程教学、导师指导、双语教学、研究生国际交流与生均教学经费等方面；对导师的评价主要考察其获得国家级教学名师、国家级教学成果奖或国家级教改教研重大课题、国家级精品课程的数量；在校生表现主要体现在学生报考本学科专业的竞争激烈度、在校期间的科研学习风气、毕业论文质量、授予学位数及在校优秀学生的表现等方面；毕业生就业率、优秀毕业生表现，用人单位对毕业学生的工作情况及综合素质的评价也是衡量学科人才培养质量的重要指标。

第五，社会服务与文化传承。利用学科优势向社会提供相应的专业服务和传承创新先进文化也是一流学科建设肩负的重要使命。包括举办重要学术会议，向社会开放实验室；创办学术期刊，引领学术发展；推进科学普及，积极传承弘扬优秀文化，促进社会精神文明建设；承担社会公共服务；发挥智库作用，为制定政策法规、发展规划、行业标准提供咨询建议并获得采纳等社会服务工作。这是评价学科社会服务与文化传承创新功能的重要依据。

第六，国际视野。学科建设不能闭门造车，否则就达不到建成世界一流学科的目的。凡世界一流学科，其国际化交流程度都很高：教师均具有海外学习经历并定期参加国际学术会议、与国外学科同行有广泛的学术联系、积极引进吸纳国际一流学者来校任教、参与国际合作项目并联合发表研究成果、承办国际学术会议并在国际会议或国际学术组织中担任重要职务、学生定期向国外派送交流以及招收大量留学生等都是考核学科国际化水平高低的重要评判指标。

第七，学科建设条件与利用。具有优越的学科建设环境资源是学科向世界一流迈进的重要物质条件保证。评判学科建设条件主要包括科研环境建设，实验、实习、实训场地仪器的数量和质量，平台基地建设，文献资源建设和科研经费保障并能在学科建设中充分发挥作用，获批国家级科研平台基地的数量及承担的重大任务等。

第八，学科组织。学科组织即学术组织，是为了保证学科建设顺利进行而建立的学科管理体制和运行机制。有学者指出，大学学科建设的关键是学科组织建设[1]；学校学院建立比较完善的学科建设管理领导组织机构、制定出台专门文件措施保障一流学科建设各项目标有效推进、设立"世界一流学科建设特区"、赋予一流学科建设团队尤其是学科带头人足够权利以充分发挥其在学科建设中的作用等；学科研究团队的凝聚力、创新性和上进心等都是评价一流学科组织建设绩效的主要内容和标准。

第九，学科声誉。学科声誉评价是一种定性评价，是指国内外学术同行对本学科在人才培养、研究成果、服务社会、师资队伍、国际交流、学科特色等方面的总体评价，是对本学科在国内外的影响力、知名度和总体建设水平的总结性评价。

三、世界一流学科评价的理念变革

（一）学术实力评价与服务效果评价相结合

学术实力的评价将考察学科科学研究和学术能力作为主要评价内容，服务效果评价则将学科对国家、区域发展战略和经济发展、产业转型、社会治理等方面的服务情况作为主要评价内容。从评价指标和权重的设置布局情况来看，目前国内外较有影响力的学科评价体系大多遵循一种注重学术实力的评价取向。将学术成果作为核心评价内容，以发表论文数、出版著作数，以及高被引论文数、篇均被引数、H值等来反映学科质量。以计算机科学学科为例，在学术界目前公认较有影响力的 USNEWS、THE、QS、ARWU 学科评价体系中，关于学术实力的指标分别占到了 65%、57.5%、70% 和 76.2%；而与此同时，关于社会服务的指标

---

[1] 宣勇：《大学学科建设应该建什么》，载于《探索与争鸣》2016 年第 7 期。

只有 THE 中的"产业收入"一项有所涉及,且权重仅占 5%。这种学术实力主导的学科评价能在一定程度上反映学科的知识积累水平,却无法反映出学科对外部社会发展的价值,也易造成学科发展"唯论文""唯奖项"的不良现象。

大学、学科不仅是知识探索的场域,更是服务国家和社会需求的一种重要手段。[①] 与学术实力评价相比,注重服务效果的学科评价强调学科对外部国家社会经济发展的贡献与支撑作用。评价在社会需求驱动下形成、以提供一流社会服务为特征的我国世界一流学科,要从以学术评价为重心的传统模式转变为以服务社会效果评价为重心的中国模式,做到学术水平评价与服务效果评价相结合。除了考察学科科研成果在国际范围内的前沿性、创新性之外,着重考察其能否满足国家的战略需求,能否满足社会的需求,能否承担起我们的民族使命以及对国际社会的贡献。[②] 强化学科培育人才、产出成果的效用,紧密对接现实需求,引导学科建设积极投身国家区域经济社会发展。

(二) 显性内容评价与隐性内容评价相结合

从学科评价的内容上看,学科评价可以划分为偏显性评价和偏隐性评价两种。偏显性的评价倾向于选取显性表征指标、量化可测指标、资源易得指标作为主要评价内容,包括学科培养的毕业生数、拥有的专任教师数、博士学位教师占比、篇均论文被引量、科研资金投入额等。偏隐性的评价则倾向于选取学科发展过程中相对隐含、不易直接测量、不易获取的指标作为主要评价内容,包括学科建设理念的前沿性、学科对知识增长做出的贡献程度、学科在某一研究领域的影响力、学科组织机构布局科学性、学科管理运行机制有效性、研究团队的梯度配置情况、学科文化养成和以文化人成效等。可以看到,受学科评价活动性质上的商业性和运行过程中的可操作性影响,目前世界公认的较有影响力的学科评价一般都是偏显性的。

但回归学科本身,与隐性评价相关的内容在学科成长发展过程中往往具有更重要的作用,甚至是决定学科显性成效的关键因素。从目前我国学科发展的实际来看,隐性的学科要素正在成为塑造学科核心竞争力的主要助力。自"双一流"建设实施以来,学科之间发展水平的差距不再是物质层面的差距,而更多地体现在学科发展理念的前沿性、学科文化的吸引力、学科制度的科学性、学科组织的凝聚力等方面。引领未来发展的将会是那些通过学科制度创新和组织机构优化整

---

① [美] 约翰·S. 布鲁贝克:《高等教育哲学》,王承绪、郑继伟、张继平等译,浙江教育出版社 2002 年版。
② 周玉清、黄欢、付鸿飞:《以"双一流"建设引领研究生教育的改革与发展——"双一流"建设高端论坛综述》,载于《研究生教育研究》2016 年第 3 期。

合资源提高效率、通过文化积淀与使命塑造吸引全世界优秀人才和培育下一代有思想的学科接班人、通过组织与队伍建设打造优质学科梯队进而激发成员学术潜力的学科。同时，过于侧重显性内容的学科评价，容易造成学科评价偏离学科真实样态，演变成"符号化评价"①，造成学科根本任务与价值导向偏离②。世界一流学科建设成效评价要回应学科本体需求，引导学科减少对显性产出指标的过度重视，将学科建设重心放到凝聚组织使命、培育学科文化、塑造学科发展软实力上，就需要在指标和权重设置上重视隐性内容，将显性与隐性评价相结合，形成回归学科发展本质、反映学科真实状态的评价体系。

（三）结果性评价与成长性评价相结合

从评价活动的时间节点选择上看，结果性评价意在考察学科在一定建设周期内取得的最终建设成果和发展水平，反映学科发展的最终状态；成长性评价则更多地关注学科在一定建设周期内取得的增长水平，兼顾原有建设基础和现有建设效果两个方面。学科建设的成长量反映了学科在原有基础上实现学科进步、发展的程度，是学科人才培养、科研成果、师资队伍建设、管理体制改革等各类建设增量的总和，反映了学科建设周期内的动态发展进程。

与结果性评价相比，成长性评价具有三个显著的优势：（1）成长性评价能够突出学科差异，是一种个性化评价。由于各个学科在建设目标上相互区别，在建设路径选择上各有差异，因而各学科的成长点和成长量均有不同。因而也更容易凸显学科特色，引导学科形成比较优势，以个性化发展道路实现一流发展。（2）成长性评价能够突出学科建设效率，是一种公平性评价。对于同一类型的两个学科，产出同样水平的成果，不同地区、不同发展基础的学科在建构方式、改革力度、运行效率等方面是有显著区别的。一些建设效率高但发展基础相对薄弱的学科同样可以在成长性评价中凸显出来，总体来看更为公平。（3）成长性评价能够引导学科坚持目标导向，树立长期愿景，是一种面向未来的评价。成长性评价用学科自身目标衡量建设效益，而不存在统一的评价标准，因而有利于避免学科为迎合外部指标而盲目建设带来的同质化、资源浪费的现象，以及重视短期建设成果而忽视长远发展效益的现象。促进学科始终围绕自身确定的建设目标和发展理念，实现面向未来的长远健康发展。

---

① 朱冰莹：《从"符号化评价"到"真实性评价"：一流学科建设评价的核心向路》，载于《学位与研究生教育》2018年第6期。

② 刘念才、苗耘：《应用大学排名对高等教育产生的影响》，载于《复旦教育论坛》2017年第4期。

第四节 世界一流学科评价的新体系

世界一流学科评价，要在清理"五唯"中，把握新时代学科建设规律，坚持一个核心、两个方向、三大功能、四大要素、五大维度，建立世界一流学科评价新体系。

一、世界一流学科评价的一个核心

世界一流学科评价要以原始创新为核心，占领学科发展制高点。教育部、财政部、发改委联合印发《关于高等学校加快"双一流"建设的指导意见》，强调建设世界一流学科要践行"四个服务"，要将学术探索与服务国家需求紧密融合，着力提高关键领域原始创新、关键技术自主创新和国际学科影响力。世界一流学科建设作为我国高等教育内涵式发展的"领航雁"和"排头兵"，无疑要承担起加强原始创新的重任。作为基础研究的"主力军"，世界一流学科建设要瞄准世界科技前沿，合理布局，集中力量做强、做大，解决关键领域"卡脖子"技术，产出更多的具有国际影响力的重大原创性成果，占领学科发展前沿，引领学科发展方向。

当前，急功近利的评价体制和学科自身知识体系的缺乏，是制约我国原始创新的"瓶颈"。清理"五唯"，创建激励原始创新的评价体系，将为自主性基础研究创造相对宽松的学术环境，激发原始创新主体的活力；重构中国知识体系，打破西方知识体系的垄断，将从根本上为原始创新提供驱动力。清理"五唯"，重构中国学科体系，创新评价机制，是时代给予世界一流学科建设的新挑战。只有拥有自己的学科体系，才能为原始创新提供不竭动力，才能从源头上提升我国关键核心技术创新能力，实现"中国制造"到"中国创造"的转变。

二、世界一流学科评价的两个方向

基于世界一流学科建设的战略目标和关键任务，世界一流学科评价应坚持"一流人才培养"和"一流科技成果"两大方向。作为不同于以往的高等教育重点建设项目，世界一流学科建设评价既不能因循守旧，固守以往高等教育评价的方式方法，更不能盲目崇拜国内外各类大学和学科排行榜，照搬市场化、商业化的指标体系。

（一）一流人才培养

《统筹推进世界一流大学和一流学科建设总体方案》强调突出人才培养的核心地位，着力培养具有国家使命感和社会责任心，富有创新精神和实践能力的各类创新型、应用型、复合型优秀人才。一流人才培养是一流大学和一流学科建设的重要使命，一流的人才是一流学科建设成效的重要标志。没有一流的人才，高校就无法为国家战略需求和社会经济发展提供智力支持；没有一流的科研队伍，高校就无法产出一流的成果。世界一流大学哥伦比亚大学之所以被誉为"培养政治经济文化精英的摇篮"，就是因为其为社会培养了无数的政治首脑、科学家、教育家、企业家等一流人才。

世界一流学科建设要实现"双一流"建设总体目标，必须确保教育先行，依靠一流人才来承载重任。瞄准世界一流的目标，中国世界一流学科建设应汇聚优势资源，实现关键环节的突破，完善政府、社会、学校相结合的共建机制，集合资金、政策、资源形成合力，突出学科优势，从而加快一流学科建设，培养更多的一流人才。

培养一流人才，须加快推进人才培养模式改革，发挥学科育人功能。基于世界一流学科发展和科学研究，引进和培养一批活跃在国际学术前沿、满足国家重大战略需求的一流科学家、学科领军人物和创新团队，并着力培养富有创新精神和实践能力的优秀人才。

（二）一流科技成果

产出国际水平的学术成果、做出高水平的国家贡献，是一流学科建设的重要任务，也是学科声誉的重要载体。一流的科研成果必须立足于国家战略需求，瞄准科技前沿，将成果造福于国家和社会。

产出一流成果，必须提升科学研究水平，向世界一流学科发起冲击。世界一流学科发展当以国家重点需求和经济社会发展需求为导向，加强学科布局的顶层设计和战略规划，重点建设一批国内领先、世界一流的优势学科和领域，并强化科技与经济、创新项目与现实生产力、创新成果与产业对接，增强高校创新资源对经济社会发展的驱动力，产出一大批服务国家战略需求的原创性成果。

国际高等教育与科技的发展日新月异，瞄准世界一流，我国世界一流学科必须努力跻身世界一流大学和一流学科建设的参与者与推动者行列，加强国际协同创新，积极参与到跨区域性的重大科学计划与科学工程中，扩展对话，在国际竞争与合作中加快我国世界一流学科建设的步伐。世界一流学科建设要想产出更多具有国际影响力的科技成果，需要超前布局，勇抓新一轮科技革命和产业变革的历史机遇，在以信息技术为引领的新时代加大对传统学科的改造工作，努力使学校在世界科技高峰、关键核心技术方面有自己的版图。

三、世界一流学科评价的三大功能

作为世界一流学科建设的重要环节，世界一流学科评价要发挥导向、激励和监督三大功能，加快推进我国世界一流学科建设。我国的世界一流学科建设既是一项增强学科卓越性的国家战略，也是重塑我国学科建设路径的引领工程，要发挥"以评促建"的重要作用。

第一，导向功能。习近平总书记指出："高校立身之本在于立德树人，只有培养出一流人才的高校才能成为世界一流大学。"[①] 一流学科建设的根本在于培养一流的人才，高校应把人才培养的质量和成效作为一流学科评价的根本标准。学科最重要的功能是育人功能，高校设置的一流学科和专业主要基于社会对各层次人才的需求。世界一流学科评价的导向功能主要表现为：培养符合社会需要的人才，解决产业发展的关键问题和技术难题，孕育创新型科研成果，将学科建设发展方向同我国发展的现实目标和未来方向紧密联系在一起，在与社会发展互动过程中寻找学科自身建设的着力点，实现学科价值。

第二，激励功能。对世界一流学科进行评价，有利于激励一流学科占据前沿引领地位。前沿引领意味着我国的世界一流学科在全球范围内拥有一流的发展水平和发展质量。当前，知识生产方式和科学发展模式的变化使学科发展呈现出新的特点，新的问题层出不穷，新的研究领域不断涌现，新的学科在旧学科的交叉点上诞生并发展。能够达到世界一流水平、占据前沿引领地位的学科，其前沿性、引领性不仅意味着这一学科具备培养高素质人才和产出高水平科研成果的能力；也意味着该学科具备开放包容的学科文化、科学有效的运行机制、灵活多样的组织结构等良好的环境条件，以迎接跨学科、跨国际的团队合作；还意味着该学科在其所属学术共同体中具备较高的学科发展话语权和学术决策影响力，能够敏锐地发现新的学科增长点并在核心研究领域成为学术权威。这些新特征将是我国世界一流学科占据前沿引领地位的主要表现。

第三，监督功能。以评促建是我国实施高等教育评价长期坚守的评价理念。"双一流"建设《总体方案》也明确提出"要强化跟踪指导，对建设过程实施动

[①] 习近平：《因事而化因时而进因势而新，全程育人全方位育人 高校立身之本在于立德树人》，载于《大众日报》2016 年 12 月 9 日。

态监测，及时发现建设中存在的问题，提出改进的意见建议"。因此，世界一流大学建设评价也需在遵循以评促建的评价理念基础上，充分发挥评价的监督功能，监督世界一流大学是否依托一流学科，提供一流的社会服务。提供一流的社会服务意味着学科从"走出象牙塔"的被动适应，迈向"拥抱社会发展"的主动作为。将学科建设融入国家、区域发展当中，面向国家重大战略需求，面向经济社会主战场，与社会各个子系统建立更为紧密的发展联系，在产业发展、社会治理、科技突破、文化传承与创新等方面发挥更为有力的支撑作用。敏锐地把握新趋势，自觉地担当新使命，恰当地回应新需求。①

四、世界一流学科评价的四大要素

在清理"五唯"、重构中国知识体系的历史使命号召下，在创新多元的世界一流学科建设评价理念和评价模式的指导下，世界一流学科建设评价体系的要素主要包括开放的评价维度、多元的价值判断、独立的数据监测平台、多元的评价主体参与。

（一）开放的评价维度

清理"五唯"，要求世界一流学科评价摒弃以往以论文、奖项为主要评价标准的做法，构建创新、多元、综合的评价维度来反映建设成效。从"五位一体"总体布局和"四个全面"战略布局出发，我国对世界一流大学和一流学科建设设计了近期、中期、远期30余年的目标规划以及"五大建设任务"和"五大改革任务"的建设内容，通过对建设目标和建设内容的考察，我们确立了达成度、贡献度、引领度、支撑度和影响度五个评价维度。从这五大维度对世界一流学科进行评价，既能回应国家和社会需求，又能全面客观地评价世界一流学科建设成效。在五大建设维度中，"达成度"突出世界一流学科建设的目标导向，主要衡量各学科建设高校在开展建设和改革任务时，对本校、本省域以及国家"双一流"建设方案目标的完成程度；"贡献度"主要考察各学科在人才培养、科学研究等方面服务国家重大战略、经济社会发展中所发挥的重大作用；"支撑度"强调世界一流学科建设致力于关键核心技术创新能力的提升；"引领度"鼓励世界一流学科发展要占领制高点，引领前沿发展，引领关键技术发展；"影响度"主要评价世界一流学科在国内外获得的认可情况和影响力。立足中国特色，五大维度相互支撑，形成一个动态、开放的评价指数体系，随着世界一流学科建设的不

---

① 龚放：《知识生产模式Ⅱ方兴未艾：建设一流大学切勿错失良机》，载于《江苏高教》2018年第9期。

断深入，可及时对各维度进行调整，精准反映世界一流学科服务我国国家战略的实施情况和经济社会发展的建设状态。

（二）多元的价值判断

世界一流学科建设具有促进社会发展和人的发展双重价值功能，这就要求世界一流学科建设评价要进行多元价值判断。"双一流"建设强调"面向国家重大战略需求，面向经济社会主战场，面向世界科技发展前沿""突出建设的质量效益、社会贡献度和国际影响力，突出学科交叉融合和协同创新，突出与产业发展、社会需求、科技前沿紧密衔接"①。因此，世界一流学科建设的评价要关注各建设高校所发挥的在辐射带动高等教育发展、服务国家重大战略、贡献经济社会发展、引领世界科技进步、参与国际治理等方面的重大作用。世界一流学科建设以立德树人为根本，以建设一流师资队伍、培养拔尖创新人才作为主要建设任务。因此，世界一流学科建设的评价要关注"人"的发展情况，要全面考察各学科建设高校在人才培养方面取得的显著效果，在教师成长与评价上探索的成功经验。从多元的价值判断出发，世界一流学科评价的核心要素遴选应把握"战略导向、一流引领、重点突出、系统构建、客观呈现"五大基本原则，总体考察世界一流学科在人才培养、科学研究、社会服务、文化传承创新和国际交流合作等方面的建设成效与综合实力。

（三）独立的数据监测平台

清理"五唯"、重构中国知识体系，要求我们抛弃西方论文数据库，使用我国独立自主的教育信息数据库。构建独立的数据监测平台，是汇集"双一流"建设专有数据的关键，为世界一流学科建设的动态监测提供了基本保障。"双一流"建设数据监测平台将集大数据挖掘、监测状态实时输出、建设成效横纵比对等多种功能为一体，为各建设高校、各级政府提供多维动态观测建设成效的服务。平台数据主要源于国家部门相关数据、第三方评价数据、院校填报部分数据、各类公开数据。在数据挖掘方法上，大数据和"互联网+"的各种信息技术发展使海量的世界一流学科建设数据整理转化为观测者需要的各类信息。在动态监测结果呈现上，监测平台将各种数据信息输出整理为各类交互式动态图表，友好、便捷、动态、全方位地展示各建设高校的建设成效，协助各建设高校及时发现建设

---

① 习近平：《面向世界科技前沿　面向经济主战场　面向国家重大需求　面向人民生命健康　深入实施科教兴国战略人才强国战略创新驱动发展战略　实现高水平科技自立自强》，载于《三峡日报》2021年5月29日。

问题，提高建设效率。在建设成效横纵比对上，通过横向比较其他建设高校的建设成效、纵向比较自身各年度的建设成效，协助建设高校找到建设短板，也为各级政府下一轮世界一流学科建设的决策提供参考。

（四）多元的评价主体参与

多元的评价主体参与是实现多元价值判断的核心和基础，是实现"中国特色、世界一流"的支撑和保障。为保障评价的国际视角，要在世界一流学科建设评价的评审中加入国际同行专家或具有国际影响力的学科带头人。作为国际高等教育领域内的权威，同行专家或学科带头人的加入能够使世界一流学科的评价结果更加专业化和国际化，客观考察各建设高校在国际的影响力和国际水准。为坚持评价的第三方视角，既要"鼓励第三方独立开展建设过程及建设成效的监测评价"①，邀请国内外具有影响力的多个第三方共同参与世界一流学科的建设评价，也要注意舍弃带有"五唯"倾向的评价指标，还要慎重选择营利性评价机构。为凸显世界一流学科的建设价值与功能，要组织由政府有关部门、高校、科研机构、学科带头人及国外相关领域专家组成的专家评审队伍，针对各自擅长、精通的领域进行评价，确保对世界一流学科建设成效进行全方位评价，进而推进世界一流学科建设。

五、世界一流学科评价的五大维度

世界一流学科评价最终需要落实到各个评价维度和评价要素上。评价理念的变革要求评价要素的创新，应将达成度、贡献度、支撑度、影响度、引领度作为核心评价要素，在此基础上，建构符合我国世界一流学科成长路径的评价体系。

（一）基于目标导向，评价学科建设达成度

"达成度"（completion degree）考察的是学科建设成果对预期建设目标的实现程度和达成情况，可借用数学公式简单表达为"达成度 = 建设目标 - 建设实际"。其中，学科建设的目标即人们对该学科原有发展基础、学科可用资源、学科发展条件等各个方面综合考量基础上确定的学科建设的预期成绩和发展水平，包含了学科建设基础；学科建设的实际成效是学科在一定建设周期后所取得的现实建设效果，反映了该学科在具体发展过程中的改革力度、创新水平。由于兼顾

---

① 张瑞：《完善评价体系夯实"双一流"建设根基》，载于《中国教育报》2020 年 6 月 8 日。

了建设目标与建设实际两个方面，达成度评价用"个性化目标导向"取代了传统的"统一性指标导向"，从而避免了"一把尺子丈量所有人"；在结果性评价基础上增加了增量评价、效率评价，从而能够更为全面地考察学科建设成效。

（二）围绕服务需求，评价学科建设贡献度

"贡献度"（contribution degree）指的是学科在人才培养、科学研究、社会服务、文化传承创新、国际交流与合作等方面，对国家经济社会发展和所属学科领域发展所发挥的推动作用以及贡献程度。贡献度能够引导学科在建设发展过程中综合考虑外部社会经济发展需要和学科自身未来发展需求，以贡献为导向，更好地履行学科建设各项基本职能。

学科对经济社会发展的贡献度主要考察其为经济社会发展输送人才、科技成果、社会服务以及文化传承创新的基本情况。但在具体评价内容设置上，并不直接依据学科年度毕业生数、专利转化数目等直观数据，而是从成效出发，将对学科人才培养成效的评价转化为对学科促进国家、区域人力资源结构优化和质量提升状况的评价，将对学科科学研究成果的评价转化为对国家、区域经济建设、产业升级、创新驱动效果的评价，将对学科文化传承与创新成效的评价转化为提高国家文化自信与文化传播影响力、丰富区域文化资源与推动区域文化产业效果的评价。同时，一流学科建设对所属学科发展的贡献主要表现在学科人才的培养和科学研究的推进、科研条件的改进方面，同样从成效出发，考察一流学科培育的学科带头人、学科骨干、青年研究者数量，取得的各类研究成果在深入、拓宽学科研究方面的积极作用，创建的研究基地、实验室、发展平台情况等。

（三）强调关键作用，评价学科建设支撑度

"支撑度"（crucial degree）意在考察学科在解决外部国家与社会发展重大问题，以及内部学科关键研究问题方面所发挥的对接性支撑作用。支撑度较高的学科一般是国家急需的、与产业转型升级和区域发展密切相关的、在推动研究难题解决方面发挥核心作用和处于不可或缺地位的学科。

与贡献度相同，学科的支撑度也包括外部支撑和内部支撑两个方面。外部支撑度考察学科建设成果在对接国家或区域重大发展战略、解决迫切发展需求、突破关键技术难题、创新社会治理手段等方面所发挥的对接性支撑作用的程度；内部支撑度指的是一流学科建设成果在学科某个研究领域发挥核心作用的情况，攻克重大研究难题以及取得突破性研究成果的情况等。不同类型学科的支撑度有不同表现形式，基础研究表现为处于科学前沿，形成具有重要影响的新知识新理论；应用研究表现为解决了国民经济中的重大关键性技术和工程问题，或实现了

重大颠覆性技术创新；哲学社会科学研究表现在为解决经济社会发展重大理论和现实问题提供有效支撑。

（四）注重学科声誉，评价学科建设影响度

学科建设的"影响度"（affecting degree）指的是某学科在其所属领域所具有的认可度和话语权。具有较高影响度的学科在学术共同体中具有较高的学术权威，在学术关系网络中处于核心地位。学科具有学术规训的权力，一流学科的影响力源于学科的话语权。① 影响度高的学科意味着其在学科跨界融合和学科内部拓展，以及新的学术观点产生和研究范式变革的过程中具有较强的发言权和影响力，能够影响学科发展的风向标。

学科认可度和话语权表现在多个方面。第三方评价机构的认可表现在学科排名中靠前的位置，同行的认可表现在该学科的学科带头人或学术骨干在国内外重要学术组织担任要职、在国内外知名期刊担任学术顾问或审稿人，教师和学生的认可则表现在该学科能够在全球范围内吸引优秀生源、集聚高水平师资，社会的认可则表现在该学科能够获得较多的社会资源支持和社会合作项目。同时，获得较高认可度的学科也具备较大的学科发展话语权和号召力，如其学科团队所提出的研究观点会有较高的关注度、引用率，他们在组建跨学科科研创新组织、组织跨国研究团队、举办大型学术会议、筹建学科建设学会或委员会等方面能够发挥主导作用，具有较高的资源集聚力和人员号召力。

学科影响度体现了学科声誉，并进一步具体表现为学科的知名度、活跃度、话语权、吸引力、号召力和竞争力。影响力较高的学科往往发展基础相对扎实、学术优势较明显、学科建制相对成熟、学术资源较为丰厚，拥有较高的学科声誉。

（五）立足理念创新，评价学科建设引领度

"引领度"（leading degree）意在考察学科建设思想、理念的前沿性、引导性、指向性水平，是体现学科创新发展能力和未来发展潜力的重要方面。引领度高的学科意味着其在学术研究上能够把握学科发展趋势、引领学科研究的方向、占据学科研究的前沿，也意味着其在学科体制机制建设上能够塑造独特的学科文化，在创新学科管理和运行机制、改革学科人才培养模式方面取得显著成效，具有模范带头作用，是学科建设的领跑者而非追随者。

---

① 孟照海：《制度化与去制度化：世界一流学科建设的内在张力——以美国芝加哥大学社会学为例》，载于《中国高教研究》2018 年第 5 期。

我国的世界一流学科建设不仅要实现自身的发展目标，更肩负带动、引领同领域其他学科提高质量、争创一流的任务。一流学科的引领主要体现在两个方面：一是对学科学术研究前沿的引领，主要体现在学科研究位于所在领域前沿，能够引领学科研究热点和未来发展方向；二是对学科发展理念的引领，主要体现在塑造学科文化，创新学科组织、管理、运行机制，创新人才培养模式和学科建构模式等。

第五节 世界一流学科评价的新模式

我国世界一流学科建设评价包含世界一流学科的认定评价、世界一流学科的建设成效评价、世界一流学科的动态调整三个层次的内容。构建世界一流学科建设评价的新模式，有利于更好地开展学科评价，完善世界一流学科建设评价体系。

一、世界一流学科的认定评价

认定评价是对世界一流学科的绝对评价，所谓"认定评价"主要回答"什么是世界一流学科"这一问题。世界一流学科的绝对评价标准，将引导我国各层次各类型大学的特色、优势学科冲击世界一流，加快我国高等教育强国建设的步伐。

世界一流学科建设坚持"中国特色与国际一流"，将学科逻辑和社会需求逻辑相结合。因此，在清理"五唯"背景下，世界一流学科的认定性评价，主要考察各学科对国家战略、区域经济社会、行业发展所做出的贡献情况，考察学科人才培养的效果情况，考察科学研究情况。

世界一流学科评价是一种新鲜事物，确定适当的认定性评价标准存在一定的难度。在这里，主要对标国外世界一流大学的一流学科，同时强调"中国特色"，从人才培养、科研成果、学科引领、社会服务、国际影响力五个方面，判定某一学科是否达到世界一流学科的标准，具体看是否达到以下条件与标准。

（1）学科进入各个全球学科排名前100。某学科进入各个全球学科排名前100标志着该学科初步迈进世界高水平学科行列，彰显了该学科的特色优势、建设成效和发展实力，同时将引领其他学科的发展。

（2）学科带头人有较强的国际影响力。学科带头人要具有较高的学术水平和较强的国际影响力，在相关国际学术组织担任重要职务。学科带头人的影响力和学术水平在很大程度上决定了某学科的发展潜力，可以吸引更多的顶尖人才加入学科团队中，为该学科领域的科学研究和人才培养集聚充裕的教师资源，造一流人才，出一流成果，增强学科发展实力。

（3）学科具有一流的创新研究平台（国家人文社科重点研究基地或国家级实验室）。学科创新平台是国家组织高水平基础研究和应用研究、汇集和培养优秀科学家的重要基地。由于人文社科和自然科学研究内容的不同，人文社科领域的创新平台设定为教育部人文社科重点研究基地，自然科学领域的创新平台设定为国家实验室或国家重点实验室。要求学校某学科拥有创新平台，旨在促进和推动学校培育科研优势力量，承担国家重大科研任务，产出一流的科研成果。

除了以上定量指标外，定性指标主要选择学科声誉。学科声誉是指学科在国际社会上的声望大小和知名度，或者说某学科的贡献为国际社会所认可的程度。学科声誉的评价标准主要是：学校大力支持该学科发展，该学科聚集众多的科教精英和高素质学生，在科学研究、人才培养、社会服务等方面取得丰硕的成果，展现了良好的学科形象，在社会上具有很高的声誉。

二、世界一流学科建设成效评价

我国推行"双一流"建设的重要出发点是克服"211工程""985工程"身份固化、竞争缺失的弊端。为了警惕"双一流"成为高校新的身份标签，让"双一流"建设取得实际成效，就必须引导高校转变对"双一流"建设的认识，最为重要的是，要对"双一流"建设引入淘汰机制，以及建立重视建设成效的评价机制。

实施成效评价，将对世界一流学科的建设起到导向作用。实施中国特色的世界一流大学建设成效评价，将引导高校立足中国实际，基于特色和优势学科，主动服务社会需求；实施中国特色的世界一流学科建设成效评价，将突出建设业绩，打破以往身份固化的情况，实行总量控制下的动态调整，对各建设高校具有良好的激励约束作用；实施中国特色的世界一流学科建设成效评价，将引导高校紧抓立德树人这一根本任务，突出高校建设的目标达成度、战略贡献度、行业支撑度、创新引领度和社会满意度，走出中国大学内涵式发展道路。[①]

---

① 王战军、刘静：《构建中国特色评价体系　推进世界一流大学建设》，载于《清华大学教育研究》2018年第6期。

（一）世界一流学科建设成效评价的三个方面

为了更好地考察世界一流学科的建设状态和建设成效，世界一流学科的建设成效评价主要包含增量评价、水平评价和绩效评价。

第一，增量评价。增量评价主要将世界一流学科建设的当前状态与最初状态进行时间轴纵向对比，对学科建设状态增量进行判断。世界一流学科建设主要表现为学科队伍建设、科学研究、人才培养、学科基地建设、学科管理等方面。除了考察高校学科数量是否增加外，还应看学科队伍、成果等是否增加，规模是否扩大，学校支持是否到位。按照"双一流"建设的总体要求和阶段性目标设计，如果对世界一流学科进行动态调整，可考虑以"增量"的调整为主。对不重视发展、发展缓慢的学科进行预警。

第二，水平评价。水平评价主要是不同高校之间进行横向对比，考察世界一流学科建设的水平和质量，包括学科的学术水平、人才培养水平等。建设水平与质量在很大程度上反映学科建设达到的高度以及建设成效。我国一流学科的水平评价要坚持"国际可比"的评价理念，对标国际一流学科水平，检验我国一流学科的建设成效。对达到国际一流学科水平或建设水平明显提升的学科，加大支持力度，对建设水平较低、进展缓慢、缺乏实效的学科，提出警示并减小支持力度。

第三，绩效评价。科学的绩效评价机制至关重要。绩效评价主要考察世界一流学科的投入—产出效率，并对学科建设进行本校的时间轴纵向对比与不同学校间的横向对比。以5年为一个建设周期，开展绩效评估，对于建设效果好的高校加大支持力度，对于不能达到建设目标和水平的高校给予预警并减少支持直至淘汰出建设范围，5年后根据评估结果重新确定下一轮建设范围，这样的绩效评估是比较科学的。开展绩效评价，一定要立足我国实际，构建具有中国特色的世界一流学科绩效评价体系。首先，以国家出台的双一流大学建设有关文件为指导，全面把握国家对建设世界一流学科的总体要求、建设原则、目标任务及有关政策支持措施等，为构建具有中国特色的学科建设中期绩效评估作好政策功课。其次，依据国家提出的一流学科建设目的、内容、标准和要求，收集当前国内外最具影响的一流学科评估指标体系；通过访谈、调研有关专家、学科带头人等了解世界一流学科的主要标志和制约因素，博采众长力争使所选择设计的评估指标体系既有针对性又具有世界水平。

"双一流"评估要考虑绩效，但不能"绩效至上"，因为"绩效评价"主要采取的是量化评价的方式，但是在评价"双一流"建设的过程中，有很多指标无法单纯地用量化的办法进行评价，例如，高校的"投入"和"产出"本身就有很多无法量化的概念。必须要谨慎、恰当地使用"绩效评价",要注意最大限度地发挥其积极作用。尤其是"双一流"学科评估不仅要评学科建设本身,还要将其放置于学校整体发展中来考核。

世界一流大学建设成效评价将是 42 所世界一流大学建设评价的主要标准,也是世界一流大学动态调整的重要依据。对于建设过程中出现重大问题、不再具备建设条件且经警示整改仍无改善的建设学科,剔除出世界一流学科建设高校的行列。根据期末评价结果等情况,重新确定下一轮建设范围。同时明确,不论是中央高校还是地方高校,同样标准、同等对待,开放竞争、鼓励竞争。在充分利用国内外第三方评价结果基础上,形成对高校的多元客观评价。

(二) 世界一流学科建设成效评价的数据处理

世界一流学科建设将会产生海量数据,建设成效评价也面临着对海量数据进行分析处理的问题。高等教育监测评估是近年来兴起的一种新的评价手段,其理论与方法不断取得发展,为世界一流学科建设成效海量数据的处理提供了新思路与新方案。

世界一流学科建设成效评价的监测对象主要是各建设高校一流学科的实时数据,通过对数据的网罗并利用处理海量数据的信息化技术,力求用多种类型的数据反映学科的建设状态。"双一流"建设数据监测平台将集大数据挖掘、监测状态实时输出、建设成效横纵比对等多种功能为一体,为各建设高校、各级政府提供多维动态观测建设成效的服务。平台数据主要源于国家部门相关数据、第三方评价数据、院校填报部分数据、各类公开数据。

在数据挖掘方法上,大数据和"互联网+"的各种信息技术发展使海量的"双一流"建设数据整理转化为观测者需要的各类信息。在动态监测结果呈现上,监测平台将各种数据信息输出整理为各类交互式动态图表,友好、便捷、动态、全方位地展示各建设高校的建设成效,协助各建设高校及时发现建设问题,提高建设效率。在建设成效横纵比对上,通过横向比较其他建设高校的建设成效、纵向比较自身各年度的建设成效,协助建设高校找到建设短板,也为各级政府下一轮"双一流"建设的决策提供参考。

三、世界一流学科的动态调整

学科是动态和发展的,需要动态调整其发展格局。和"985 工程""211 工程"不同,世界一流学科的评选不是"一次定终身"的,而是建立"能上能下""能进能出"的动态调整机制,实行动态管理,彻底打破身份固化,优胜劣汰。

"能进能出"主要考察高校学科是否有进入世界一流学科行列的资格。动态调整的实现既要考察高校的实际建设情况,更要考察国家的需求情况。

能否进入世界一流学科建设行列,首先要考虑国家重大战略需求。《实施办法(暂行)》明确提出,"坚持以学科为基础,支持建设一百个左右学科,着力打造学科领域高峰。一方面,要支持一批接近或达到世界先进水平的学科,加强建设关系国家安全和重大利益的学科;另一方面,鼓励新兴学科、交叉学科,布局一批国家急需、支撑产业转型升级和区域发展的学科,从而着力解决经济社会中的重大战略问题,提升国家自主创新能力和核心竞争力"。因此,从服务国家需求角度,对我国高校的整体学科结构进行战略性部署,要鼓励一批新兴学科和交叉学科进入世界一流学科行列,从而更好地支撑起产业转型升级和区域发展。

其次,能否成为世界一流学科,要考量学科发展水平。在考虑国家重大战略需求的基础上,根据水平评价结果,判断其能否进入世界一流学科行列。对标世界一流学科,对达到国际一流或发展水平高的学科加大支持力度,而对发展缓慢、缺乏实效的学科,提出警示并减小支持力度。

最后,能否进入世界一流学科建设行列,要看学科发展潜力。学科发展潜力一方面考量党和国家对学科的重视程度,另一方面基于学科队伍现状、科研现状、学科人才培养现状、社会服务及学科声誉等,考量学科发展潜力,对于具有发展潜力和广阔前途的学科,予以大力支持。

综合考虑上述三个方面,基于国家重大战略需求,发展水平高、发展潜力大的学科,考虑进入世界一流学科行列;而已位列世界一流学科行列的学科,如果对国家发展贡献小,进展滞后,缺乏实效,要及时亮出"黄牌""红牌",且预警次数较多的可考虑剔除出世界一流学科建设高校的行列。

世界一流学科的"能出",首先,要考察世界一流学科建设成效。通过增量评价、绩效评价等方式,考量世界一流学科是否达到了世界一流学科建设和我国"双一流"建设预期目标。对于未达到预期建设目标、发展较慢的学科进行预警。

其次,考察世界一流学科的发展水平。在考量建设成效的基础上,对世界一流学科进行水平评价,根据学科发展水平,并参考"国际一流"的标准,对发展水平不高的学科,减少支持力度,并给予预警。

最后,看国家需求情况。根据国家重大战略发展对世界一流学科的需求程度,对世界一流学科进行动态调整,对于建设成效不好、发展水平不高的世界一流学科,如果从国家重大战略需求看,其已经不重要,可考虑将其剔除世界一流学科建设行列。

第六章

"双一流"建设监测体系

世界一流大学和一流学科监测是以现代信息技术和计算机技术为基础,通过对高等学校有关数据的持续收集和深入分析,常态监测世界一流大学和一流学科建设状态,动态呈现世界一流大学和一流学科发展过程,为多元主体价值判断和科学决策提供客观依据的过程。本章聚焦世界一流大学和一流学科监测,重点阐释了世界一流大学和一流学科监测的实施背景、世界一流大学和一流学科监测的理念与模式,以及监测体系的主要内容和基本特征。

第一节 "双一流"建设监测的背景

世界一流大学和一流学科监测是我们认识、把握我国"双一流"建设状态的新模式。世界一流大学和一流学科监测的展开既是教育监测理论的深化发展和大数据、"互联网+"等现代信息技术快速发展推动的结果,也是"双一流"建设本身的战略内涵诉求,是教育评价进入监测时代的必然选择。

一、监测评估新模式的产生与发展

(一)监测与评价的概念界定

监测虽有多种定义,而其大致含义却趋于一致。例如,《新词语大词典》认为，监测是"一种固定的、长期的、连续不断的监督测试工作";《社会统计词典》认为，监测"是为确定由于人类的活动引起的环境变化而进行的调查和研究工作的总体";《环境科学大辞典》将监测定义为"观察和测定环境中各类污染物的种类和浓度，分析其变化趋势，评价其污染范围和污染程度的过程"。综合以上观点，本书认为监测的大致含义主要有四点：监测是一种常态性的行为；监测是一种选取观测点进行观察的行为；监测用于观察状态及其变化趋势；监测不仅是在时间维度的连续观察，还指空间维度的自上而下、自内向外观察。①

不同的词典对评价的释义大抵一致。《现代汉语大词典》将评价的定义分为两种词性，其中，动词的评价指"衡量和评定价格或价值"，名词的评价指"评定的价值"②。《新华汉语词典》认为，评价是"评定价值高低，评定的价值"③。《教育大辞典》将评价定义为"对事物价值的判断。如对教育目标的实现程度作出的价值判断。这类判断有时只依据由测验提供的测量值，更多的则是综合各种测量、关键性时间、主观印象和其他各种证据。与测量的区别是，它要根据一定的范围、标准或参照点，对所观察到的数字作出价值判断"④。综合以上观点，本书认为评价的含义主要有两点：评价用于价值判断；评价并不强调连续性，更多关注的是对结果的衡量。

在对监测与评价进行了概念界定后，认为两者至少在以下几个方面存在差异：

第一，实现功能不同。评价的功能主要包括排名、分等、评分和分配四种类型，而监测的功能主要包括回溯、前瞻、内省和外察四种类型。从这些功能能够看出，评价强调最终的价值判断，而监测强调认知过程。

第二，驱动方式不同。评价主要是经验驱动的，其过程依赖专家。而监测主要是数据驱动的，其过程依赖信息技术。评价体现了人为的主观性，能够借助专家的经验和理性；监测展示了数据的客观性，能够保证评估的专业性与规范性。

第三，目的取向不同。评价指向刚性，一般要得出高低好坏的结论。而监测及时反馈过程状态，真正服务于改进。评价存在周期长、主观性强等问题，限制了评价结果的可靠性与时效性。而监测常态实施，强调客观数据，呈现效果多样，能提升信息的丰富性与及时性。

第四，数据基础不同。评价基于"小数据"，所开展的科学抽样一般面向结构化数据，数据组成相对单一。监测基于"大数据"，数据类型丰富多元，有结构化数据、半结构化数据以及非结构化数据，能够更为全面地展示教育状态全貌。

---

① 乔伟峰：《大学教学状态监测评估研究》，清华大学博士学位论文，2016年。
② 《现代汉语大词典》，光明日报出版社2003年版。
③ 《新华汉语词典》，商务印书馆2013年版。
④ 《教育大辞典》，上海教育出版社1998年版。

总之，监测呈现客观状态，展示变化过程；评价衡量结果，判断高低好坏。然而两者在区别之外，也有一定的关联。一是监测能够为评价提供丰富的证据，是评价实施的有效手段；二是监测与评价的目标都是服务管理决策，在实际应用中，可糅合使用，各取所长。

（二）监测评估的基本概念

随着社会发展节奏的加快、信息技术的快速发展，特别是大数据时代的来临，原有的高等教育评估暴露出周期过长、评估过程静态化、评估结果具有终结性和滞后性等缺陷，已无法满足当今社会公众及时了解高等教育质量的诉求，也不能适应高等教育领域全面深化综合改革、全面提高教育教学质量的新形势和新要求。我国高等教育已经步入了发展的新常态，创新高等教育质量保障的方式方法，更新评估理念，拓展评估类型，丰富评估手段，构建与高等教育综合改革相适应的高等教育质量保障体系是时代的要求。

监测评估是适应我国高等教育发展新常态而出现的一种高等教育质量保障新类型。它是利用现代信息技术持续收集和深入分析有关信息，直观呈现高等教育状态，为多元主体价值判断和科学决策提供客观依据的过程。高等教育监测评估的提出，既符合我国高等教育质量保障体系建设新趋势的内在需求，又适应了我国社会经济发展新常态的外在需要。科学构建我国高等教育质量保障体系，全面实施高等教育监测评估，对推动我国高等教育向内涵式发展转变、全面提高高等教育质量具有直接的促进作用，对适应高等教育发展的新常态、推进高等教育治理体系和治理能力现代化有着重大意义。

高等教育监测评估是数据密集性评估。监测评估可以从时间、空间、价值三个抽象尺度来全方位呈现事物变化发展状态。时间尺度反映系统状态变化过程的时间分布和周期，监测评估的数据采集频率更高、更新速度更快、延续时间更长且没有间断，具有时间尺度密集性；空间尺度是状态监测的"分辨率"，反映系统要素及其结构的空间分布和延展，监测评估基于多种来源、多层次、多类型和多粒度的数据反映这些特征和关系，以便寻找其中隐含的规律，具有空间尺度多样性；价值尺度是状态的主观参照系，反映客体对主体预期的满足程度，监测评估尊重多元主体的价值选择，具有价值尺度多元性。

与时间尺度密集、空间尺度多样、价值尺度多元的特点相对应，监测评估在目的取向上追求服务持续改进、科学决策和多元判断。服务持续改进主要强调监测评估为办学者和学习者服务，服务科学决策主要强调监测评估为政策制定者服务，而服务多元判断则主要强调监测评估为社会公众服务。图6-1反映了监测评估的特点与目的。

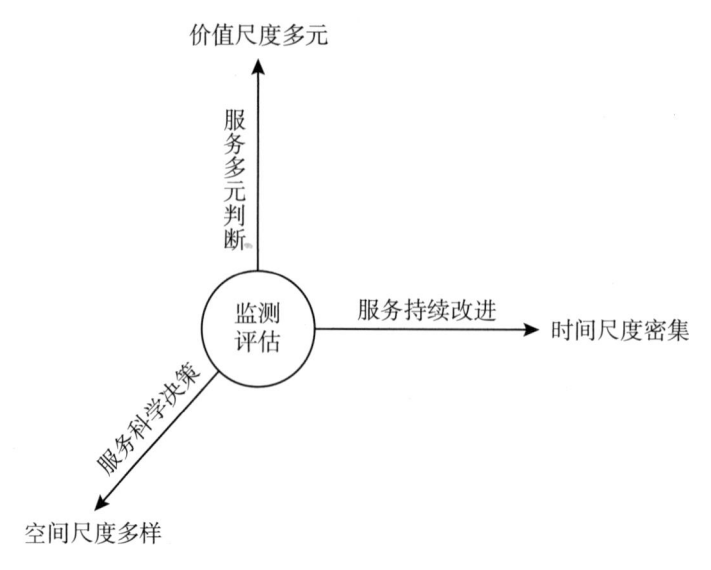

```
                价值尺度多元
                    ↑
            服  │
            务  │
            多  │
            元  │
            判  │
            断  │
                │       服务持续改进
              ○ 监测 ─────────────→  时间尺度密集
                  评估
             ↙ 服务科学决策
            ↙
    空间尺度多样
```

图 6-1　监测评估的尺度特征与目的取向

（三）监测评估的主要特征

监测评估的对象是系统的状态。与传统的评估模式相比，高等教育监测评估具有常态性、客观性、形成性、多元性四个显著特征。

第一，常态性——常态监测教育教学过程。

高等教育监测评估对教育教学过程的常态监测，一方面是高等教育主管部门通过对高等学校的师资队伍、招生情况、在校生规模、生师比、教学经费、专业课程、教学管理、学生就业、学生社团、科学研究、学科建设等有关信息进行常规性、连续性、系统性与制度化的采集，直观呈现高等学校在师资队伍、办学条件、德育工作、教学管理、质量监控与改进等方面的基本状态，实现对高等学校教育教学状态监测的常态化。在常态化的监测过程中，通过采取对各项监测指标设定阈值等手段，对高等学校教育教学状态进行及时预警，一旦监测的各个单项指标或综合指标数值波动接近或达到阈值时，数据平台的预警系统就会及时发出不同程度的预警信息，提醒高等学校和各级教育主管部门及时启动针对异常波动的应急预案，查找和分析原因，并采取有效的干预措施，使高等学校在较短时间内修正活动目标偏差，遏制可能出现的质量问题，以此强化高等学校的风险规避能力。另一方面按照高等学校教育教学的基本规律，充分运用现代信息技术手段，深度挖掘教育教学常态运行数据的相关性，帮助高等学校及时了解自身在教学、科研、人才培养、质量监控等方面的运行状态，对不足之处进行改进。

同时，高等教育监测评估还充分利用现代数理统计方法对数据进行实时、动态地组织、查询、浏览，根据实际需要开展多维度、多层面、系统性的时序、聚类、关联分析等，并进行横向与纵向对比，以帮助高等学校实时了解全国、区域、行业内的高等学校教育教学现状，分析存在的问题，回应社会公众、教育主管部门对高等教育质量的关切。

第二，客观性——用数据呈现教育状态。

随着高等教育的发展，与高等教育相关的信息量急剧增加，高等教育决策变得日益复杂，涉及高等教育领域内的人、财、物等诸多信息，需要教育决策者在预测和分析的基础上全面、准确、科学地认识和把握高等学校的发展目标，对各项工作、各种因素进行系统的计划、组织、协调和控制，以便对高等学校的招生规模、资源配置、人才培养等做出总体规划，对办学资源、基础设施、教师水平等制约因素做出系统的考量。

高等教育监测评估以全国、省级教育主管部门和高等学校的教育教学数据库平台为依托，充分发挥大数据的规模性、多样性、高速性和价值性等特点，在广泛收集高等学校有关教育教学海量常态数据的基础之上，利用数据库平台强大的统计、分析、研判和预测预警等功能，帮助高等学校及时准确地"找状态"。国家、省级教育主管部门和高等学校可以根据自身的不同需求，利用系统先进的多层线性模型等统计模型，采用非关系数据管理与分析技术等手段进行全面、客观的横向与纵向比较。数据平台也可以根据主体的需求按不同字段进行最大值、最小值、平均值等数值的统计，还可以根据不同需求系统生成各种质量的报告，以直观呈现高等学校所处的位置、状态、水平和走向。国家和省级教育主管部门可以利用有关数据库对高等教育评估进行在线可视化操作，以减少评估的人为干预，促进评估方法和评估过程的科学性和规范性，降低评估成本，提高评估成效，保证评估结果的公平性、客观性和准确性。

第三，形成性——及时反馈，持续提高教育教学质量。

高等教育监测评估作为一项科学性和技术性相结合的专业活动，其目的是通过对高等教育教学信息的监测，寻求高等教育教学活动质量提高的途径。正如美国著名教育评估专家斯塔弗尔比姆强调的："评估最重要的目的不是证明（prove），而是改进（improve）。"① 高等教育教学质量持续改进的有效性前提是教育教学信息反馈的及时性。高等教育监测评估利用现代信息技术手段，对教育教学有关信息实施每季度或每月、每周、每日甚至实时动态的采集、整理与分析，实现教育教学状态的及时反馈。教育教学信息反馈的最终目的是为教育教学

---

① 王战军：《高等教育监测评估理论与方法》，科学出版社2017年版。

质量的持续改进服务。持续改进教育教学质量就是高等教育监测评估对收集到的教育教学信息进行系统处理，及时发现存在的问题及各种变异的趋势，快速查找偏离目标的原因和不足之处，明确改进的方向和内容，并有针对性地采取改进措施的系统过程。在此过程中，监测评估利用数据平台强大的数据分析功能，不断帮助高校和教育主管部门及时发现教育教学活动中存在的问题，并持续提供解决问题的方案，周而复始，螺旋式前进。每经过一次循环，就意味着高等教育教学质量水平的一次提升。循环不断，最终达到高等教育质量管理体系有效性不断改进，教育教学活动时刻沿着预定的或者更高的目标发展，高等教育质量的持续性提高。

第四，多元性——多元主体对质量状况进行价值判断。

在现代高等教育活动中，不同的利益相关者共同参与高等教育质量保障体系的构建，反映了高等教育由一元控制的管理模式向多元平等协商的治理模式的转变。高等教育监测评估打破了政府作为单一主体的模式，评估的主体既包括政府部门、非政府部门、独立的第三方社会评估机构，也包括高等学校、教师、学生、用人单位等。高等学校发展的多样化、利益主体的多元化、社会需求的复杂化、标准的多元化，推动了高等教育质量价值判断的多样化。同时，主体本身结构的复杂性、规定的多重性和需求的多样性，导致了价值的多维性、多重性和多面性。价值并不是价值客体本身所固有的属性，而是客体的存在和属性同主体的关系，即它对主体的意义。① 高等教育监测评估本身并不对评估结果给予一定的评判，只是对高等教育教学的基本状态进行直观性、客观性呈现，评估结果的价值判断和事实判断交由利益相关者根据自身实际需要，依据一定的评判标准自主进行。高等教育监测评估的落脚点和归结点并不是为了进行事实判断或价值判断，而是通过"找状态"，不断提高高等教育的质量。

具有以上典型内涵与典型特征的监测评估，能够呈现状态，服务人们对教育质量等状态的变化过程进行认知；能够帮助质量预警，对教育系统状态存在的异常和风险进行认知，并提前做出警示；能够对教育系统状态的未来趋势进行认知，预测功能的存在，也是监测评估和传统评估的重要区别；能够提高质量，帮助多元主体充分认识并正视提高质量的重要性，推动学校不断提高教育教学质量，并贯彻到教育教学的全过程和全方位，推动我国教育走内涵式发展道路。

---

① 魏志明、胡敏、韦克难：《哲学引论》，四川人民出版社2005年版。

二、"双一流"建设本身的战略诉求

监测评估这种数据驱动的评估新类型的产生,是时代发展的必然要求。在知识经济和信息化时代,教育与经济、教育与社会的联系越来越密切,教育对个人发展和国家发展的重要性日益凸显,教育的质量、公平、结构、效益等重大问题受到政府和社会的空前关注,而教育质量则是全社会关注的中心议题。教育评估作为保证和提高教育质量的主要工具,其自身的科学性、合理性、适切性、有效性对教育质量发展有着重要影响。因此,"双一流"建设亟须创新教育评估的理念、理论与方法,以适应外部社会环境的变化和教育系统内涵发展的要求。

(一)开展监测是"双一流"建设的政策要求

建设世界一流大学和世界一流学科,是党中央国务院在国家历史坐标方位下,为提速高等教育发展、增强国家核心竞争力、服务国家大发展所做出的长远战略决策,将为实现"两个一百年"奋斗目标和中华民族伟大复兴的中国梦提供有力支撑。与以往的"211工程""985工程"以及"优势学科创新平台"和"特色重点学科项目"等重点建设项目不同,新时期的"双一流"建设要突破其长期以来存在的身份固化、竞争缺失、重复交叉等问题,加强资源整合、创新实施方式。因而,"双一流"建设的推进与评价方式也必须转变传统思维,以创新模式促进我国大学和学科的内涵式发展。作为不同于以往高等教育重点建设项目,"双一流"建设评价既不能因循守旧,固守以往高等教育评价的方式方法,更不能盲目崇拜国内外各类大学和学科排行榜,照搬市场化、商业化的指标体系,而必须扎根中国大地,建设符合中国特色世界一流大学发展实际的创新评价模式。

实施动态管理、动态监测,是建设世界一流大学和一流学科相关政策的要求。根据教育部、财政部、发改委《统筹推进世界一流大学和一流学科建设实施办法(暂行)》规定,对世界一流大学和一流学科建设要实施"动态管理","加强过程管理,及时跟踪指导","打破身份固化,建立建设高校及建设学科有进有出动态调整机制"。对一流大学和一流学科建设实施监测评估,从国家层面来看,可以据此实现对一流学科建设的质量控制和资源配置;从高校层面来看,则可对"建设情况进行自评,对改革的实施情况、建设目标和任务完成情况、学科水平、资金管理使用情况等进行分析",实现一流大学和学科在建设过程中的自我诊断、风险控制、预测预警和质量改进。

（二）开展监测是破除"五唯"、回归内涵式发展的重要出路

习近平总书记在全国教育大会上强调，扭转不科学的教育评价导向，坚决克服唯分数、唯升学、唯文凭、唯论文、唯"帽子"的顽瘴痼疾，从根本上解决教育评价指挥棒问题。《关于开展清理"唯论文、唯帽子、唯职称、唯学历、唯奖项"专项行动的通知》《关于深化项目评审、人才评价、机构评估改革的意见》《关于优化科研管理提升科研绩效若干措施的通知》等有关文件要求对"五唯"倾向进行集中清理。"五唯"使教育系统形成了急功近利、唯利是图、浮躁投机的不良风气，也是近年来学术造假问题不断涌现的始作俑者。"双一流"建设绝不能以论文、"帽子"、奖项作为建设目标和评价标准，这是党中央、国务院当机立断，对"双一流"建设提出的最新指示和要求。

"五唯"显示出部分建设高校在"双一流"建设中未能正确、全面认识"中国特色、世界一流"的深刻内涵。这些问题集中体现在各建设高校过度推崇国内外的大学和学科排名。国内外各大排行榜向来重视以论文和奖项作为主要评价指标，以 ARWU、QS、THE、USNEWS 为例，直接以高水平论文发表与论文被引用为指标的权重分别为 60%、20%、38.5%、65%。国内外各大排行榜在强化"五唯"效应的同时，还不断向我国高校输出基于西方知识系统的评估价值理念，导致我国大学和学科建设出现同质化趋势，遏制大学与学科的差异化、特色化发展。创建具有中国特色、符合"双一流"建设实际的评价体系，不再唯论文、唯职称、唯学历、唯奖项，将抗击国内外排名对我国"双一流"建设的干扰和影响。

清理"五唯"，要求各建设高校进一步深刻学习体会"中国特色、世界一流"的内涵。"中国特色"是"双一流"建设的本色，是实现赶超的有效选择，要坚持社会主义办学方向，坚持党对高校的领导，坚持服务国家需求，体现教育的人民性，创造性地传承中华优秀传统文化；"世界一流"是对我国教育对外开放的总体要求，要在坚持教育自信的基础上，达到国际认可的一流的标准。世界一流大学是一个由内而外的长期生长过程，要注重精神内涵和制度文化层面的建设。要坚持"双一流"建设"中国特色"的底色，并将其渗透和贯彻到大学文化、大学治理当中。追求排名会严重干扰"双一流"建设，排名更不是"一流的标准"的根本要求。一流的标准内容包括技术、制度和文化三个层面的要求，显然，这三个层面的要求是由低到高的递进关系。除了达到技术层面的要求外，我们更该追求高层次的制度和文化方面的一流。片面认识甚至歪曲理解"中国特色、世界一流"的内涵，将进一步催化"五唯"倾向。

清理"五唯",重构中国知识体系,创新多元"双一流"建设评价理念,需要回望传统教育评估理论和高等教育监测理论的发展,学习、借鉴多学科理论与方法。

高等教育监测评估作为利用现代信息技术持续收集和深入分析有关数据,直观呈现高等教育状态,为多元主体价值判断和科学决策提供客观依据的过程,具有"时间尺度密集""空间尺度多样""价值尺度多元"的抽象特征,以及常态化、客观性、形成性、多元性的典型特征,具有监测、预警、评估的基本功能。与传统的评估理论相比,监测评估理论体现了在评估主体、评估客体、评估周期、评估机制、评估价值方面的转变。监测评估能够通过对海量数据的处理分析,从数据中发现问题和规律,再利用可视化的技术,使数据最终揭示高等教育状态。这也要求在处理教育数据与信息的过程中要做到逻辑严密,操作性强。此外,处理数据所需要的平台、专家、工具等,也是监测评估实施的基本条件。

高等教育监测评估理论产生和根植于各阶段的评估理论当中,是对传统评估理论的发展和超越,也是适应高等教育发展和现代技术信息应用的结果,体现了大数据时代对教育评估提出的新诉求。监测评估理论为"双一流"建设评价的设计提供了新的思路。在时间尺度上,监测评估密集的时间分布和周期,使"双一流"建设动态监测实现监测信息的完整性和实时化。在空间尺度上,监测评估宏观微观相结合,对总体与细节的共同关照,使多种层次比照"双一流"建设过程和建设成效的设想成为可能。在价值尺度上,监测评估不仅关注对社会发展的贡献,也关注在促进人的发展中的质量状态,能够衡量"双一流"建设的多元价值功能。

(三)开展监测是创新"双一流"评价的主要办法

近百年来评估理论的发展,尤其是监测评估理念的提出,为新时代背景下"双一流"建设评价理念的构建提供了理论基础。"双一流"建设强调"加强过程管理,实施动态监测,及时跟踪指导",完善"多元综合性评价""定性和定量、主观和客观相结合",开展对"建设过程及建设成效的监测评价",这些明确出现在"双一流"建设国家政策中的具体要求,渗透了监测评估理论对我国"双一流"建设评价的深入影响和积极贡献。

在继承和发展以往评估理论的基础上,构建世界一流大学和一流学科建设评价的创新理念,需要以"服务战略、创新驱动、科学客观、世界一流"为指导思想,以"融通中外、简约可行"为评价策略,以"互联网+"为理念,以大数据驱动为核心,以动态监测平台为支撑,充分运用现代信息技术,在实时、常态监测的同时,每个建设年度实施年度评价,建设中期实施中期成果评价,建设周期末实施期末建设评价,全面、科学、客观地评价我国一流大学和一流学科的建设成效。这一创新理念的实现,将有助于对"双一流"建设核心要素的监测,客观呈现"双一流"建设状态,使高校实时了解"双一流"建设情况,加快推进自身建设;使政府全程掌握"双一流"建设进展,及时进行宏观调控;使社会及时获悉"双一流"建设动态,加强社会质量监督。

三、教育大数据发展有效支撑监测体系

随着互联网在经济社会领域的渗透,特别是"互联网+""大数据""人工智能"的发展上升为国家战略后,新技术已经从支持性工具变成行业变革的重要驱动力量。信息技术正在与制造业、交通、医疗、金融、教育等传统行业深度融合,并催生了行业新形态、新模式。当前,信息技术、人工智能、虚拟现实(VR)、大数据、云计算、"互联网+"等被广泛运用于教育当中,现代信息技术的发展对于我们认识教育发展状况的传统模式提出了新的挑战,也为我们创新教育管理、教育评价提供了新的理念与模式。

(一)现代信息技术发展推动教育评价模式创新

"互联网+"具有打破信息不对称、降低交易成本、促进专业化分工和提升劳动生产率的特点,为经济转型升级和社会发展进步提供了重要机遇。"互联网+"对教育的影响,其核心是借助"互联网+"这一技术基础,使人与人、物与物、知识与知识空前广泛连接,并引发组织管理决策、资源开放共享、知识生产与传播等方面的深刻变化。"互联网+"同时对教育管理决策的依据可能产生置换性作用——从经验驱动转向数据驱动。这主要是因为"互联网+"直接推动了研究生教育领域的大数据生产,这些数据规模更大、生成速度更快、类型更杂、价值隐含更深(即 volume、velocity、variety、value)。

第一,在数据总体规模上,随着国家教育信息化建设和数字化校园建设的深入,教育领域总体数据规模日益扩大,教务、科研、人事、学生、财务、后勤管理等海量数据,记录了研究生教育管理过程与活动痕迹。例如,申请人牵头建设的全国高等教育教学状态数据库,就包含了全国 2 000 余所高校的教育教学管理数据,特别是实时生成的时点数据,体现了研究生教育的动态变化。

第二,在数据生成速度上,由于知识生产与传播活动的加速,教育领域成为数据生产最快的领域之一。特别是大规模开放在线教育课程(MOOC)、混合教学、翻转课堂等教学方式创新,以及移动互联网、社交媒体、即时通信工具在教育教学中日益广泛应用,教育教学中个体和群体的交互行为记录,导致原始数据

源与日俱增。

第三，在数据结构与来源上，教育数据的类型更为庞杂，呈现多源异构的特点。除了培养单位内部业务数据和国家教育统计数据外，与教育密切相关的行业发展数据、人才需求数据、教育舆情数据等外部数据源泛在分布。其中既有结构化的数据，也有半结构化、非结构化数据和实时流数据。这些数据客观存在，但是需要有效整合。

第四，在数据内在价值上，教育领域数据除规模更大、生成速度更快、类型更杂之外，数据中的模式和特征隐藏得更深，需要借助大数据方法与技术进行挖掘与呈现，深入浅出、直观准确地揭示教育规律，支撑教育管理决策。

数据或者信息历来是决策过程的要素之一。早期的管理决策活动，面临的主要问题通常是数据匮乏。此时，数据因为管理决策的需要而产生，数据生产是被动的。而随着"互联网+"时代的到来，人人互联、万物互联、知识互联逐渐成为现实，组织活动与个体行为越来越多地被记录和映射为海量数据。此时，数据生产是主动的，甚至是无意识的。人们在做出决策时所面临的主要问题，不是数据匮乏，而是数据过载。

"互联网+"时代，要从海量数据中获得支持管理决策的有用知识，现代决策理论的奠基者西蒙（Simon，2007）的观点具有启示意义，"决策有限理性的限制，不是来自信息，而是我们注意信息的能力"。要克服注意力稀缺的"瓶颈"，在决策信息输入与输出上都有所突破。首先，在决策信息输入上，将"小数据"变大，从全局而不是局部考察决策问题；其次，在决策信息输出上，将"大数据"变小，在快速生成的混杂数据中，通过敏捷分析挖掘出具有决策参考价值的知识，使决策者不是靠主观猜测和经验推理，而是依据深度数据分析的结果直接了解事实，进而扩大决策者的有限理性，实现即席决策和精准决策。因此，借助大数据驱动，有望建立教育管理决策的科学模式。

大数据与教育的融合推动了教育系统的创新。教育大数据包含了隐含在不同信息载体中与教育相关的全部数据，如体量数据、资源数据、活动数据等不同层次的教育数据。① 在教育大数据发展过程中，教育数据的来源和教育信息的范围逐渐扩展。多类型、超大量的数据扩大了教育数据的外延，从观念意识层面扩展了人们对大数据的认识，多维度数据被引入教育分析中来，数据的来源结构从单点演变成多点；教育数据节点之间的关系日渐紧密，从独立的散点结构扩展到相互关联的网状结构，实现多视点关联；多节点网状关联极大扩展了数据规模，元素之间的关联关系也日趋复杂，多元素的潜在关联增加了数据量和结构的复杂

---

① 丛亮：《大数据背景下高校信息化教学模式的构建研究》，载于《中国电化教育》2017年第12期。

性，平面数据逐渐转变为立体数据。教育数据与教育现象之间存在着密切的关联，这种关联将各种教育行为、现象连接成互联互通的网状结构。[①] 图 6-2 呈现了教育大数据复杂多元的层次网络结构。

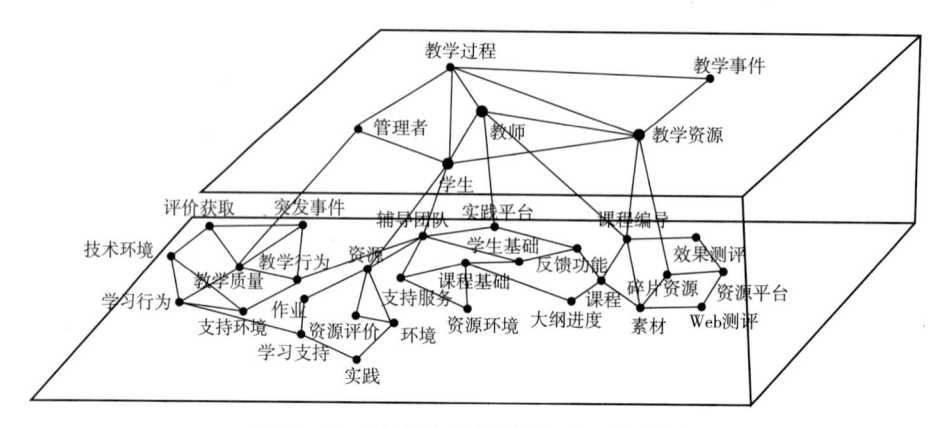

图 6-2　教育大数据的层次网络结构

（二）基于教育大数据的教育监测

监测评估是伴随现代信息技术的发展而逐渐发展起来的，监测评估体现了教育大数据的思想，是一种数据驱动、数据密集型评估。

首先，教育监测评估是数据驱动的评估。数据驱动（data-driven）指监测评估从数据出发揭示高等教育状态的要素特征和结构关系，而不是从专家判断出发。监测评估强调让数据说话，评估的结论通过深度的数据分析来揭示，以现代信息技术来保证评估的专业性，依靠数据处理的技术规则来保证评估的规范性。传统评估主要是专家驱动的，评估过程依赖专家，评估结论主要依靠专家"心证"判定，以专家的理性、知识、经验来保证评估的专业性，依靠票决、回避、公开等程序性规定来保证评估的规范性。数据驱动不仅是利用数据作为评估结论的证据，更重要的是，通过数据所反映的高等教育活动规律引导教育政策制定、院校管理和教与学的行为。

监测评估并不否定专家作用，因为毕竟计算机不能完全取代人的思维，数据也会说谎，需要发挥专家经验在评估设计、数据采集、分析和解释中的指导作用。但是，监测评估并不依靠专家做出最终结论，不将判断的责任完全交给专家，而是坚持技术分析的主导地位，让数据成为主角，有效降低专家驱动的评估的主观随意性，并防止道德风险，更合理地发挥专家的专业智慧。数据驱动的评

[①] 胡天壮：《数据挖掘技术在教育决策支持系统中的应用》，浙江师范大学硕士学位论文，2005 年。

估和专家驱动的评估各有其优势与局限性，应该相互借鉴、取长补短。

其次，教育监测评估是数据密集型评估。教育监测评估的基础是"大数据"而非"小数据"。监测评估与基于"小数据"的定量评估在方法论上有重要区别。"小数据"时代的定量评估，以数据佐证专家判断或验证理论假设，追求从更少的数据中获得更多的信息量。通常讲求科学抽样，要求数据是结构化的，重视变量之间因果关系的推断。而监测评估基于"大数据"或"准大数据"，探索数据内部所隐含的特征、关系和模式。这种探索是一个反复迭代的过程，常常超越了直觉和经验。

当然，"大数据"和"小数据"是相对的概念，数据规模的大小与非结构化数据（unstructured data）和流数据（streaming data）所占的比例有关，不同领域的标准也不尽相同。基于"大数据"与"小数据"的监测评估核心差异不在于数据规模，而是各自所遵循的方法论和思维方式的差别。监测评估倡导"大数据"思维，追求使用全部样本而不是随机样本，追求数据的混杂性而非精确性，更关注相关关系而非因果关系。[1]

随着计算机与互联网的飞速发展和高等教育信息化进程的加快，高等教育领域的数据呈指数增长，高等教育的"大数据"时代正在来临。这些数据除了高等教育状态监测数据外，还包括源源不断产生的学校管理数据、教学活动数据、科学研究数据、MOOC课程学习行为数据、大规模学业测验数据、大规模问卷调查数据、社交网络数据、新闻报道数据以及经济、科技、人口等相关的社会公开数据。随着数据开放共享程度的提高和现代信息技术在高等教育领域的发展和应用，这些数据富矿中的价值将会被越来越多地发掘出来。总之，高等教育监测评估在范式上不同于传统的专家主导的评估，也与基于"小数据"的定量评估存在较大区别，而是一种从数据出发，探索数据间未知模式的"发现之旅"。

（三）现代信息技术为教育监测提供技术支持

要使监测评估成为有意义的发现之旅，需要借助现代信息技术。现代信息技术是利用计算机管理和处理信息的各种硬件和软件技术的总称。现代信息技术正尝试模仿人类的认知和思维，从海量数据中探索事物的内在规律，辅助人们对复杂问题进行分析和判断。开展监测评估必须具备材料、工具和人三个条件，即海量数据、数据挖掘与可视化技术及业务专家和数据分析师。教育监测评估的技术，主要可以概括为数据采集与整合、数据挖掘与分析和数据可视化三个方面。

---

[1] ［美］维克托·迈尔·舍恩伯格、肯尼斯·库克耶：《大数据时代：生活、工作与思维的大变革》，盛杨燕、周涛译，浙江人民出版社2013年版。

第一，数据采集与整合。数据采集与整合技术主要解决监测评估的原材料问题，重点在于数据库和数据仓库（data warehouse）建设。监测评估所依赖的数据，与一般的统计数据有所差别，要有足够的规模、深度和整合程度。在规模上，通过高频率甚至在线实时的数据采集方式，使数据总规模获得快速积累和扩大。在深度上，逐步实现数据的多粒度化，使其不仅包括国际、国家、区域等宏观层次的数据，也包括院校、学科、专业、课程和个体等微观层次的数据，为深入挖掘数据潜在关联提供数据源。在整合上，需要将分布在不同业务系统的碎片化数据汇流成海，形成适合面向主题进行数据挖掘的数据仓库。

第二，数据挖掘与分析。数据挖掘与分析技术主要解决数据集的内在价值提炼问题，主要手段是数据挖掘（data mining）。数据挖掘也被称为数据考古、数据勘探、数据捕捞等，是"信息技术的进化"[1]，是"自动化或半自动化地从大量数据中发现有效的、有意义的、潜在有用的、易于理解的数据模式的非平凡过程"[2]。在监测评估中，应用数据挖掘技术面临的最大挑战在于，如何找到和开发适切于高等教育状态监测的模型、算法和工具。根据评价对象的特点、评价的主题、数据的类型和规模，监测评估应该综合运用联机分析（On-Line Analysis Processing，OLAP）、数据挖掘、机器学习（machine learning）、神经网络（artificial neural networks）等手段，在大量的数据中采石成金，探寻现实状态，预测未来趋势，增强人们对高等教育状态和内在规律的理性认知。

第三，数据可视化。如果说数据挖掘解决的是监测评估的"深入"问题，数据可视化则解决"浅出"问题。数据可视化（data visualization）是在计算机图形学和视觉设计、人机交互技术基础上发展起来的新学科，强调以直观方式传达抽象的信息，增进人们对数据的理解，在增强认知、减少搜索、加强记忆、促进推理等方面具有独特作用。在信息社会，信息不对称和信息过载的矛盾始终存在。一方面，人们希望了解更加丰富的信息；另一方面，一旦信息超过了个体和系统所能处理、理解或利用的范围，反而对人们的认知过程造成干扰。在评估领域，卷帙浩繁的统计资料和连篇累牍的评估报告，往往造成信息之累，增加了人们的认知困难。监测评估重视信息可视化技术的应用，借助各种可视化工具，直观、清晰地反映高等教育状态，这正如优秀的艺术家，不在于如何堆积材料呈现给观众，而是要将材料中不重要的部分剔除，勾画出清晰生动且反映真实的形象。

搭建监测平台是开展教育监测活动的重要内容，现代信息技术的发展为搭建

---

[1] Jiawei Han、Micheline Kamber：《数据挖掘概念与技术》，范明·孟小峰译，北京机械工业出版社2012年版。

[2] Fayyad U, Piatetsky-Shapiro G, Smyth P. From Data Mining to Knowledge Discovery in Databases, *AI Magazine*, 1996 (3).

监测平台,开展教育监测的数据采集、挖掘、可视化提供了条件。教育质量监测数据平台是以现代信息技术和计算机技术为基础,通过对高等学校有关数据的持续收集和深入分析,常态监测高等教育状态,为多元主体价值判断和科学决策提供客观依据的数据资源共享平台,是实施高等教育监测评估的基础。

基于现代信息技术的监测平台的建构,需要在以下几个方面提升平台整体水平与功效。

第一,科学采集数据粒度,拓展平台数据资源。数据采集是高等教育质量监测数据平台建设的基础。对数据的采集主要解决平台数据来源问题。平台采集的数据,是大规模、全覆盖、深层次的全样本数据。在规模上,平台采用在线高频次甚至是实时的方式,对教育教学数据颗粒进行广泛采集。在覆盖面上,既包括全国经济、人口、财政收入等有关社会经济发展水平的公开数据,也吸纳高等学校和社会机构的教学管理数据、科学研究数据、满意度调查数据、社交网络数据等。在深度上,既包括不同国家、地区的宏观数据,也包括高等学校内部的课程、教师、学生、学科建设等微观数据。在时效性上,通过每季度或每月、每周、每日甚至实时动态采集,保证数据的连贯性和完整性。在数据采集的过程中,平台通过对指标项进行科学规范的设计和界定,使数据统计的概念清晰,统计的标准、尺度和要求统一,保证数据的规范性、可靠性与准确性。

第二,建立主题数据仓库,强化数据整合能力。教育质量监测平台采集到的数据不是系统的数据集合,而是单个的、分散的数据。要发挥这些数据的功效,需要对这些大量未相互连接的、碎片化的数据进行归纳、分类和整合。平台运用现代信息技术,构建多维模型、关系模型和层次模型以及分析模型等,建立面向主体进行联机分析处理和数据挖掘的数据仓库,实现了对高等教育教学数据的有效整合。数据仓库针对采集到的数据,进行抽取、筛选、清理,并进行有效集成,按照主题进行组织,形成一个数据集合。数据库的建立以数据库技术和互联网技术为基础,将数据采集、存储、分析、可视化等服务功能整合到云端,使院校不必搭建专门的服务器,使用桌面终端就可以在线访问状态数据库。它是整个监测平台的数据源,覆盖范围可以分为企业级数据仓库和数据集市,能够为全国、区域和高等学校之间纵向与横向的对比和分析提供大量、可靠的数据支持。

第三,提升挖掘与分析技术,提高辅助决策能力。在任何情况下,对于决策而言,收集和整理资料都是必需的,但这只是评估工作两个重要部分之一,如果缺失了另一部分,即对资料的综合,也就称不上什么评估了。[①] 对资料的综合就是要通过对数据的深入挖掘和分析,整理和鉴别数据的相对价值。数据挖掘的目

---

① Michael Scriven. *Evaluation Thesaurus* (4th edition), Newbury Park, CA: Sage, 1991.

标是在数据仓库中发现模型、趋势和规则,来评估(预测或评价)预期采取的战略。① 高等教育质量监测数据平台的数据挖掘以数据仓库中的大量数据为基础,自动发掘数据之间的潜在模式,并从中提炼出高附加价值的信息。数据挖掘按照数据的属性和特征,通过识别数据之间的内在关联,构建数据之间的关联规则和序列模型,建立不同的组类,对数据之间的规律进行精准掌握。利用构建神经网络、决策树分类等分类模型,分层聚类器等聚类模型,预测关联等关联规则模型、时间序列预测模型等,对数据进行不同层次的粒度分析,精准理解数据内在结构特征,科学预判高等教育教学状态。

在高等教育质量监测数据平台建设的过程中,如何选择适切、有效的数据分析方式,从而为准确判断高等教育教学状态提供科学有力的支持,是平台建设面临的一个重要挑战。平台通过对数据仓库中的数据进行清理、集成、变换、归纳等预处理,改善数据质量,提高数据分析效率。采用联机分析技术、关联分析技术、聚类分析技术、分类分析技术等技术,对有关数据的关联度进行多维度、多层次的分析,准确判断高等学校教育教学状态,及时发现教育教学中存在的问题,并进行及时的预测预警,为高等学校持续改进教育教学质量,进行科学管理和精准决策提供有力支持。其中,联机分析技术将数据库中的各种属性看作描述数据属性的"维",通过充分调动用户参与数据分析的积极性,并根据他们提出的需求分析,动态选择分析算法,方便地组合维度、指标,多角度、多层次地探察和分析数据,快速识别影响教育教学的因素。构建时间序列模型,运用线性模型法和移动平均法等,从时间域、频率域的角度利用线性趋势和非线性趋势进行周期分析和时间序列预测,能够对高等教育教学状态进行精准预测。

第四,创新数据呈现形式,回应用户现实需求。面对海量数据,如何以有效的方式方法加以呈现,对平台建设来说显得尤为重要。高等教育质量监测数据平台充分运用各种可视化的工具和方法,直观、生动地反映出数据及数据之间的关联和状态,为多元主体了解和掌握高等教育教学状态提供了良好支持。平台采用条形图、柱状图、直方图、散点图、三维曲面图形等多种图形,一目了然地把数据之间的关联特征和相互关系直观地呈现出来,简单、直接,具有可读性和生动性,为多元主体了解高等教育状态、走向及变化趋势提供了一种形象、直观的解读和数据展现方式,有助于透彻地理解数据所包含的价值。这些可视化的数据呈现方式具有直观化、关联化、艺术化和交互性等特点,有着非凡的艺术吸引力和强烈的色彩感染力与穿透力,能够强化多元主体的认知效果和记忆力,更有利于

---

① [美]路易斯·戈麦斯-梅西亚、戴维·鲍尔金、罗伯特·卡迪等:《管理学——原理、案例和实践(第3版)》,詹正茂译,人民邮电出版社2009年版。

信息的传递。

在数据的可视化方面,平台十分重视用户的体验。所谓用户的体验,即用户为了充分了解和掌握平台功效,在使用平台的过程中所得到的有用性、易用性、友好性的认知印象与回应。在数据可视化的进程中,平台十分强调从用户体验的角度进行方案优化,并根据用户的认知提出解决方案,使数据可视化中数据结构的建立与用户认知过程中的感知进行通力合作,有效地提高用户的理解力。从用户体验的角度来说,数据可视化中数据结构的调整与建立也需要建立在用户体验的基础上,从使用者的角度来整理与筛选数据,选取更匹配的可视化元素来表现,能够促使数据的呈现更加科学、合理。

第二节 "双一流"建设监测理念与模式

建设世界一流大学和一流学科,是党中央、国务院作出的重大战略决策,对于提升我国高等教育发展水平、增强国家核心竞争力、奠定长远发展基础具有十分重要的意义。"双一流"建设监测以现代信息技术和计算机技术为基础,通过对高等学校有关数据的持续收集和深入分析,常态监测世界一流大学和一流学科建设状态,动态呈现世界一流大学和一流学科发展过程,为多元主体价值判断和科学决策提供客观依据。

一、"双一流"建设监测的主要思路

世界一流大学和一流学科监测是教育监测评估理论在"双一流"建设领域的具体应用。开展世界一流大学和一流学科监测首先需要明确监测的指导思想、原则、功能、开展的方式等基本问题。

(一)"双一流"建设监测总体思想

世界一流大学和一流学科监测,既要体现监测评估理论的内涵,更要符合我国世界一流大学和一流学科建设的战略要求。构建世界一流大学和一流学科监测指标体系的总体思想是以习近平新时代中国特色社会主义思想为指导,深入贯彻落实党的十九大精神,按照"四个全面"战略布局和党中央、国务院决策部署,全面贯彻落实党的教育方针,贯彻落实全国教育大会精神,以世界一流为目标,以高等教育内涵式发展为主线,以立德树人为核心,设计"双一流"建设监测指

标体系。

世界一流大学和一流学科监测的主要依据是国家"双一流"建设相关政策。这些政策分别是 2015 年国务院颁布的《统筹推进世界一流大学和一流学科建设总体方案》、2017 年教育部、财政部、发改委印发的《统筹推进世界一流大学和一流学科建设实施办法（暂行）》、2018 年教育部等部委印发的《关于高等学校加快"双一流"建设的指导意见》（以下简称《指导意见》），以及教育部、财政部、发改委发布的《关于公布世界一流大学和一流学科建设高校及建设学科名单的通知》、财政部、教育部发布的《中央高校建设世界一流大学（学科）和特色发展引导专项资金管理办法》和教育部、财政部、发改委发布的《关于高等学校加快"双一流"建设的指导意见》。

这些政策中明确提出，要强化对"双一流"建设的跟踪指导，对建设过程实施动态监测，为加快"双一流"建设提出了明确的指导意见。同时，政策中对世界一流大学和一流学科建设的基本原则、主要目标、重点建设任务和改革任务、实施办法等方面的规定，为世界一流大学和一流学科监测的目标、内容、形式等的设计提供了基本依据。

（二）在省级高水平大学与优势特色学科建设中实施动态监测

在"双一流"建设监测理念的指导下，为加快推进高等教育高质量发展和内涵发展，促进省级高水平大学和优势特色学科建设，便于各级政府掌握省级高水平大学和优势特色学科的建设进展，课题组对省级高水平大学和优势特色学科建设监测指标体系进行研究，形成《省级高水平大学和优势特色学科建设监测指标体系（试行）》，并广泛应用于我国省级高水平大学与优势特色学科的建设之中。

省域大学与学科监测指标体系从促进区域社会发展与经济建设目标出发，引导地方院校积极发挥自身优势特长，服务区域经济发展，着力考察省域大学与学科在人才培养、科学研究、社会服务等方面对地方发展的支撑作用。因此，指标设计注重考查人才培养对区域发展的贡献情况，科学研究在生产一线的应用情况，咨政建言对地方政府的服务情况等，以此推动并引导省域大学和学科的高水平建设。

（三）世界一流大学和一流学科监测基本功能

"双一流"建设监测以现代信息技术和计算机技术为基础，通过对高等学校有关数据的持续收集和深入分析，常态监测高等教育状态，动态呈现高等教育发展过程，为多元主体价值判断和科学决策提供客观依据。"双一流"建设监测，具有以下三项基本功能。

一是有利于政府全程掌握"双一流"建设进展，及时进行宏观调控。"双一流"建设是一项系统工程，离不开政府和教育主管部门的宏观指导。世界一流大学和一流学科监测能够反映高校和学科建设过程中存在的普遍性问题，也能够通过区域、省域，不同类型高校间、学科间的多元状态呈现，服务于政府部门总体把握我国"双一流"建设情况，及时制定相关政策措施，推动世界一流大学和一流学科建设。

二是有利于高校实时了解"双一流"建设情况，加快推进自身持续能力建设。高校是"双一流"建设的主体，"双一流"建设的建设任务与改革任务需要高校来具体实现。世界一流大学和一流学科监测，一方面有利于纵向上高校、学科了解自身近几年发展状态，另一方面也有利于高校和学科进行横向的建设情况比较，从而发现自身优势与不足、特色与短板，提升自身发展能力。

三是有利于社会及时获悉"双一流"建设动态，充分发挥社会公众对高等教育质量的监督作用。"双一流"建设关系到我国高等教育发展，关系到我国国家和区域的整体发展，"双一流"建设的成效和水平必然受到社会各界的广泛关注。世界一流大学和一流学科监测能够呈现大学、学科建设状态，有利于社会公众、媒体全方面了解各个建设高校和建设学科的建设状态，从而发挥社会对一流大学和学科建设过程的监督。

（四）世界一流大学和一流学科监测设计原则

从"双一流"建设内涵上看，世界一流大学和一流学科不是中国一流，而是世界一流；不是外延一流，而是内涵一流；不是建设高原，而是建设高峰。世界一流大学和一流学科监测作为加强"双一流"建设过程管理的主要举措，监测指标的设计必须体现"双一流"建设的战略内涵，需要把握以下几个基本原则：

（1）战略导向。监测指标体系的构建以国家发展战略为导向，通过选取体现高等教育内涵式发展的核心要素和主要监测点，提升现代大学服务国家经济社会发展战略的能力、扩大中国高等教育的国际影响力和竞争力。

（2）一流引领。通过对"双一流"建设过程进行监测，引导有关高校以世界一流为目标，扎根中国建设世界一流大学，提升中国大学国际影响力和引领力，不断加强自身能力和水平建设，推动我国高等教育内涵式发展，建设高等教育强国。

（3）根本任务。突出现代大学的根本任务。"双一流"建设监测重点考察建设高校和学科在加强和改进党的领导、加强立德树人、提升人才培养质量方面的情况，回应重点关切问题。

（4）突出重点。突出"双一流"建设的重点。"双一流"建设监测不是强调监测指标数量的多少，而是重点围绕"双一流"建设的"五大建设任务"和"五大改革任务"，选取"双一流"建设中的关键要素进行监测。

（5）系统构建。"双一流"建设是一个系统工程，涉及诸多方面。因此，必须全面、系统地构建"双一流"建设监测体系，全面反映全国各个建设大学"双一流"建设状态。

（6）客观呈现。客观呈现"双一流"建设过程中各个监测指标的状态，建立科学的指标体系，获取客观数据，准确地、全面地呈现我国"双一流"建设的客观状态。

（7）清理"五唯"。深刻认识当前清理"五唯"的重要性。科学、客观地设计"双一流"建设监测指标，坚持使用服务国家战略、经济社会发展的代表性成果，取代"五唯"的某些指标。例如，将承担重大、重点项目的学术带头人作为领军人物的代表，取代以往"帽子"类指标，体现其对于国家和社会发展的贡献。

（五）世界一流大学和一流学科监测主要方式

数据密集型监测的有效展开离不开广泛的数据支持，这里的数据既可以包括结构化的数据，也可以包括半结构化、非结构化数据和实时流数据。为全面反映世界一流大学和一流学科建设情况，"双一流"建设监测以"用数据说话"和"用事实说话"两种方式，不仅仅收集量化数据，更通过文本形式来描述大学和学科建设过程中非数字化呈现的内容，以求客观、全面呈现世界一流大学和一流学科建设状态。

监测指标以定量指标为主，辅以写实性描述。指标分为量化数据和写实性描述两大类。定量指标主要源于三个渠道：政府部门统计数据、公开数据和学校填报数据。其中，政府统计数据包括国家统计局、科技部等相关统计数据，教育部各司局统计数据，国家自然科学基金委员会统计数据等。公开数据包括第三方机构及客观的第三方数据库（如 Scopus/InCites/中国知网）以及重要组织发布的研究报告数据。高校填报数据主要包括学校建设中产生，外部无法获取的信息和数据。

"用数据说话"，即实时采集反映"双一流"建设成效的相关数据，包括高校教育教学数据、外部第三方数据、政府教育主管部门数据等；利用现代数理技术和统计分析方法，对所采集的数据进行多维度、多层面、系统性查询、浏览，根据实际需要使用时序、聚类、关联分析等分析方法，运用条形图、柱状图、直方图、散点图、三维曲面图形等多种图形，全方位、多维度客观呈现我国"双一流"建设状态。

"用事实说话",即通过定期收集、整合反映"双一流"建设成效的相关案例和文本描述,以创新举措、典型经验、成功做法等来呈现"双一流"建设状态,反映不易数据化的监测指标,如学校和学科落实立德树人根本任务的情况、学校和学科推进教育教学改革的措施及成效等。用事实说话的相关材料可以以案例形式呈现。案例在选取导向上,要体现中国特色、世界一流的战略内涵,结合"双一流"建设战略内涵,选择体现"一流"的案例,树立正确风向标,突出推出特色、树立推出典型。案例在编写内容上,以描述具体翔实和成效典型突出为基本原则。"描述具体翔实"即案例呈现学校或学科特色发展的具体举措和详细办法,具有较强的可借鉴、可推广性。"成效典型突出"即案例在某项任务的推进与落实方面具有代表性、引领性、创新性,取得了较为显性的成效或积极的社会认可。通过对事实的描述全面呈现世界一流大学和一流学科建设状况。

二、"双一流"建设监测的主要维度

学科评价的展开最终需要落实到各个评价维度和评价要素上,评价理念的变革要求评价要素的创新,在明确世界一流大学和一流学科监测理念基础上,应结合我国"双一流"建设战略内涵和监测理论,以加快推进"双一流"建设和实现高质量发展为目标,将对标度、贡献度、达成度、满意度作为世界一流大学和一流学科监测的主要维度。建构符合我国世界一流大学和一流学科成长路径的评价体系。

(一)对标度

对标度考察的是世界一流大学和一流学科对世界一流的建设标准的落实情况。我国世界一流大学和一流学科建设意在提升我国高等教育综合实力和国际竞争力,提升我国高等教育在国际上的影响力和引领作用,推动我国由高等教育大国发展为高等教育强国。因此,是否达到世界一流的建设标准是大学和学科建设的重要监测内容。对标度这一监测维度的设置回应了我国"双一流"建设的初衷,意在引导大学和学科站在建设我国新型大国外交关系、构建人类命运共同体的战略高度上,强化全球化教育开放的顶层设计,打造国际化大学。实质性地推动高水平国际合作交流,加强与国际顶尖大学与学术机构开展各类合作,致力于成为世界高等教育改革的参与者、推动者和引领者,积极开展科技领域国际协同创新,增进全球竞争力,提升国际认可度。对标度监测主要通过与学校自身设定的同领域的世界一流大学、世界一流学科的发展水平、建设成效的对比来实现，也可以各类第三方评价结果作为参考。

具体而言，世界一流大学应选择与自身发展方向相近的世界一流大学作为标杆，考察大学在人才培养、科学研究、社会服务、文化传承、国际交流合作，以及教育教学改革、评价机制改革、治理水平提升等方面的追赶情况。世界一流学科建设应当选择与自身研究领域相近的世界一流学科作为标杆，既要考察在学科层面，建设学科在学科人才培养、科学前沿、专利、智库等方面的进展，也要考察学科在带动学校其他学科建设方面能力的差距，还要考察学科对所在学校整体的带动引领作用。

（二）贡献度

贡献度考察一流大学和一流学科在服务社会主义现代化强国建设中的作用发挥情况，衡量高校和学科解决实际问题的能力和水平，考察其在人才培养、科学研究、社会服务、文化传承创新、国际交流与合作等方面，对国家经济社会发展所发挥的推动作用以及贡献程度。世界一流大学和一流学科在实现科教兴国战略、人才强国战略、创新驱动发展战略等重大的国家战略，建设制造强国、科技强国、质量强国等社会主义现代化强国等方面具有重要作用。贡献度监测意在引导大学和学科推进资源共享进度，与外界形成良好的协同合作机制，着力解决国家和区域经济发展过程中的"卡脖子"问题，为建设社会主义现代化强国提供有力支撑。贡献度的监测考察大学和学科在服务国家重大战略与区域经济社会发展中的贡献程度、有效服务行业企业发展的能力，以及其在智库建设、前沿理论、产业转型升级等方面所发挥作用的情况。贡献度能够引导大学和学科在建设发展过程中综合考虑外部社会经济发展需要和自身未来发展需求，以贡献为导向，更好地履行各项基本职能。

在考察贡献度的过程中，尤其强调大学和学科在支撑发展与创新中的不可替代作用，着重体现建设大学、建设学科在服务外部国家与社会发展重大问题，以及内部关键问题方面所发挥的对接性支撑作用。包括各建设高校、学科在国家重点战略领域、区域经济发展、相关行业等方面发展中的不可或缺作用，建设高校和学科在内涵式发展中所取得的重大成果、零的突破或填补空白的能力，以及建设高校和学科在内部治理问题与中国特色治理体系方面的卓越成效等。同时，不同类型学科的支撑度有不同表现形式，基础研究表现为处于科学前沿，形成具有重要影响的新知识新理论；应用研究表现为解决了国民经济中的重大关键性技术和工程问题，或实现了重大颠覆性技术创新；哲学社会科学研究表现在为解决经济社会发展重大理论和现实问题提供有效支撑。

(三) 达成度

达成度考察的是世界一流大学和一流学科建设成果对预期建设目标的实现程度和达成情况,可借用数学公式简单表达为"达成度 = 建设目标 - 建设实际"。其中,建设目标即人们对大学和学科原有发展基础、可用资源、发展条件等各个方面综合考量基础上确定的预期成绩和发展水平,包含了大学和学科建设基础;建设实际是大学和学科在一定建设周期后所取得的现实建设效果,反映了其在具体发展过程中的改革力度、创新水平。由于兼顾了建设目标与建设实际两个方面,达成度评价用"个性化目标导向"取代了传统的"统一性指标导向",从而避免了"一把尺子丈量所有人";在结果性评价基础上增加了增量评价、效率评价,从而能够更为全面地考察学科建设成效。达成度监测可分别考察各建设高校的建设成效与我国"双一流"建设总体目标对比的完成情况、与区域"双一流"建设目标对比的完成情况、与自身《建设方案》中建设目标对比的完成情况。达成度监测既考察各建设高校的建设成效在师资队伍建设、创新人才培养、科研水平提升、文化传承创新、推进成果转化等建设任务中的完成情况,也考察各建设高校在坚持党的领导、内部治理改革、关键环节突破、社会参与成效、国际合作交流等改革任务中的完成情况。

(四) 满意度

满意度是我国世界一流大学和一流学科建设评价的最高标准,考察一流大学建设成效在国内外的认可与满意情况,体现了"双一流"建设对人民负责的内涵。满意度的监测一是考察建设大学和学科在政府部门、社会公众以及广大师生中的满意情况,反映"双一流"建设期待与建设现实的匹配程度,展示各方对建设高校的综合表现印象。二是关注大学和学科的国际认可与评价情况。通过有影响力的第三方评价,客观综合地监测各建设高校的国际排名情况,同时考察各建设高校对国际人才的吸引情况,反映建设高校在国际标准和规则制定中的话语权情况。对我国高等教育而言,"既要在促进教育公平,缩小发展差距"上"补短板","又要在提高教育质量,优化教育结构"上"做加法"[①],为广大人民提供更加多层次、多样化的优质高等教育。世界一流大学建设将在提高教育质量、优化教育结构方面起到"领头雁""排头兵"的引领作用,整体提升政府、社会、人民对我国高等教育的满意度。

---

① 刘延东:《深入学习贯彻党的十九大精神 全面开创教育改革发展新局面》,中华人民共和国中央人民政府网,2018 年 3 月 15 日,http://www.gov.cn/guowuyuan/2018 - 03/15/content_5274476.htm。

第三节 "双一流"建设监测体系

世界一流大学和一流学科监测内容回应"双一流"建设初衷,以《统筹推进世界一流大学和一流学科建设总体方案》中明确提出的"五大建设任务"和"五大改革任务"为主,结合"双一流"建设监测理念与模式,结合对标度、满意度、达成度、贡献度的主要维度,结合大学和学科建设与发展特点,形成世界一流大学建设监测体系和世界一流学科建设监测体系。

一、世界一流大学建设监测体系主要内容

"双一流"建设《总体方案》指出了我国"双一流"建设的主要任务,分别是包括建设一流师资队伍、培养拔尖创新人才、提升科学研究水平、传承创新优秀文化、着力推进成果转化在内的五项建设任务,以及包括加强和改进党对高校的领导、完善内部治理结构、实现关键环节突破、构建社会参与机制、推动国际交流合作在内的五项改革任务。

世界一流大学监测体系以《总体方案》中指出的建设和改革任务为主要内容,形成包含十个监测项目、若干个监测核心要素以及若干个监测点的世界一流大学建设监测体系。

监测项目一:一流师资队伍建设情况。

依据《指导意见》第九条:严把选聘考核晋升思想政治素质关,将师德师风作为评价教师队伍素质的第一标准,打造有理想信念、道德情操、扎实学识、仁爱之心的教师队伍,建成师德师风高地。建立健全青年人才蓬勃生长的机制,建立健全教授为本科生上课制度。《总体方案》第四条:深入实施人才强校战略,强化高层次人才的支撑引领作用,加快培养和引进一批活跃在国际学术前沿、满足国家重大战略需求的一流科学家、学科领军人物和创新团队,聚集世界优秀人才。

设置高校师德师风建设情况写实,获批国家自然科学基金委员会、国家社会科学基金委员会、科技部等审批立项的重大、重点项目的主持人数及清单,教师获得国内外重要奖项清单,外籍专任教师数,教师担任国际重大比赛评委、裁判人员清单等监测点。

监测项目二:培养拔尖创新人才情况。

依据《总体方案》第五条:坚持立德树人,突出人才培养的核心地位,着力

培养具有历史使命感和社会责任心,富有创新精神和实践能力的各类创新型、应用型、复合型优秀人才。加强创新创业教育,大力推进个性化培养,全面提升学生的综合素质、国际视野、科学精神和创业意识、创造能力。合理提高高校毕业生创业比例,引导高校毕业生积极投身大众创业、万众创新。《指导意见》第六条:把思想政治工作贯穿教育教学全过程、贯通人才培养全体系。培育和践行社会主义核心价值观,培养一大批德智体美全面发展的社会主义建设者和接班人。《指导意见》第四条:强化本科教育基础地位,深化研究生教育综合改革,大力培养高精尖急缺人才,多方集成教育资源,制定跨学科人才培养方案,探索建立政治过硬、行业急需、能力突出的高层次复合型人才培养新机制。

在思想政治教育方面,设置思政课程与课程思政开展情况写实、马工程教材编写情况等监测点;在课程与教学方面,设置培养模式改革情况及成效写实,本科专业数及通过专业认证专业清单,年度公开出版的代表性教材清单,学校开展体育、美育、劳动教育的情况写实等监测点;在创新创业教育方面,设置学生国内外大赛获奖、学生代表性论文清单、各行各业突出贡献者清单等监测点。

监测项目三:提升科学研究水平情况。

依据《总体方案》第六条:提高基础研究水平,争做国际学术前沿并行者乃至领跑者。推动加强战略性、全局性、前瞻性问题研究,着力提升解决重大问题能力和原始创新能力。《指导意见》第十条:充分发挥高校基础研究主力军作用,促进基础研究和应用研究融通创新、全面发展、重点突破。推进中国特色哲学社会科学发展,从我国改革发展的实践中挖掘新材料、发现新问题、提出新观点、构建新理论,打造高水平的新型高端智库。《实施办法》第七条:基础研究处于科学前沿,应用研究解决了国民经济中的重大关键性技术和工程问题,或实现了重大颠覆性技术创新;哲学社会科学研究为解决经济社会发展重大理论和现实问题提供了有效支撑。《总体方案》第六条:打造一批具有中国特色和世界影响的新型高校智库,提高服务国家决策的能力。

在科研成果方面,设置公开出版的专著清单、教师代表性论文清单等监测点;在科研项目与平台方面,设置学校牵头承担和参与的国家重点重大项目清单,新型智库建设与咨政研究、国家产教融合创新平台情况写实等监测点。

监测项目四:传承与创新优秀文化情况。

主要依据《总体方案》第七条:加强对中华优秀传统文化和社会主义核心价值观的研究、宣传,认真汲取中华优秀传统文化的思想精华,推动社会主义先进文化建设。加强大学文化建设,增强文化自觉和制度自信,形成推动社会进步、引领文明进程、各具特色的一流大学精神和大学文化。引导教师潜心教书育人、静心治学,引导广大青年学生勤学、修德、明辨、笃实,使社会主义核心价值观成为基本遵循，形成优良的校风、教风、学风。《指导意见》第十二条：以社会主义核心价值观为引领，推动中华优秀教育文化的创造性转化和创新性发展。

设置传承与创新中华优秀传统文化的情况写实、高校中华优秀传统文化传承基地清单等监测点。

监测项目五：着力推进成果转化情况。

主要依据《总体方案》第八条：将一流大学和一流学科建设与推动经济社会发展紧密结合，着力提高高校对产业转型升级的贡献率，努力成为催化产业技术变革、加速创新驱动的策源地。促进高校学科、人才、科研与产业互动，打通基础研究、应用开发、成果转移与产业化链条，推动健全市场导向、社会资本参与、多要素深度融合的成果应用转化机制。《指导意见》第十条：加大技术创新、成果转化和技术转移力度。

设置服务国家重大战略、新兴产业发展、区域经济社会发展、重大工程、重大科学创新、关键技术突破、国内外重大标准设定等标志性成果情况写实，到校的横向课题经费数，高校成果转化和社会服务机构建设情况写实等监测点。

监测项目六：加强和改进党对高校的领导情况。

主要依据《总体方案》第九条：建立健全党委统一领导、党政分工合作、协调运行的工作机制，不断改革和完善高校体制机制。进一步加强和改进新形势下高校宣传思想工作，牢牢把握高校意识形态工作领导权，不断坚定广大师生中国特色社会主义道路自信、理论自信、制度自信。全面推进高校党的建设各项工作，着力扩大党组织的覆盖面，推进工作创新，有效发挥高校基层党组织战斗堡垒作用和党员先锋模范作用。《指导意见》第三条：坚持办学正确政治方向。坚持和加强党的全面领导，牢固树立"四个意识"，坚定"四个自信"，践行"四个服务"。

设置大学在加强和改进党对高校的领导方面的情况写实等监测点，描述建立健全党委统一领导、党政分工合作、协调运行的工作机制，改革和完善高校领导体制机制，基层党组织建设，纪检监察工作开展等情况。

监测项目七：完善内部治理结构情况。

主要依据《总体方案》第十条：建立健全高校章程落实机制，加快形成以章程为统领的完善、规范、统一的制度体系。加强学术组织建设，健全以学术委员会为核心的学术管理体系与组织架构，充分发挥其在学科建设、学术评价、学术发展和学风建设等方面的重要作用。《指导意见》第十三条：创新基层教学科研组织和学术管理模式，完善学术治理体系，保障教学、学术委员会在人才培养和学术事务中有效发挥作用。

设置高校内部治理情况改革写实等监测点，描述大学在大学章程落实、学术管理体系建设、大学民主管理等方面的建设情况。

监测项目八：关键环节突破情况。

主要依据《总体方案》第十一条：加快推进人才培养模式改革，推进科教协同育人，完善高水平科研支撑拔尖创新人才培养机制。积极推进课程体系和教学内容改革，质量保障体系完善。《指导意见》第九条：坚持引育并举、以育为主，建立健全青年人才蓬勃生长的机制。改革编制及岗位管理制度，加大教师教学岗位激励力度。促进高校教师职业发展。

设置人事制度改革情况写实、科教协同育人情况写实、人才培养重点项目清单、在经费使用等方面的情况写实等监测点。

监测项目九：社会参与机制情况。

主要依据《总体方案》第十二条：制定理事会章程，着力增强理事会的代表性和权威性，健全与理事会成员之间的协商、合作机制，充分发挥理事会对学校改革发展的咨询、协商、审议、监督等功能。推进与科研院所、社会团体等资源共享，形成协调合作的有效机制。《指导意见》第二十三条：建立多元筹资机制，统筹自主资金和其他可由高校按规定自主使用的资金等，共同支持"双一流"建设。完善政府、社会、高校相结合的共建机制，形成多元化投入、合力支持的格局。

设置社会参与大学发展规划、人才培养及评价等方面的情况写实，高校获得的社会捐赠到校金额等监测点。

监测项目十：国际交流合作情况。

主要依据《总体方案》第十三条：加强与世界一流大学和学术机构的实质性合作，将国外优质教育资源有效融合到教学科研全过程，开展高水平人才联合培养和科学联合攻关。加强国际协同创新，积极参与或牵头组织国际和区域性重大科学计划及科学工程。积极参与国际教育规则制定、国际教育教学评估和认证，切实提高我国高等教育的国际竞争力和话语权，树立中国大学的良好品牌和形象。

《指导意见》第十一条：进一步完善国际学生招收、培养、管理、服务的制度体系，不断优化生源结构，提高生源质量。

设置师生参加本领域重要国际会议并作报告人员清单、非国家公派赴境外交流学生人次、牵头或参与国际和区域性重大科学计划及科学工程清单、学校主办的国内外学术期刊清单、教师在国际组织任职主要负责人清单等监测点。

二、世界一流学科建设监测体系主要内容

世界一流学科监测体系同样以《总体方案》中指出的建设和改革任务为主要内容，同时结合学科建设的实际情况，共设置了包括四个监测项目、若干监测要

素、若干监测点在内的世界一流学科监测体系。主要政策依据和世界一流大学监测体系相关监测项目相似。

监测项目一：培养拔尖创新人才情况。

设置导师责任落实情况写实，国家级教学成果奖数，学生国内外竞赛获奖项目清单，学生的代表性论文清单，来本学科攻读学位的留学生及博士后、交流学者人数等监测点。

监测项目二：建设一流师资队伍情况。

设置师德师风建设情况写实，本学科主要方向学科带头人、中青年学术骨干清单，外籍专任教师数，教师担任国内外重要期刊主编、副主编、编委人员清单，教师在国际组织任职主要负责人的人员清单，教师担任国际比赛评委、裁判人员清单等监测点。

监测项目三：科学研究与实践创新情况。

设置教师获得的国内外重要奖项清单，教师公开出版的专著清单，纵向、横向到校科研经费数，承担国内外重大设计与展演任务清单，参与国内外标准制定项目清单等监测点。

监测项目四：社会服务情况。

设置成果转化和咨询服务到校金额，新型智库建设与咨政研究情况写实，科教协同育人情况写实，服务国家战略新兴产业、重大区域发展规划、重大工程、重大科学创新、关键技术突破等标志性成果写实等监测点。

三、"双一流"建设监测体系特征

世界一流大学和一流学科监测体系具有以下几个典型的特点。

（一）坚持正确的发展方向

全面落实习近平总书记有关教育的论述精神，将总书记有关办什么样的高等教育，怎样办高等教育，建设什么样的"双一流"，怎样建设"双一流"，培养什么样的人，怎样培养人，建设什么样的教师队伍，怎样建设教师队伍等一系列指示和要求，充分贯彻体现在"双一流"建设监测的各项要素和监测点中。比如，在"建设一流师资队伍"项目中，设立"违反师德师风、学术不端查处人次""高校师德师风建设的情况"等核心监测点；在"培养拔尖创新人才"项目中，设立"全国高校优秀中青年思政课教师'择优资助'项目、全国高校思政课教学方法改革'择优推广'项目数"及"高校党建和思政工作负面清单"等核心监测点。

（二）坚持世界一流的建设目标

世界一流的建设目标要坚持"双对标"，即与建设方案对标和与世界一流标杆对标，重在瞄准世界一流，在若干可比领域对标国际进行建设。与国际一流对标的指标，不唯排名，而是基于各类国际排名指标的"元评估"结果，抽取具有较高的信度和效度的监测要素，主要有生师比、高被引文献、师均科研收入、师均来自工业界的科研收入、国际学生占比、国际教师占比和雇主声誉等。反映一流建设水平的国内指标结合我国高等教育发展实际，在"加强和改进党对高校的领导"项目设立"中央表彰的先进基层党组织、优秀共产党员、优秀党务工作者情况"核心监测点；在"培养拔尖创新人才"项目设立"国家级教学成果奖获奖数""学生在全国性创新创业大赛获奖数"及"入选一流课程建设'双万计划'课程门数"等核心监测点；在"建设一流师资队伍"项目设立"入选全国优秀教师先进典型人次""各类杰出人才数量及清单"等核心监测点；将"提升科学研究水平"项目纳入国内外重要奖项、各级各类重大科研平台及其目前承担的重大科研项目情况等核心监测点。

（三）突出服务国家战略

为引导高校在攻关行业关键技术，特别是"卡脖子"技术上下功夫，把服务国家重大战略、服务经济社会发展作为"双一流"建设的重要监测点。在"双一流"建设大学和学科监测指标体系的监测项目中广泛纳入反映服务国家重大战略的监测点。例如，在"提升科学研究水平"项目中设立"牵头建设的国家重大科技创新基地数量、清单及绩效评估情况，目前承担的重大项目情况"及"新型智库建设与咨政研究情况"核心监测点；在"着力推进成果转化"项目中设立"国内外发明专利授权数，转化到校经费数""服务国家战略新兴产业、重大区域发展规划、重大工程、重大科学创新、关键技术突破等标志性成果情况"等核心监测点；在"关键环节突破"项目中设立"人才培养重点项目数量及清单"（含承担国家战略急需领域人才培养项目、高校适应社会发展需求主动设立的人才培养项目）等核心观测点。

（四）坚持内涵发展导向

为促进学校内涵式发展，关注教育教学，提高教学质量与科研服务水平，设立若干监测点，既包括定量的指标，也包括写实性指标。例如，在"培养拔尖创新人才"中设立"正教授给本科生上课人数、课时数""教学质量保障体系建设情况写实",引导高校重视教学、提高教学质量。在"关键环节突破"中设立"学科交叉建设效果写实",引导高校加强制度创新、推进学科交叉与融合;设立"人事制度改革情况写实",引导高校优化教师,特别是中青年教师的成长环境,增强人才队伍可持续发展能力。在"提升科学研究水平"项目设立"牵头建设的国家重大科技创新基地数、清单及评估情况,目前承担的重大项目情况""新型智库建设与咨政研究情况"等,引导高校提高服务国家创新与决策的能力。在"社会参与机制"项目设立"开展产教融合协同育人项目数""企业在高校设立研发机构数量及清单",引导校企深化合作、协同创新;设立"高校获得的社会捐赠到校金额",引导高校健全社会支持长效机制,多渠道汇聚资源,增强自我发展能力。

(五) 体现不同类别院校和学科特色

在指标体系的设计上,一是各监测项目均是开放式的,设留白监测项目、留白监测要素和留白监测点若干,以"其他标志性成果"列出,由院校和学科自主提出、选填,更好地反映院校在相应监测项目的特色优势。二是在坚持共性监测和特色监测相结合的基础上,将"双一流"建设大学监测指标体系的监测项目统筹设计为包含所有类型院校的综合版本,内含反映不同院校、学科特色的指标。反映理工农医特色的指标包括"获得国家三大奖数""国家自然科学基金创新群体"及"自然科学可比领域学术国际影响力";反映人文社科特色的指标包括"公开出版的专著清单"等;反映艺术体育特色的指标包括"承担国内外重大设计与展演任务清单""教师中担任国际重大比赛评委、裁判人数及清单"等。

(六) 坚持正确的评价导向

从监测体系的具体内容上看,世界一流大学和一流学科监测的一系列指标是对破除"五唯"现象的重要突破。不"唯帽子",凸显师资队伍的贡献与担当,对于两院院士、"四大"称号(万人计划、千人计划、长江学者和杰出青年)、"四小"称号(青年拔尖人才、青年千人计划、青年长江学者、优秀青年)仅从公开渠道获取数据进行记录备案,不在监测指标填报系统中体现,将不具备上述"帽子"的人才,但在国内外享有很高学术声誉及广泛学术影响的教师纳入监测点,如"承担国家重大、重点项目主持人数量及清单""教师中担任国内外重要期刊主编、副主编人数及清单"及"教师获得国内外重要奖项清单"等;不"唯论文",特别是不唯论文数量、不唯 SCI 论文,在监测指标体系的高水平论文相关指标中,主要关注代表性论文的发表情况,以限定数量的方式填报,突出展示真正高水平的代表性成果,同时纳入承担国家重大课题、建设高水平科研平台、科研成果转化等指标，充分考察高校对服务国家重大战略、重大科学创新、新兴产业发展等标志性成果。这有利于打破"五唯"，重构我国的知识体系。

四、"双一流"建设监测体系的创新点

以监测的形式认识"双一流"建设状态，是高等教育评估进入质量监测评估的新时代的必然选择。世界一流大学和一流学科监测体系涵盖了我国"双一流"建设的重点方面，是对我国原有评价模式的一种创新，具有以下几个典型特征。

一是开放性。"双一流"建设监测指标体系是开放的。一方面，各个监测点并不都是必填项，大学和学科可以结合自身实际和发展特色填写。有的监测点偏重哲学社会科学类的大学和学科，理工类大学和学科可以不填；有的监测点偏重艺术或体育美术类大学和学科，其他大学和学科也可不填。如此，大学和学科通过填写监测体系即能体现自身建设重点与特色。另一方面，除体系内的监测点之外，世界一流大学和一流学科两套监测指标体系专门设置"其他"监测项目、"其他"监测要素和"其他"监测点，以供大学和学科填写未列入监测范围内的其他标志性成果，通过"留白"的方式反映亮点与特色。

二是客观性。监测本身即是对监测对象客观状态的反映，强调借助现代信息技术，关注高等教育质量、规模、结构、效益等主体中的实然性问题，通过收集世界一流大学和一流学科建设过程中的关键内容，全面、客观地反映大学和学科建设状态。

三是写实性。监测指标体系以量化指标为主，同时以写实性描述为辅，对于个别不易获取数据或无法数据表述的内容，用一定字数内的写实描述来予以反映，用事实说话，打破以量化数字为主的原有评价形式。

四是动态性。依托现代信息技术手段，搭建世界一流大学和一流学科监测平台，持续动态地收集信息，实时更新建设状态，同时，发挥监测的预警、预测等基本功能，提炼信息和知识，并将其提供给相关利益主体，使多元主体能够自主地认识和评判高等教育质量，帮助社会各界了解我国世界一流大学和一流学科建设最新进展。

世界一流大学和一流学科监测体系从思想理念上来看，首先，坚持正确评价导向，创新监测方法。指标体系突出党的领导，强调教学教材建设和人才培养成效。其次，充分体现内涵发展，服务国家战略。指标体系面向国家重大战略需求，面向经济社会主战场，面向世界科技发展前沿，突出大学和学科服务成效，突出建设的质量效益、社会贡献度。最后，坚持一流目标，体现学校特色。对标建设方案，考察达成度，对标世界一流，考察对标度，体现各个大学和学科的特色。

总的来说，世界一流大学和一流学科监测指标体系是"双一流"评价探索中的一个创举，相对于以往的评价指标体系而言，该指标体系突出动态性、形成性、开放性，有利于长时期追踪高校和学科建设情况，符合高校和学科发展特点，也有利于专家在未来的评鉴工作中，更加直观、快速掌握高校信息，是推动"双一流"建设内涵发展和高等教育强国建设的有效工具，是优化和完善高等教育质量保证和监督体系的有力支撑。

第七章

世界一流大学和一流学科建设推进方略

"双一流"建设寄托着民族复兴的梦想,是国家战略发展的需要,体现国家意志,既是对我国重点建设政策的延续,也是适应新时代要求对"学校固化"等问题的有效规避。我们已开始由过去国家发展的现实需求、国际竞争的战略选择,进入建设中国梦的理想升华。我们需要站在世界百年不遇之大变局、中华民族复兴大业的立场上认识"双一流"建设的推进战略。

第一节 "双一流"建设总体战略

"双一流"建设总体战略扎根中国大地,聚焦立德树人和国家战略需求,加强合作,实现内涵式发展。"双一流"建设既瞄准高端,又对体系有引领和带动作用,最终目的是实现高等教育强国。

一、"双一流"建设总体目标

推动一批高水平大学和学科进入世界一流行列或前列,加快高等教育治理体系和治理能力现代化,提高高等学校人才培养、科学研究、社会服务和文化传承创新水平,使之成为知识生产和科技创新的重要力量、先进思想和优秀文化的重要源泉、培养各类高素质优秀人才的重要基地,是"双一流"建设的重要目标。

"双一流"建设在支撑国家创新驱动发展战略、服务经济社会发展、弘扬中华优秀传统文化、培育和践行社会主义核心价值观、促进高等教育内涵发展等方面发挥重大作用。着眼于国家"两个一百年"奋斗目标，统筹推进一流大学和一流学科建设将分三步走实现战略目标。

到 2020 年，若干所大学和一批学科进入世界一流行列，若干学科进入世界一流学科前列。

到 2030 年，更多的大学和学科进入世界一流行列，若干所大学进入世界一流大学前列，一批学科进入世界一流学科前列，高等教育整体实力显著提升。

到 21 世纪中叶，一流大学和一流学科的数量和实力进入世界前列，基本建成高等教育强国。

二、"双一流"建设总体要求

（一）"双一流"建设的指导思想

坚持以党的领导为核心。高举中国特色社会主义伟大旗帜，以邓小平理论、"三个代表"重要思想、科学发展观为指导，认真落实党的十九大和十九届二中、三中、四中、五中、六中全会精神，深入贯彻习近平总书记系列重要讲话精神，按照"四个全面"战略布局和党中央、国务院决策部署，坚持以中国特色、世界一流为核心，以立德树人为根本，以支撑创新驱动发展战略、服务经济社会发展为导向，加快建成一批世界一流大学和一流学科，提升我国高等教育综合实力和国际竞争力，为实现"两个一百年"奋斗目标和中华民族伟大复兴的中国梦提供有力支撑。

坚持中国特色、世界一流。全面贯彻党的教育方针，坚持社会主义办学方向，加强党对高校的领导，扎根中国大地，遵循教育规律，创造性地传承中华民族优秀传统文化，积极探索中国特色的世界一流大学和一流学科建设之路，努力成为世界高等教育改革发展的参与者和推动者，培养中国特色社会主义事业建设者和接班人，更好地为社会主义现代化建设服务、为人民服务。

（二）"双一流"建设的基本原则

坚持以一流为目标。引导和支持具备一定实力的高水平大学和高水平学科瞄准世界一流，汇聚优质资源，培养一流人才，产出一流成果，加快走向世界一流。

坚持以学科为基础。引导和支持高等学校优化学科结构，凝练学科发展方向,突出学科建设重点,创新学科组织模式,打造更多学科高峰,带动学校发挥优势、办出特色。

坚持以绩效为杠杆。建立激励约束机制,鼓励公平竞争,强化目标管理,突出建设实效,构建完善中国特色的世界一流大学和一流学科评价体系,充分激发高校内生动力和发展活力,引导高等学校不断提升办学水平。

坚持以改革为动力。深化高校综合改革,加快中国特色现代大学制度建设,着力破除体制机制障碍,加快构建充满活力、富有效率、更加开放、有利于学校科学发展的体制机制,当好教育改革"排头兵"。

三、"双一流"建设总体任务

(一)"双一流"建设的五大改革任务

加强和改进党对高校的领导。坚持和完善党委领导下的校长负责制,建立健全党委统一领导、党政分工合作、协调运行的工作机制,不断改革和完善高校体制机制。进一步加强和改进新形势下高校宣传思想工作,牢牢把握高校意识形态工作领导权,不断坚定广大师生中国特色社会主义道路自信、理论自信、制度自信。全面推进高校党的建设各项工作,着力扩大党组织的覆盖面,推进工作创新,有效发挥高校基层党组织战斗堡垒作用和党员先锋模范作用。完善体现高校特点、符合学校实际的惩治和预防腐败体系,严格执行党风廉政建设责任制,切实把党要管党、从严治党的要求落到实处。

完善内部治理结构。建立健全高校章程落实机制,加快形成以章程为统领的完善、规范、统一的制度体系。加强学术组织建设,健全以学术委员会为核心的学术管理体系与组织架构,充分发挥其在学科建设、学术评价、学术发展和学风建设等方面的重要作用。完善民主管理和监督机制,扩大有序参与,加强议事协商,充分发挥教职工代表大会、共青团、学生会等在民主决策机制中的作用,积极探索师生代表参与学校决策的机制。

实现关键环节突破。加快推进人才培养模式改革,推进科教协同育人,完善高水平科研支撑拔尖创新人才培养机制。加快推进人事制度改革,积极完善岗位设置、分类管理、考核评价、绩效工资分配、合理流动等制度,加大对领军人才倾斜支持力度。加快推进科研体制机制改革,在科研运行保障、经费筹措使用、绩效评价、成果转化、收益处置等方面大胆尝试。加快建立资源募集机制,在争取社会资源、扩大办学力量、拓展资金渠道方面取得实质进展。

构建社会参与机制。坚持面向社会依法自主办学,加快建立健全社会支持和监督学校发展的长效机制。建立健全理事会制度，制定理事会章程，着力增强理事会的代表性和权威性，健全与理事会成员之间的协商、合作机制，充分发挥理事会对学校改革发展的咨询、协商、审议、监督等功能。加快完善与行业企业密切合作的模式，推进与科研院所、社会团体等资源共享，形成协调合作的有效机制。积极引入专门机构对学校的学科、专业、课程等水平和质量进行评估。

推进国际交流合作。加强与世界一流大学和学术机构的实质性合作，将国外优质教育资源有效融合到教学科研全过程，开展高水平人才联合培养和科学联合攻关。加强国际协同创新，积极参与或牵头组织国际和区域性重大科学计划和科学工程。营造良好的国际化教学科研环境，增强对外籍优秀教师和高水平留学生的吸引力。积极参与国际教育规则制定、国际教育教学评估和认证，切实提高我国高等教育的国际竞争力和话语权，树立中国大学的良好品牌和形象。

（二）"双一流"建设的五大建设任务

建设一流师资队伍。深入实施人才强校战略，强化高层次人才的支撑引领作用，加快培养和引进一批活跃在国际学术前沿、满足国家重大战略需求的一流科学家、学科领军人物和创新团队，聚集世界优秀人才。遵循教师成长发展规律，以中青年教师和创新团队为重点，优化中青年教师成长发展、脱颖而出的制度环境，培育跨学科、跨领域的创新团队，增强人才队伍可持续发展能力。加强师德师风建设，培养和造就一支有理想信念、有道德情操、有扎实学识、有仁爱之心的优秀教师队伍。

培养拔尖创新人才。坚持立德树人，突出人才培养的核心地位，着力培养具有历史使命感和社会责任心，富有创新精神和实践能力的各类创新型、应用型、复合型优秀人才。加强创新创业教育，大力推进个性化培养，全面提升学生的综合素质、国际视野、科学精神和创业意识、创造能力。合理提高高校毕业生创业比例，引导高校毕业生积极投身大众创业、万众创新。完善质量保障体系，将学生成长成才作为出发点和落脚点，建立导向正确、科学有效、简明清晰的评价体系，激励学生刻苦学习、健康成长。

提升科学研究水平。以国家重大需求为导向，提升高水平科学研究能力，为经济社会发展和国家战略实施做出重要贡献。坚持有所为有所不为，加强学科布局的顶层设计和战略规划，重点建设一批国内领先、国际一流的优势学科。提高基础研究水平，争做国际学术前沿并行者乃至领跑者。推动加强战略性、全局性、前瞻性问题研究，着力提升解决重大问题能力和原始创新能力。大力推进科研组织模式创新，依托重点研究基地，围绕重大科研项目，健全科研机制，开展协同创新，优化资源配置，提高科技创新能力。打造一批具有中国特色和世界影响的新型高校智库，提高服务国家决策的能力。建立健全具有中国特色、中国风格、中国气派的哲学社会科学学术评价和学术标准体系。营造浓厚的学术氛围和宽松的创新环境，保护创新、宽容失败，大力激发创新活力。

传承创新优秀文化。加强大学文化建设，增强文化自觉和制度自信，形成推动社会进步、引领文明进程、各具特色的一流大学精神和大学文化。坚持用价值观引领知识教育，把社会主义核心价值观融入教育教学全过程，引导教师潜心教书育人、静心治学，引导广大青年学生勤学、修德、明辨、笃实，使社会主义核心价值观成为基本遵循，形成优良的校风、教风、学风。加强对中华优秀传统文化和社会主义核心价值观的研究、宣传，认真汲取中华优秀传统文化的思想精华，做到扬弃继承、转化创新，并充分发挥其教化育人作用，推动社会主义先进文化建设。

着力推进成果转化。深化产教融合，将一流大学和一流学科建设与推动经济社会发展紧密结合，着力提高高校对产业转型升级的贡献率，使其成为催化产业技术变革、加速创新驱动的策源地。促进高校学科、人才、科研与产业互动，打通基础研究、应用开发、成果转移与产业化链条，推动健全市场导向、社会资本参与、多要素深度融合的成果应用转化机制。强化科技与经济、创新项目与现实生产力、创新成果与产业对接，推动重大科学创新、关键技术突破转变为先进生产力，增强高校创新资源对经济社会发展的驱动力。

第二节 世界一流大学建设推进方略

《统筹推进世界一流大学和一流学科建设总体方案》提出从"行列"到"前列"、由少到多地递进，以及学科、大学和高等教育整体实力间并进的三阶段建设目标，形成"到本世纪中叶，一流大学和一流学科的数量和实力进入世界前列，基本建成高等教育强国"的局面。世界一流大学是面向高端、前沿的，是支撑国家现代化强国建设的，这一认识必须毫不动摇。因此，既需要融入国际社会，与发达国家一流大学实现融合相通、前沿交融、相存共荣，更需要扎根中国大地，带动整个高等教育引领科技、服务社会、实现梦想。

一、世界一流大学的战略使命

世界一流大学有着国际国内双重使命和教育内外双重责任，具体体现在以下三点：

（一）瞄准世界科技前沿赢得国际竞争

当今世界，新一轮科技革命和产业变革蓄势待发，国际竞争更加激烈，中美贸易战就是鲜明的例证。各国正在重新调整发展战略，以科技进步和创新驱动为主要动力推动社会发展。例如，美国《2016—2045 年新兴科技趋势报告》以近 700 项科技趋势的综合比对为基础，确定了 20 项最值得关注的科技发展趋势。① 包括物联网、机器人与自动化系统、智能手机与云端计算、智能城市、量子计算、虚拟现实和增强现实、大数据分析、人体机能增强、网络攻击防御、先进数码设备、智能化材料、太空科技、生物合成科技、增材制造、基因医学、能源科技、新型武器、食物与淡水、气候变化调节等。

我国目前正在实施创新驱动发展、中国制造 2025、网络强国等重大战略，突破并掌握关键核心技术是在激烈的国际竞争中立于不败之地的关键。2016 年 11 月，国务院印发的《"十三五"国家战略性新兴产业发展规划》② 提出要以全球视野前瞻布局前沿技术研发，不断催生新产业，重点在空天海洋、信息网络、生命科学、核技术等核心领域取得突破，高度关注颠覆性技术和商业模式创新，在若干战略必争领域形成独特优势……预计到 2020 年，战略性新兴产业增加值占国内生产总值比重将达到 15%，形成新一代信息技术、高端制造、生物、绿色低碳、数字创意 5 个产值规模 10 万亿元级的新支柱，并在更广领域形成大批跨界融合的新增长点，平均每年带动新增就业 100 万人以上，产业规模持续壮大，成为经济社会发展的新动力，实现向创新经济的跨越。

党的十九大报告指出，"创新是引领发展的第一动力，是建设现代化经济体系的战略支撑"③，对增强国家创新发展能力，在国际上提升核心竞争力，推进"双一流"建设，意义十分重大。首批"双一流"建设高校共有 137 所，其中包括世界一流大学建设高校 42 所，世界一流学科建设高校 95 所，其中大多数高校经过"211 工程""985 工程"以及"优势学科创新平台"和"特色重点学科项目"等重点建设；25 所非"985 工程""211 工程"高校入选一流学科建设高校，学科特色也非常鲜明，是"双一流"建设中的"新鲜血液"。无疑，"双一流"

---

① 美国 2016—2045 年新兴科技趋势报告，中国电子网，2017 年 1 月 17 日，http：//www.21ic.com/iot/smart/data/201701/699932.htm。

② 《国务院关于印发"十三五"国家战略性新兴产业发展规划的通知》，中华人民共和国教育部网站，2016 年 11 月 29 日，http：//www.moe.gov.cn/jybsy/sy_gwywj/201612/t20161220_292496.html。

③ 《习近平在中国共产党第十九次全国代表大会上的报告》，中国共产党新闻网，2017 年 10 月 28 日，http：//cpc.people.com.cn/n1/2017/1028/c64094-29613660.html。

建设高校代表了中国高校的最高学术水平，要积极参与国际竞争，不断提高自身实力，在科技创新中发挥主力军作用。特别要围绕国家重大战略需求和科研重点创新方向，充分发挥优势和特色，积极参与国家创新体系建设，加强重点科研基地、创新团队和创新科技平台建设，显著提升学校的科研实力。

（二）回应"扎根中国大地办大学"时代命题

"扎根中国大地办大学"是时代命题。世界一流大学建设必须以服务国家战略、支撑民族复兴为导向，不负使命。要立足国情面向世界、扎根中国、融通中外，充分发挥我国制度优势，用中国智慧走出一条"世界一流、中国特色"的大学发展之路。

世界一流大学是高等教育社会服务和多样化的产物。世界高水平大学都怀有强烈的社会责任感，引领社会、反哺社会，致力于推动社会的进步。人才培养是大学与生俱来的职能，科学研究是现代大学的标志，而社会服务则是近现代高等学校走出"象牙塔"重要而鲜明的特征。过去，大学就是大学，是"象牙塔"式的自治型学术组织，与社会没有太直接的联系，也无所谓一流不一流。有了"服务社会"的第三职能之后，大学才走出了"象牙塔"，即意味着走向社会，开始面向社会自主办学。

大学服务社会，就需要解决社会的问题。大学不断解决新问题，也不断得到社会的支持，在解决社会问题的过程中不断发展，教师的学术水平和学校影响力不断提升，大学与社会的互动发展机制得以形成。因此，由工业社会发展到知识经济社会，高等教育从精英阶段进入大众化和普及化阶段，各国逐步建立了与经济社会适应的高等教育体系。高等教育越与社会相匹配，发挥的引领作用越强，国家发展就越有强劲的动力。

从世界上看，一流大学也存在着不同的驱动模式，学科驱动、创新驱动、创业驱动、整体驱动等都有成功的例证。如英国在古典传统大学路径上成长起来的牛津大学（University of Oxford）、剑桥大学（University of Cambridge），产生于产业革命后的城市大学如曼彻斯特大学（The University of Manchester），少量产生于20世纪60年代的新大学如华威大学（The University of Warwick），它们都是位居有影响力大学排行榜百名之内的大学。美国著名的研究型大学如哈佛大学（University of Harvard）、哥伦比亚大学（University of Columbia）、斯坦福大学（University of Stanford）、麻省理工学院、加州伯克利大学（University of California Berkeley），有私立也有公立，教学模式和办学方向也相差很大。模式林林总总，发展路径、重点也各不相同，既恪守基本的职能，又有自己的侧重，由此形成不同大学的不同使命，但都可以归为世界一流大学行列。这也为我们扎根中国大地办一流大学、坚持世界一流中国特色提供了基本依据。

新一轮科技革命和产业变革，为我国提供了提速超车、弯道超车、变轨超车的历史机遇。① 高水平大学要力争在重大战略问题和关键技术方面有所突破，着力培育担当民族复兴大任的时代新人，为国家科技和经济腾飞领航。这也是新时代我国高等教育乃至整个教育的历史使命和责任担当。

（三）引领高等教育内涵式发展

改革开放以来，特别是进入 21 世纪以来，我国高等教育取得了举世瞩目的成就，为国家发展提供了强大的人力资源保障和智力支持，正在迅速迈进普及化阶段。但是，新时代高等教育"大而不强"的问题仍十分明显，服务社会发展能力还需增强，"同质化"倾向还比较严重，不平衡不充分问题依然突出。解决这些问题，要求高等教育必须实现内涵式发展，世界一流大学建设要发挥重要引领作用，主要体现在以下几方面。

构建一流大学和一流学科体系。《统筹推进世界一流大学和一流学科建设实施办法（暂行）》② 指出：要加强总体规划，坚持扶优、扶需、扶特、扶新，按照"一流大学"和"一流学科"两类布局建设高校，引导和支持具备较强实力的高校合理定位、办出特色、差别化发展，努力形成支撑国家长远发展的一流大学和一流学科体系。

大学应站好位置，以为国家服务、为民族振兴为导向，确立自己的战略基点，发扬特色，以特色求生存、促发展，着力在有优势的创新链上游开展工作，包括基础研究、应用研究、技术开发等。要在新兴交叉前沿领域，加大发展力度、培育领军人才、搭建重大科研平台，打造新特色和新优势。③

引领优化区域内高等教育体系。不同类型和办学层次的高校承担着不同的高等教育任务，在高等教育体系中有着不同的分工，但都可以办出特色、办出水平，发挥出应有的功能和作用，都可以找到自己的优势，都可以成为有影响的学校。"双一流"建设的实施，应能在促进地方高等教育分类发展、优化区域高等教育体系方面，发挥重要引领作用。目前，在开展国家层面"双一流"建设的同时，各地纷纷面向地方经济社会发展和产业转型升级的需要，结合当地高等教育

---

① 马陆亭：《高等教育要为民族复兴伟业提供有力支撑》，载于《中国高等教育》2018 年第 18 期。
② 教育部　财政部　发改委：《关于印发〈统筹推进世界一流大学和一流学科建设实施办法（暂行）〉的通知》，中华人民共和国中央人民政府网，2017 年 1 月 27 日，http：//www.gov.cn/xinwen/2017-01/27/content_5163903.htm#1。
③ 付梦印：《把握"双一流"发展机遇建设特色高水平大学》，载于《中国教育报》2017 年 1 月 26 日。

现有基础，对高等教育总体发展进行规划设计，积极推进省域范围的一流大学和一流学科建设，"双一流"建设要扩大这种带动效应。

推动高等教育布局结构调整。进入新时代，在社会主要矛盾已发生转化的历史背景下，要继续加大和支持中西部地区高等教育的发展步伐，进一步促进省际高等教育布局优化，使教育更加契合当地的社会发展需求。与以往的"985 工程""211 工程"相比，"双一流"建设无疑将为进一步促进省际高等教育布局优化发挥重要引领作用，奠定未来几十年中国高等教育的基本格局；将更加重视对中西部地区和人口大省高等教育重点建设的扶持，使高等教育机构、层次、科类、形式、学校类型等在地区分布上的构成合理化。在教育部公布的"双一流"建设名单里，郑州大学、云南大学、新疆大学 3 所非"985 工程"高校成了这一次新晋"黑马"就是例证，必将促进欠发达地区高等教育的发展，提高中西部高校的教学、科研和社会服务水平。

推进大学模式与制度变革。纵观世界高等教育强国的更替，都有着模式变革和制度创新的基础。例如，美国取代德国成为世界高等教育中心就发生了由现代学术取代古典学术、从卧式大学到立式大学、由本科教育到本科教育加研究生教育（即本科学院 college + 专业学院 school 模式）、重新定义大学与政府社会关系、重新定义知识生产模式等一系列的转变。"双一流"建设要契合新兴产业与新经济的当下需求，在扎根中国大地办大学、融合世界一流中国特色等方面加强模式和制度变革，建设高等教育强国，助推民族复兴伟业。

二、世界一流大学的建设路径

世界一流大学有不同模式和路径，这为中国一流大学的建设提供了实践和理论依据，即一流大学必须要有自己的特色①，同时也有共同的规律。因此，我们需要依据办学规律、文化传统、基本国情、社会需求来思考大学发展，扎根中国大地，在规律中坚守特色。中国大学不是要建成美国的哈佛大学和英国的牛津大学，而是要成就中国自己的好大学，"双一流"的目标是扎根中国大地办出世界水平的一流大学。

（一）坚持服务社会，融入区域产业发展

社会服务是大学的基本职能之一，也是建设一流大学的必经之路。所谓的社会服务，指的就是大学为社会问题提供创造性解决方案。普通大学的社会服务是

---

① 马陆亭：《扎根中国建设"双一流"的责任和路径》，载于《中国高教研究》2018 年第 1 期。

利用和改进现有的技术,去解决社会问题;一流大学是要创造解决社会问题的新方法,也就是说,一流大学的社会服务,要找到从根本上解决问题的新方法,要为国家发展、社会进步、民族复兴、人民幸福做出贡献。① 走出"象牙塔",担负起推动社会发展的责任,是世界一流大学发展的必然趋势。有一些大学更是主动融入区域产业发展,形成了大学与区域产业发展的良性循环,从而走上了卓越发展之路。

曼彻斯特大学因产业而产生,从建校开始就一直致力于为产业提供高质量的毕业生和一流的研究成果。曼彻斯特是棉纺织工业的发祥地,也是世界上第一座工业化城市。曼彻斯特大学将学科建设融入地方产业发展需求中,围绕纺织、材料、化学等学科领域培养人才和科学研究。曼彻斯特大学是世界化学工程学科的发源地,发展至今,其化学工程学院和材料工程学院在英国大学中首屈一指,在欧洲乃至全球化学和材料科学的研究方面占有重要的位置,历史上出过许多著名的科学家和多位诺贝尔奖获得者,如因为发现石墨烯材料而获得2010年诺贝尔奖的科学家安德烈·海姆和康斯坦丁·诺沃肖洛夫就出自该校。

参与和缔造创新型城市的大学,如斯坦福大学和麻省理工学院,其崛起都源自对所在地区经济建设的参与和贡献。受到20世纪30年代美国经济危机的影响,麻省理工学院所在的新英格兰地区经济面临着倒退,时任校长康普顿提出,"新英格兰地区经济发展应该依靠技术创新,而大学应该成为推动新英格兰经济复苏的重要力量,麻省理工学院应该在其中扮演重要角色"。② 麻省理工学院参与经济建设的主要方式就是创建基于大学科学技术研究的新公司。正是由于新科技公司的创建,以及被大学专利许可所吸引的大型技术公司的入驻,促进了波士顿128号公路高新技术区的形成。斯坦福大学在20世纪50年代虽然已经具备了一定的研究实力,但还未进入一流大学行列。在借鉴麻省理工学院做法的基础上,斯坦福大学率先成立了斯坦福研究园,为大学研究成果向公司转移"搭桥铺路"。同时,还将大学的实验室(斯坦福研究所)搬出了大学校园,进一步密切大学与工业界的联系和合作。硅谷高科技产业基地的形成,依赖于斯坦福大学源源不断的技术创新,同时,硅谷高科技产业的发展,为斯坦福大学的研究提供持续动力,让斯坦福大学始终站在高科技的前沿和顶端。可以说,没有斯坦福大学就没有硅谷,没有硅谷就没有一流的斯坦福大学。

---

① 李祖超、马陆亭:《世界一流大学有何建设路径可循》,载于《光明日报》2016年1月9日。
② [美]亨利·埃兹科维茨:《麻省理工学院与创业科学的兴起》,王孙禺、袁本涛等译,清华大学出版社2007年版。

（二）开展战略导向的基础研究，加强重大科技项目攻关

基础研究是原创性发明创造的源泉，世界一流大学都是在基础研究领域做出重大突破的。我国进入强国建设新时代，一流大学建设要力争从过去的科技创新跟跑转变为并跑、领跑。领跑就是要产生重大的原始创新，要有引领性原创成果的重大突破。我国高水平大学要加强基础研究，没有一流的基础研究，就无法产生原创性、颠覆性的技术革新，也就无法做到"引领"，也就不能服务强国建设。

一流大学的基础研究要以战略为导向。基础研究是探索未知领域的研究，应用研究则是解决具体问题的研究。麻省理工学院、斯坦福大学等一流大学都很好地处理了应用研究和基础研究的关系，使其能够有效衔接、相互促进。战略导向研究就是要明确研究主要解决什么问题。探索未知领域的研究，需要好奇心，但是并不意味着学校不需要对研究方向进行战略规划，两者是不同层次的问题。受好奇心驱使的研究主要指研究者开展研究的学术自由，在开展研究的过程中拥有完全的自主权。学校层面的研究规划是指要明确学校研究的方向和学校科研发展的整体布局。我国高水平大学要确定研究发展的重点领域，开展以解决国家、区域、产业重大问题为导向的研究。

以重大课题攻关为契机，引领创新平台建设，是一流大学建设的路径之一。世界一流大学大多是围绕国家重大战略需求、重大科技项目，为解决重大难题和关键性技术建立联合实验室或研发中心。[1] 几乎所有的美国一流研究型大学都参与了国家重大科技计划。如加州大学伯克利分校、哥伦比亚大学、芝加哥大学、哈佛大学等 72 所大学参加了始于 1941 年的"曼哈顿计划"，加州理工大学、麻省理工学院等 120 所大学参与了始于 1961 年的阿波罗登月计划，加州大学伯克利分校、麻省理工学院、哥伦比亚大学等参与了始于 1990 年的人类基因组计划。[2] 通过参与国家重大科技攻关项目，一方面，大学能够将基础研究的成果直接应用，在应用中又促进了大学原有的基础研究的发展；另一方面，通过建立国家支持的实验室或研究中心，大学得到了国家大量的科研经费，集聚和培养了一大批顶尖科学家，这些都是一流大学形成的必备条件。

（三）以新科技改造传统学科，加强学科群建设

一流大学总是走在科学研究的前列，站在技术发展的前沿，引领技术发展。

---

[1] 李祖超、马陆亭：《世界一流大学有何建设路径可循》，载于《光明日报》2016 年 1 月 9 日。
[2] 康涛、陈威、张勇：《"双一流"建设要融入社会主义现代化强国的总体布局》，载于《北京教育》2018 年第 2 期。

一流大学建设需要紧跟时代发展，开展前瞻性研究。目前，第四次工业革命已经来临，人工智能、清洁能源、机器人技术、量子信息技术、虚拟现实以及生物技术等新技术革命为大学发展提供了新机遇，我国高水平大学和世界一流大学站在新技术竞争的同一起跑线上。我国大学要乘势而上，抓住新技术和新产业发展机遇，调整优化传统学科布局，用新技术改革传统学科中不适应时代发展的内容，使传统学科更好地适应经济社会发展需求。

在教育部的推动下，我国一批高水平大学正在酝酿开展新工科建设的探索，主要有三个路径：一是高水平综合大学的引领作用，需要积极主动思考科学、人文教育向工程教育的渗透，推动理科向工科的延伸探索，重点是学科专业的交叉融合；二是高水平工科优势大学的集成创新，需要加强学科与产业的融合，以创新链、产业链、价值链统领协同育人工作，重点是学科专业的积聚裂变；三是广大地方高校的多点出击，需要提高服务地方的技术含量，把办学特色与社会需求、技术推广结合起来，重点是学科专业与区域产业的互动对接。[1]

办大学就是办学科群，大学的发展是一个学科生态的问题，既要保持住传统优势学科和特色学科的地位，又不能阻碍基于创新或应用的新兴学科的涌现，学科的群落是互补、支撑和动态的。学科群建设主要有两大路径：第一个是通过学科群建设实现学科互融交叉。这是一条相对传统的路径，主要的做法一是围绕主干、优势、特色学科搭建学科群；二是把学校现有的学科合理归类搭建出若干不同的学科群，这样学校发展的特色、方向也就有了。第二个路径是通过跨学科研究培育新的学科群，如国外著名大学普遍建立各种类型的跨学科研究中心（所）。[2]

（四）加强师资队伍建设，变革研究生培养制度

拥有一支结构合理、水平顶尖、有国际影响力的师资队伍，聚集一批世界公认的学术权威和大师，是一所大学迈向世界一流的关键。[3] 一些学校以一流师资建设为抓手培养一流人才，并迈入一流大学行列。加州大学圣塔芭芭拉分校是20多年来美国实力提升最快的大学之一，其成功经验主要有两个：一是集中资源；二是聘请最优秀的教授。[4] 集中资源就是办最有可能跃居美国前列的学科和专业，然后聘请最优秀的教授，形成研究群体，学校再集中资源重点打造。

世界一流大学将研究生培养作为创新人才培养的重中之重。约翰·霍普金斯

---

[1] 马陆亭：《大学应重视学科群建设》，载于《中国高等教育》2007年第10期。
[2] 马陆亭：《"双一流"建设不能缺失本科教育》，载于《中国大学教学》2016年第5期。
[3] 李祖超、马陆亭：《世界一流大学有何建设路径可循》，载于《光明日报》2016年1月9日。
[4] 杨祖佑：《全球竞争与合作下的大学创新》，引自《中外大学校长论文集（第三辑）》，北京高等教育出版社2006年版。

大学通过举办卓越的研究生教育，发展成为世界一流大学。约翰·霍普金斯大学创办之初，受到了德国洪堡思想的影响，学习柏林大学教育与科研相结合的办学模式。同时约翰·霍普金斯大学又超越了柏林大学的办学模式，不仅致力于高水平的科学研究，还将科研团队扩大到学生，教育学生掌握科学研究方法，让他们直接从事科学研究，成为研究团队的重要组成力量。

在1876年约翰·霍普金斯大学创立之前，美国一些大学已经招收研究生，但是规模很小，而且只招收本校学生。约翰·霍普金斯大学率先在美国设立研究生院，开展大规模专业化的研究生教育，并率先在全国范围内招收研究生，设立研究生助学金，吸引全国最优秀的学生。大规模招收研究生尤其是博士使得约翰·霍普金斯大学吸引了最优秀的学生和教师，培养了一大批杰出的研究者，产生了一大批卓越的学术成果，成为当之无愧的一流大学。约翰·霍普金斯大学的办学理念对美国其他大学产生了重大影响，哈佛大学、耶鲁大学等老牌大学纷纷成立研究生院，改革研究生培养制度，同时，一批以科学研究和研究生教育为重点的新型大学逐渐创办起来，如克拉克大学、芝加哥大学、加州大学旧金山分校等，这些大学也通过卓越的研究生教育和高水平的科学研究迈入一流大学行列。

（五）强化国际交流与合作，牵引"双一流"建设

全球化时代，几乎所有大学都开展了广泛的国际合作，一流大学更是走在国际化的前列，是国际合作的领导者。纽约大学将国际合作发挥到了极致，建立起了全球教育体系，利用全球性教育和学术网络来创造竞争优势，成为一所全球性研究型大学。

纽约大学崛起于20世纪80年代学校开始构建全球教育体系之际。"为了更好地应对全球的挑战，确立了三大发展战略来提高学校的综合竞争力。在三大战略中，'建设美国第一所真正意义上的全球性大学'是纽约大学的最终战略。'加强并巩固其优势学科的地位'和'推动学科建设和学校基础设施建设齐头并进'这两个战略都是为其最终战略服务的"[①]。纽约大学先后分别在华盛顿特区以及柏林、巴黎、伦敦、悉尼等世界中心城市建立了11个海外教学中心，还与阿拉伯联合酋长国和上海市政府合作，建立阿布扎比分校和上海纽约大学两所海外分校。纽约大学的全球网络为纽约大学教师提供了前所未有的国际和多学科研究、教学和学术合作的机会。[②] 教师通过海外教学中心和分校，与全世界的杰出

---

① 李谦：《全球性大学：高等教育发展的新趋势——以纽约大学为例》，载于《世界教育信息》2013年第8期。
② 《纽约大学：教师研究》，纽约大学官方网站，2018年4月28日，http：//www.nyu.edu/faculty/faculty‑in‑the‑global‑network.html。

教师开展合作,教师可以到不同校区任教。学生也可以拥有全世界的教育资源,共享大学各个教学中心和分校所有的课程、师资、图书等资源——学生可以借阅各个校区的图书资料,可以在不同校区之间选课,还可以参加特定项目,到不同校区学习和交流。

三、世界一流大学建设推进战略

"双一流"建设的成功,必须在开放和竞争中成就、在服务国家发展中成就。一流大学、学科也不是自封的,而是学术界、产业界及全社会公认的结果,最终由实力决定。"双一流"建设学校对外要有世界眼光,向全球最好的大学学习,研究其成功的秘诀,借鉴其办学模式;对内要有竞争的压力,要向上竞争,视竞争为动力,通过竞争促进发展;对国家要有担当,着力破解影响社会发展的政治、经济、文化和生态的重大理论问题和现实问题,将大学与国家民族的前途紧紧相连,以贡献求发展。要怀着理想主义的心,做着脚踏实地的事。

第一,在服务国家战略中成就自己。综观世界一流大学,主要的发展路径有两个聚焦点:坚守大学之本和服务国家重大战略需求,在服务国家重大战略需求中成长。推动社会发展是高等学校生命力的重要源泉,放弃社会责任的高校最终没有立足之地,大学要把社会服务内化为自身的使命和行动。中美贸易战使我们看到大学的社会价值需要进一步发挥,服务国家富强发展是大学办学的历史责任和重要使命。面对新时代的要求,"双一流"建设高校必须把自身建设方案放在实现"两个一百年"奋斗目标和中华民族伟大复兴中国梦的宏伟目标体系中统筹谋划,坚持走"为人民服务,为中国共产党治国理政服务,为巩固和发展中国特色社会主义制度服务,为改革开放和社会主义现代建设服务"① 的中国特色高等教育发展道路,在实现中国梦中成就世界一流大学。

第二,坚持立德树人根本任务。人才培养是大学的核心职能,一流大学建设的首要目标在于培养一流人才。一流大学建设高校应在习近平新时代中国特色社会主义思想指引下,牢固树立人才培养、立德树人核心理念,把促进人的全面发展和适应社会需要作为衡量人才培养水平的根本标准,加快推进人才培养模式改革,努力为国家经济社会发展培养一流创新人才,切实担负起培养担当民族复兴大任时代新人的历史重任。要遵循教育教学规律和人才成长规律,建设一流本科教育,重塑精英教育育人模式,着力提高人才培养质量,特别在培养拔尖创新人

---

① 习近平:《把思想政治工作贯穿教育教学全过程》,新华网,2016年12月8日,http://www.xinhuanet.com//politics/2016-12/08/c_1120082577.htm。

才方面建功立业。

第三，不断扩大开放交流。习近平总书记明确指出：中国坚持对外开放的基本国策，坚持打开国门搞建设。① 纵观世界一流大学，它们的师资和生源来自世界各地，实行全方位、开放式的办学模式，极大地激发了不同思维方式的碰撞，推动了创新。大学是开放型、创新型、学习型组织，在全球化的背景下，科学、知识、技术、人才的跨国界流动为后发国家高校实现跨越式发展提供了有利机会。对我国大学来说，国际化是迈向世界一流大学的必由之路，对外交流合作的大门需要越来越大，要将"请进来""走出去"相结合，要以国际视野融入世界科技最前沿。

第四，加强大学和学科生态建设。美国加州大学伯克利分校前校长田长霖认为："世界上地位上升很快的学校，都是在一、两个领域首先取得突破。"② 重点建设大学要分步骤，优先扶植最有实力和最有发展前景的学科，使其努力做到最好，从而带动其他学科的发展。一流大学和学科建设应该是一个群落的概念，要有良好的生态环境，不同大学相互合作、互补、鞭策、竞争，这样才能取得更大效果。

第五，重视组织模式变革。要努力推进我国大学治理体系和治理能力现代化，实现"中国特色"和"现代大学制度"的有机统一，为"双一流"建设提供制度保障。要遵循高等教育规律，切实落实大学办学自主权，充分调动大学办学的积极性、主动性、创造性，鼓励模式和制度创新。要构筑大学、政府、社会新型关系，注重增强体制和体系活力，推动大学与地方、产业的互动，实现共生共荣。

第六，择时将一流大学建设经费纳入基本支出。我国高等教育的经费预算方式为"基本支出预算＋项目支出预算"③。政府往往将项目支持作为工作抓手，这本身也具有一定的合理性。但是，项目总是有始有终的，其成熟后需要有新的项目来代替，不利于高水平大学的持续稳定发展；项目容易管"死"，也不利于大学自主办学。"双一流"建设的影响将持续到21世纪中叶，因此可考虑把其纳入基本支出。具体可通过对基本支出加系数的方法实现，即乘以一个一流大学建设目标系数来得出（如北京大学、清华大学乘3、中国人民大学乘2等），当然具体的系数还需要测算。基于系数的基本支出办法，将会给大学发展留有更大的自主空间，也利于政府腾出精力去抓新的工作重点即新的项目。

---

① 习近平：《中国将坚持全面深化改革坚持打开国门搞建设》，央视网，2018年7月10日，http://tv.cntv.cn/video/VSET100211798795/ea79b6a9f2a64e3cbae20cae7377bb68。
② 马陆亭：《科学技术促进中的高等学校架构》，广东高等教育出版社2006年版。
③ 马陆亭：《高等教育财政拨款模式改革研究》，载于《北京教育（高教）》2006年第5期。

第三节 世界一流学科建设推进方略

进入新时代,我国社会的主要矛盾已经发生转变,国家发展、人民向往、文化环境等新的社会需求不断呈现。在知识生产模式Ⅱ与模式Ⅰ并存的背景下,未来的"双一流"建设高校必须积极主动作为,在满足国家重大战略需求和区域发展、产业更新升级的过程中,提升高水平科学研究能力,为经济社会发展和国家战略实施做出重要贡献。谁走好了这步先手棋,谁就能占领先机、赢得优势。我们需要坚持以学科为基础,打造更多学科高峰,但只注重形式忽略实质的做法不可取,绝不能只着眼于是否进入ESI学科,不能眼里只有排行榜。

一、世界一流学科的建设意义

(一)世界一流学科涌现高质量科研成果和一流学者

世界一流学科注重评价高质量的科研成果。卓越的学术水平和研究成果始终是一流学科的共同点和核心指标。加大科研经费投入比例、引进高水平教师及研究人员的主要目的是产出高质量高层次的研究成果,尤其是高质量论文发表率。高校应通过动态激励机制督促教师积极从事科研,在多发论文、发好论文的同时,通过加大科研奖励力度鼓励教师科研人员多在国际顶级期刊(如 *Science*、*Nature*、*Cell* 等)及 SCI/SSCI 检索期刊上发表高水平学术论文,在扩大论文数量的同时提高论文质量,增加论文引用次数,提升论文引用率;不断扩大本学科在国际上的知名度和影响力,提升学科的国际学术地位。

随着本学科某一学者高质量、高引用率论文在国内外顶级期刊上的连续发表,该学者的 H 指数(所发论文中至多有 H 篇分别被引用了至少 H 次)会逐步增加,国际学界的知名度、影响力自然会持续提升,其成果获得国内外大奖(如诺贝尔奖、菲尔兹奖、图灵奖及国家科技成果奖等)的机会自然增多。当本学科汇聚了一大批承担国家重大项目、荣获国内外大奖的教师及 H 指数和论文被引率高的科学家(学者、研究员)时,此学科的科研学术水平自然会得到国内外学术同行的肯定和公认。

(二)世界一流学科提高教学水平和人才培养质量

人才培养是高校的基本职能,也是学科建设的基本任务。学科人才培养质量主要体现在培养过程质量、在校学生学习表现和毕业生质量方面。要保证学科教学质量，充裕的教学经费投入是前提，教学水平高、数量多（师生比）的优质师资队伍和一流的教学环境建设是基础。教学质量保障体系的建立和落实是关键。授予博士学位数量、社会评价（声誉）及毕业学生的就业率、职业资格通过率和相应的薪资待遇是其基本评判依据。高质量的人才培养质量必然会得到用人单位的良好评价并会产生更多杰出校友，从而影响优秀高中毕业生选报本校本专业（学科）的积极性，本专业（学科）的报考率、录取分数线必然会更高、竞争力更强。

（三）世界一流学科助力国际交流与合作

一门学科走向国际舞台，与国际学界同行加强联系并在国际学术平台上交流互动展示研究成果，是这门学科成为世界一流的显著特征。具体来说，学科国际化渗透在学科教学科研的各个环节：教师国际化（引进或聘用更多国际知名学者、教师有留学经历）；学生国际化（扩大国外留学生招生比例）；教材国际化（使用国外原版教材）；教学过程国际化（外文授课、国际互动、办国际班、境外办学、参加国际比赛、学生出国学习或中外合作办学等）；科研国际化（与国外学者合作进行科研，多在顶级国际期刊上发表研究成果、获得国外学术奖励资助、举办或出国参加国际学术会议、担任国际学术组织领导或成员等）等。只有不断扩大学科教学科研与国际同行的交流范围和规模，才能不断提升学科国际知名度，扩大学科国际影响力，进而获得国际同行的认可和肯定。

（四）世界一流学科服务国家重大战略和经济社会发展需求

一流学科只有承担国家重大科研课题，解决国家社会发展中遇到的重要、急迫问题，才能发挥学科作用，体现学科存在价值。通过产学研结合，在学科研究中以实际问题为导向，通过承担国家重大科研任务，解决社会发展中遇到的重要、紧迫问题，才可能产出重大科研成果、培养杰出人才。将科研成果转化为国家社会服务，既有助于提升学科声誉和社会认可度，又可以争取到国家更多财政支持。同时，通过对重大实际问题的研究，提炼科学问题，提升学科研究水平，两者相互促进，共同推动学科快速发展。

另外，学科建设中科研与教学是紧密联系并相互影响、相互促进的，教学是基础，科研是关键，两者相辅相成，缺一不可。国际一流学科其科研教学水平也一定是一流的。当一门学科在科学研究、人才培养、社会服务、杰出校友、国际化程度、学生选择等方面获得国内外同行专家和用人单位的高度肯定和良好声誉时，国际学科排名自然位居前列，这门学科成为世界一流也就水到渠成了。

二、世界一流学科建设推进方向

学科既是知识分类体系,也是制度安排。院系是学科制度性安排的基本载体,因此学科发展是院系拼搏奋进的应有之义,学科是院系学术共同体各位教师的"饭碗"。

第一,以特色求发展,不断创新。"双一流"建设学科处于科技或产业的相对前沿,既可比又不可比。可比是因为把相同相似的知识分类在一起,同一学科的学者构成同行;不可比是因为理论、应用、方向可能会各有差异,越是前沿学科的知识越不便归类。所以,一流学科不宜硬做量化比较、排名,硬做比较将限制发展、难以创新、难成一流。"双一流"建设学科要在鼓励追求创新的同时,注重发挥院系的积极性、创造性,或实施战略导向的基础研究,或以新科技改造传统学科,或发展前端应用研究。正是因为学科关乎自己的"饭碗",相信院系定会精心对待。

第二,以融合为方向,群落互补。知识分类或制度安排,都是依据客观认识的人为划定,这里面就有了人的局限性和有限性,也就很有可能出现"画地为牢"现象。但是,现实世界、科技突破、产业发展往往不是这样,创新一定要超出人们已有的认知,这也是国外大学学科口径多数比我们宽,又非常重视交叉学科、跨学科组织建设的原因。一流学科建设一定要加强合作、互补、融合、耦合、协同,发挥主干学科的集聚效应,促进学科"成群结队"发展。既保持已有特色学科的优势,又不阻碍创新,注重激发新兴学科涌现。

第三,以育人为核心,培育大师。院系是学科的基本组织单位,没有大师的院系是很难被同行服气地认定为一流学科的,因此拔尖创新人才成为关键。这需要在实战中锻炼学术领军人物,使他们敢于冲高,挑战科技或产业尖端问题,勇于引领学科发展。其中的关键还是制度和机制,"四唯""五唯"式的评价指标必须废除,以人情关系代替原则的晋升奖励方式也必须破除。要着力推动一流学科建设中的制度创新,建立起广大学术人员醉心于学术的氛围,激励大家为理想、信念执着追求,切忌为指标而工作。

第四,以硬件为基础,自主研发。一流学科必须建立起自己的高水平实验室,特别是在自然科学领域。现代科技早已发展到大科学时代,对团队、合作、仪器、装备的依赖性很强。但是,大设备、大装置也不能单纯依靠经费去买,买设备是基础,但仅靠买设备是成就不了一流的。大的创新需要的是"独门绝技",最前沿的设备还是要靠研究者自己根据需要而改进或规模性地开展协同合作。一流的实验室必须有自己的专门化设备,对团队的能力匹配、协同攻关、优势互补要求会越来越高。

第五,加强学科交叉融合,创建新兴学科。进入 21 世纪以来,我国学科交叉研究的趋势不断增强，跨学科和学科交叉成为解决现实复杂问题的黄金法则。部分研究型大学相关的学术组织已开始涌现，如以传统院系结构和学科组织为基础，学科交叉实验室与独立的研究所并存，采用矩阵式学术组织模型。但也表现出活力不够的一面，如以外生性的行政管理推动而设立，缺少自组织模式的学科汇聚与内生性的知识整合创新。这与我国现有的"强分类"学科体系是分不开的，我国的学科除知识分类外，更多的是国家政府统一管理的基本行政单位。

学科发展是二级学院的头等大事，而学科交叉发展更需要学校的整体规划。未来改革的重点应该放在学科群建设上，兼顾传统优势学科、特色学科的地位和学科交叉、新兴学科的涌现，以此弱化传统的学科边界和院系结构，增强大学学术组织资源结构的开放性，以释放出多学科整合的巨大潜力。主要做法包括：一是围绕主干、优势、特色学科搭建学科群；二是以学校现有的学科合理归类搭建出若干不同的学科群；三是建立学科交叉实验室、研究中心等，不一定非要以行政组织的形式出现，也可以是以团队为基础的自组织模式。① 在未来的工作中，需要给高水平大学充分的自主设置新学科和新专业的权力，把推动学科交叉发展作为"双一流"建设的重要内容予以优先支持。还可以通过匹配渐进增量的变革模式探索学科交叉学术组织的资源分配方法，该方法以学科交叉研究的内在知识价值和解决关键技术难题的紧迫性来驱动。

三、世界一流学科建设推进战略

世界一流学科建设，首先要做好战略规划，制定好建设路径，创新学科建设机制，精准发力，实现完美一流。世界一流学科统筹推进路线见图7-1。

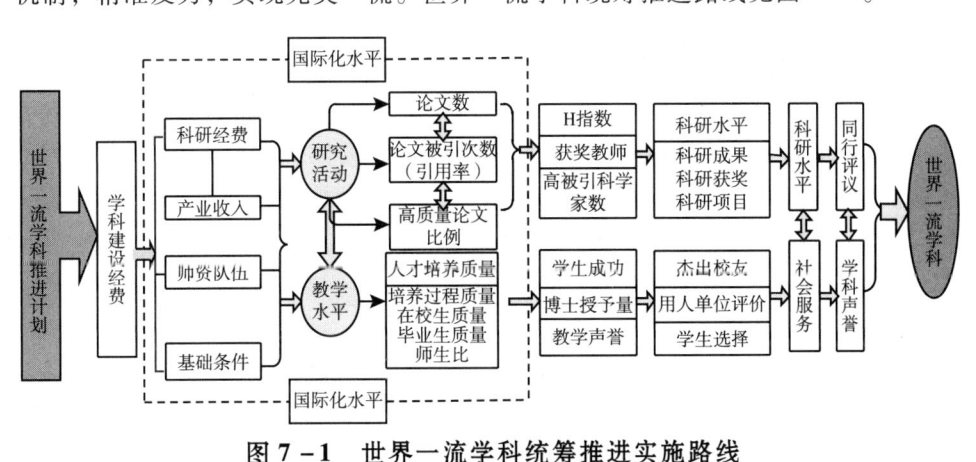

图7-1 世界一流学科统筹推进实施路线

---

① 马陆亭：《大学应重视学科群建设》，载于《中国高等教育》2017年第10期。

（一）充裕的经费是统筹推进世界一流学科建设的前提

充足的学科建设经费对于一流学科建设至关重要。尤其在当前环境下，只有高投入才可能有高产出。近年来一些办学时间虽然不长但在国际大学排名（学科排名）中直线上升的大学无一不是靠投入巨资引进世界一流学科大师和优秀人才，建设世界一流实验室，购置国际最先进的实验设备及丰富的图书文献资料，聘请高水平科研、教学和管理人员，吸引国内外一流学生。我国"985""211"院校经过国家多年来的大投入，通过提高生均财政资助比例增大生均教育经费支出，20多年来这些大学在学科建设、科学研究和人才培养等方面取得了显著成绩，比其他高校远远高出一截。为此，准备冲击世界一流学科的大学应想尽一切办法获得建设经费。不断加大重点学科、优势学科或特色学科建设经费投入力度，有助于为引进一流人才、建设一流科研教学环境打好坚实基础。

加大科研经费投入力度，助力学科建设。世界一流学科评价指标主要围绕科研展开，为此，高校应在科研环境基本条件建设（如实验室、实验设备仪器、科研启动费等）方面加大投入，出台激励政策鼓励教师积极申报国家级科研课题（尤其是国家级重大科研课题），这既有助于提升学科科研实力又可以充实研究经费；同时，应鼓励科研人员结合学科优势，积极申报校外企事业单位设立的各类纵向课题，既可以服务社会经济发展，又增大了学科科研经费总量（产业收入），从而提高学科的总研究经费、师均研究经费和科研经费资助教师比例。

（二）培养一流学科师资队伍，巩固一流学科建设基础

高水平师资队伍是一流学科建设的基础和关键。为此，学科点一方面要通过各种途径（定期交流、出国学习等）积极培养原有教师使其尽快成名成才，另一方面要积极培养引进诺贝尔奖获得者、国内外院士、长江学者、国家杰青、青年千人计划以及本学科领域的国际知名学者。引进有国外留学背景、教学科研功底扎实的年轻博士后人才充实师资队伍，实现教师学位博士化（海外留学经历）；吸引更多一流教师，扩大教师数量，提高师生比；同时通过定期考核、非升即走等优胜劣汰制度始终保持学科教师的高质量、高水平。

培养和造就学术领军人物。大学是大师的摇篮，大师是大学的根基。"双一流"建设人才是关键，需要有一流人才队伍占据学科前沿，引领学科发展，为本国社会和经济发展做出卓越贡献，赢得广泛国际声誉。因此，要把学科带头人培养与一流学科建设有机融合起来，设定科学的学科带头人培育、遴选和考核标准，通过公开竞聘择优选拔学科带头人，强化和完善学科带头人培养机制。通过制度创新，营造出拔尖创新人才喷涌而出的学术环境。

(三) 建设一流实验室，夯实一流学科建设基本条件

优越的教学科研环境是一流学科建设的前提和基础。要夯实学科建设的基本条件，需建设一流的教室、图书馆、实验室、实践实习实训基地及所需的各类实验设备仪器和国内外丰富的图书文献资料数据库（纸质版、电子版）等，尤其要加强实验室建设。

现代科技与大设备和大装置密切相连，单有大师已无法支撑起现代一流学科的发展，还必须有与之相匹配的团队和先进的科学仪器设备。实验室是科技创新的重要基地，能够从事高水平应用研究和基础研究，聚集和培养高水平人才，开展学术交流，实现科研成果转化。高水平重点实验室能提升学科发展水平，促进学科交叉融合，建设高水平学术队伍，提高科学研究水平，促进高水平人才培养。一流实验室支撑一流学科建设，需要突出优势和特色，旨在引领学科发展，凝练研究方向，追求学术卓越。

(四) 大力发展学科群，加快一流学科建设步伐

大学的发展是一个学科生态的问题，既要保持住基于传统的优势学科和特色学科的地位，又不能阻碍基于创新或应用的新兴学科的涌现，学科的群落是互补、支撑和动态的。因此，合作比竞争重要，竞争是为了保持一定的张力，而合作则是为了前进和推陈出新。学科群与跨学科关联密切，学科群有助于跨学科，而跨学科孕育着新学科群。因此，跨学科有利于催生创新，而合理搭建学科群是有助于创新的制度选择。进一步推论，加强学科耦合作用是大学推动创新的有效路径，具体来说有通过学科群建设实现学科互融交叉和通过跨学科研究培育新的学科群两大基本路径。

首先是以学科群建设为主导的路径。主要的做法一是围绕主干、优势、特色学科搭建学科群；二是把学校现有的学科合理归类搭建出若干不同的学科群，凝练学校发展的特色、方向。搭建学科群的好处是简单易行，不足之处是对科技、社会的未来发展需求研究不够。总体来说对学校还是有利的，因为抓住了主要矛盾，学校发展的有序性会增强，学科间的支撑、关联作用也会增强。

其次是着力推动跨学科的发展。国外高水平大学一般都重视这一路径，一是它们对学科的认识比我们要宽泛些和柔性些；二是它们非常重视合作研究；三是问题导向，而当今的问题多数是综合性的，需要多学科联合攻关。由此，跨学科中心（所）模式就浮出了水面，得到普遍的关注和应用，当然它又是多形态的。例如，基于机构设立的层级，有超越院系的跨学科中心，也有在同一院系之下的跨学科中心，前者规模大力量强，后者精干和便于组织。跨学科中心犹如在大学

的常规发展中加入的催化剂和润滑液，既有利于创新和应用，也有助于教师的交流合作，还能克服缓解一些因组织固化而带来的难以解决的人员个性矛盾冲突弊端，是因事聚人而不是因人生事，能不断地产生新的活力，因此广泛受到大学这一创新型组织的推崇。而其形式又是灵活多样，具有多种实现路径，便于各大学依据自己的情况多元探索与尝试，进而不断超越自己。

后 记

面向新时代，立足中国特色，建设世界一流大学和一流学科是党和国家做出的重大战略决策，对于提升我国高等教育发展水平、增强国家核心竞争力具有十分重要的意义。2015年10月，国务院印发《统筹推进世界一流大学和一流学科建设总体方案》，2017年9月，教育部、财政部、发改委印发《关于公布世界一流大学和一流学科建设高校及建设学科名单的通知》，公布了世界一流大学和一流学科（简称"双一流"）建设高校及建设学科名单，国家"双一流"建设正式启动。

2016年，我作为首席专家获批教育部哲学社会科学研究重大课题攻关项目"世界一流大学和一流学科建设评价体系与推进战略研究"，项目下设"世界一流大学和一流学科建设理论研究""世界一流大学和一流学科建设关系研究""世界一流大学和一流学科建设国际比较研究""世界一流大学建设评价体系研究""世界一流学科建设评价体系研究""世界一流大学和一流学科建设推进战略研究""世界一流大学和一流学科建设数据平台研究"七个课题，课题组成员来自教育部教育发展研究中心、清华大学、北京大学、北京理工大学、中国科学技术大学、北京航空航天大学等单位。课题组成员按照分工，集中精力开展了深入的研究工作，取得了一系列研究成果。

本项目研究开展以来，总课题组召集全体成员开展研讨会近10次，各子课题组也分别多次召开研讨会；课题组作为主办单位，举办"全球研究生教育学国际会议"和"中国研究生教育高端论坛"等4次高规格学术会议；我作为项目首席专家，参与教育部学位管理与研究生教育司"双一流"建设动态监测和成效评价课题组，提供了一套以"达成度、贡献度、支撑度、引领度、满意度"5个度为核心，以10大建设任务为重点的"双一流"建设动态监测方案，被教育部学位管理与研究生教育司采纳，并应用到各高校"双一流"建设和动态监测相关工作中。课题组成员先后在《中国高等教育》《中国高教研究》《清华大学教育研究》《学位与研究生教育》等重要期刊上发表了40多篇学术论文。

基于课题组成员研究成果，我从世界一流大学和一流学科建设本质与特征、评价理念、国际比较、动态监测、推进战略等角度，拟定了本书的总体框架和撰写思路，在课题组成员研究观点的基础上，进行了进一步凝练、补充研究，撰写了《世界一流大学和一流学科评价体系与推进战略》一书。北京理工大学研究生教育研究中心主任助理李明磊老师作为总课题组负责人承担了大量组织、研究工作，于妍老师做了大量资料整理、部分文字撰写工作。

　　感谢教育部对本项目的资助。感谢中国高等教育学会原会长瞿振元教授指导本课题研究工作，在百忙中还为本书作序。感谢加拿大西安大略大学李军教授、中国人民大学周光礼教授、北京航空航天大学马永红教授等老师对课题研究的指导。感谢所有课题组成员为本书提供的支持。书中引用了大量文献、资料，已经在书中标识，感谢所有参考文献的作者！感谢经济科学出版社对本书出版的大力支持！

王战军

2020 年 5 月

教育部哲学社会科学研究重大课题攻关项目成果出版列表

序号	书 名	首席专家
1	《马克思主义基础理论若干重大问题研究》	陈先达
2	《马克思主义理论学科体系建构与建设研究》	张雷声
3	《马克思主义整体性研究》	逄锦聚
4	《改革开放以来马克思主义在中国的发展》	顾钰民
5	《新时期 新探索 新征程——当代资本主义国家共产党的理论与实践研究》	聂运麟
6	《坚持马克思主义在意识形态领域指导地位研究》	陈先达
7	《当代资本主义新变化的批判性解读》	唐正东
8	《当代中国人精神生活研究》	童世骏
9	《弘扬与培育民族精神研究》	杨叔子
10	《当代科学哲学的发展趋势》	郭贵春
11	《服务型政府建设规律研究》	朱光磊
12	《地方政府改革与深化行政管理体制改革研究》	沈荣华
13	《面向知识表示与推理的自然语言逻辑》	鞠实儿
14	《当代宗教冲突与对话研究》	张志刚
15	《马克思主义文艺理论中国化研究》	朱立元
16	《历史题材文学创作重大问题研究》	童庆炳
17	《现代中西高校公共艺术教育比较研究》	曾繁仁
18	《西方文论中国化与中国文论建设》	王一川
19	《中华民族音乐文化的国际传播与推广》	王耀华
20	《楚地出土戰國簡册［十四種］》	陈 伟
21	《近代中国的知识与制度转型》	桑 兵
22	《中国抗战在世界反法西斯战争中的历史地位》	胡德坤
23	《近代以来日本对华认识及其行动选择研究》	杨栋梁
24	《京津冀都市圈的崛起与中国经济发展》	周立群
25	《金融市场全球化下的中国监管体系研究》	曹凤岐
26	《中国市场经济发展研究》	刘 伟
27	《全球经济调整中的中国经济增长与宏观调控体系研究》	黄 达
28	《中国特大都市圈与世界制造业中心研究》	李廉水

序号	书　名	首席专家
29	《中国产业竞争力研究》	赵彦云
30	《东北老工业基地资源型城市发展可持续产业问题研究》	宋冬林
31	《转型时期消费需求升级与产业发展研究》	臧旭恒
32	《中国金融国际化中的风险防范与金融安全研究》	刘锡良
33	《全球新型金融危机与中国的外汇储备战略》	陈雨露
34	《全球金融危机与新常态下的中国产业发展》	段文斌
35	《中国民营经济制度创新与发展》	李维安
36	《中国现代服务经济理论与发展战略研究》	陈　宪
37	《中国转型期的社会风险及公共危机管理研究》	丁烈云
38	《人文社会科学研究成果评价体系研究》	刘大椿
39	《中国工业化、城镇化进程中的农村土地问题研究》	曲福田
40	《中国农村社区建设研究》	项继权
41	《东北老工业基地改造与振兴研究》	程　伟
42	《全面建设小康社会进程中的我国就业发展战略研究》	曾湘泉
43	《自主创新战略与国际竞争力研究》	吴贵生
44	《转轨经济中的反行政性垄断与促进竞争政策研究》	于良春
45	《面向公共服务的电子政务管理体系研究》	孙宝文
46	《产权理论比较与中国产权制度变革》	黄少安
47	《中国企业集团成长与重组研究》	蓝海林
48	《我国资源、环境、人口与经济承载能力研究》	邱　东
49	《"病有所医"——目标、路径与战略选择》	高建民
50	《税收对国民收入分配调控作用研究》	郭庆旺
51	《多党合作与中国共产党执政能力建设研究》	周淑真
52	《规范收入分配秩序研究》	杨灿明
53	《中国社会转型中的政府治理模式研究》	娄成武
54	《中国加入区域经济一体化研究》	黄卫平
55	《金融体制改革和货币问题研究》	王广谦
56	《人民币均衡汇率问题研究》	姜波克
57	《我国土地制度与社会经济协调发展研究》	黄祖辉
58	《南水北调工程与中部地区经济社会可持续发展研究》	杨云彦
59	《产业集聚与区域经济协调发展研究》	王　珺

序号	书名	首席专家
60	《我国货币政策体系与传导机制研究》	刘 伟
61	《我国民法典体系问题研究》	王利明
62	《中国司法制度的基础理论问题研究》	陈光中
63	《多元化纠纷解决机制与和谐社会的构建》	范 愉
64	《中国和平发展的重大前沿国际法律问题研究》	曾令良
65	《中国法制现代化的理论与实践》	徐显明
66	《农村土地问题立法研究》	陈小君
67	《知识产权制度变革与发展研究》	吴汉东
68	《中国能源安全若干法律与政策问题研究》	黄 进
69	《城乡统筹视角下我国城乡双向商贸流通体系研究》	任保平
70	《产权强度、土地流转与农民权益保护》	罗必良
71	《我国建设用地总量控制与差别化管理政策研究》	欧名豪
72	《矿产资源有偿使用制度与生态补偿机制》	李国平
73	《巨灾风险管理制度创新研究》	卓 志
74	《国有资产法律保护机制研究》	李曙光
75	《中国与全球油气资源重点区域合作研究》	王 震
76	《可持续发展的中国新型农村社会养老保险制度研究》	邓大松
77	《农民工权益保护理论与实践研究》	刘林平
78	《大学生就业创业教育研究》	杨晓慧
79	《新能源与可再生能源法律与政策研究》	李艳芳
80	《中国海外投资的风险防范与管控体系研究》	陈菲琼
81	《生活质量的指标构建与现状评价》	周长城
82	《中国公民人文素质研究》	石亚军
83	《城市化进程中的重大社会问题及其对策研究》	李 强
84	《中国农村与农民问题前沿研究》	徐 勇
85	《西部开发中的人口流动与族际交往研究》	马 戎
86	《现代农业发展战略研究》	周应恒
87	《综合交通运输体系研究——认知与建构》	荣朝和
88	《中国独生子女问题研究》	风笑天
89	《我国粮食安全保障体系研究》	胡小平
90	《我国食品安全风险防控研究》	王 硕

序号	书名	首席专家
91	《城市新移民问题及其对策研究》	周大鸣
92	《新农村建设与城镇化推进中农村教育布局调整研究》	史宁中
93	《农村公共产品供给与农村和谐社会建设》	王国华
94	《中国大城市户籍制度改革研究》	彭希哲
95	《国家惠农政策的成效评价与完善研究》	邓大才
96	《以民主促进和谐——和谐社会构建中的基层民主政治建设研究》	徐 勇
97	《城市文化与国家治理——当代中国城市建设理论内涵与发展模式建构》	皇甫晓涛
98	《中国边疆治理研究》	周 平
99	《边疆多民族地区构建社会主义和谐社会研究》	张先亮
100	《新疆民族文化、民族心理与社会长治久安》	高静文
101	《中国大众媒介的传播效果与公信力研究》	喻国明
102	《媒介素养：理念、认知、参与》	陆 晔
103	《创新型国家的知识信息服务体系研究》	胡昌平
104	《数字信息资源规划、管理与利用研究》	马费成
105	《新闻传媒发展与建构和谐社会关系研究》	罗以澄
106	《数字传播技术与媒体产业发展研究》	黄升民
107	《互联网等新媒体对社会舆论影响与利用研究》	谢新洲
108	《网络舆论监测与安全研究》	黄永林
109	《中国文化产业发展战略论》	胡惠林
110	《20世纪中国古代文化经典在域外的传播与影响研究》	张西平
111	《国际传播的理论、现状和发展趋势研究》	吴 飞
112	《教育投入、资源配置与人力资本收益》	闵维方
113	《创新人才与教育创新研究》	林崇德
114	《中国农村教育发展指标体系研究》	袁桂林
115	《高校思想政治理论课程建设研究》	顾海良
116	《网络思想政治教育研究》	张再兴
117	《高校招生考试制度改革研究》	刘海峰
118	《基础教育改革与中国教育学理论重建研究》	叶 澜
119	《我国研究生教育结构调整问题研究》	袁本涛 王传毅
120	《公共财政框架下公共教育财政制度研究》	王善迈

序号	书 名	首席专家
121	《农民工子女问题研究》	袁振国
122	《当代大学生诚信制度建设及加强大学生思想政治工作研究》	黄蓉生
123	《从失衡走向平衡：素质教育课程评价体系研究》	钟启泉 崔允漷
124	《构建城乡一体化的教育体制机制研究》	李 玲
125	《高校思想政治理论课教育教学质量监测体系研究》	张耀灿
126	《处境不利儿童的心理发展现状与教育对策研究》	申继亮
127	《学习过程与机制研究》	莫 雷
128	《青少年心理健康素质调查研究》	沈德立
129	《灾后中小学生心理疏导研究》	林崇德
130	《民族地区教育优先发展研究》	张诗亚
131	《WTO主要成员贸易政策体系与对策研究》	张汉林
132	《中国和平发展的国际环境分析》	叶自成
133	《冷战时期美国重大外交政策案例研究》	沈志华
134	《新时期中非合作关系研究》	刘鸿武
135	《我国的地缘政治及其战略研究》	倪世雄
136	《中国海洋发展战略研究》	徐祥民
137	《深化医药卫生体制改革研究》	孟庆跃
138	《华侨华人在中国软实力建设中的作用研究》	黄 平
139	《我国地方法制建设理论与实践研究》	葛洪义
140	《城市化理论重构与城市化战略研究》	张鸿雁
141	《境外宗教渗透论》	段德智
142	《中部崛起过程中的新型工业化研究》	陈晓红
143	《农村社会保障制度研究》	赵 曼
144	《中国艺术学学科体系建设研究》	黄会林
145	《人工耳蜗术后儿童康复教育的原理与方法》	黄昭鸣
146	《我国少数民族音乐资源的保护与开发研究》	樊祖荫
147	《中国道德文化的传统理念与现代践行研究》	李建华
148	《低碳经济转型下的中国排放权交易体系》	齐绍洲
149	《中国东北亚战略与政策研究》	刘清才
150	《促进经济发展方式转变的地方财税体制改革研究》	钟晓敏
151	《中国—东盟区域经济一体化》	范祚军

序号	书名	首席专家
152	《非传统安全合作与中俄关系》	冯绍雷
153	《外资并购与我国产业安全研究》	李善民
154	《近代汉字术语的生成演变与中西日文化互动研究》	冯天瑜
155	《新时期加强社会组织建设研究》	李友梅
156	《民办学校分类管理政策研究》	周海涛
157	《我国城市住房制度改革研究》	高 波
158	《新媒体环境下的危机传播及舆论引导研究》	喻国明
159	《法治国家建设中的司法判例制度研究》	何家弘
160	《中国女性高层次人才发展规律及发展对策研究》	佟 新
161	《国际金融中心法制环境研究》	周仲飞
162	《居民收入占国民收入比重统计指标体系研究》	刘 扬
163	《中国历代边疆治理研究》	程妮娜
164	《性别视角下的中国文学与文化》	乔以钢
165	《我国公共财政风险评估及其防范对策研究》	吴俊培
166	《中国历代民歌史论》	陈书录
167	《大学生村官成长成才机制研究》	马抗美
168	《完善学校突发事件应急管理机制研究》	马怀德
169	《秦简牍整理与研究》	陈 伟
170	《出土简帛与古史再建》	李学勤
171	《民间借贷与非法集资风险防范的法律机制研究》	岳彩申
172	《新时期社会治安防控体系建设研究》	宫志刚
173	《加快发展我国生产服务业研究》	李江帆
174	《基本公共服务均等化研究》	张贤明
175	《职业教育质量评价体系研究》	周志刚
176	《中国大学校长管理专业化研究》	宣 勇
177	《"两型社会"建设标准及指标体系研究》	陈晓红
178	《中国与中亚地区国家关系研究》	潘志平
179	《保障我国海上通道安全研究》	吕 靖
180	《世界主要国家安全体制机制研究》	刘胜湘
181	《中国流动人口的城市逐梦》	杨菊华
182	《建设人口均衡型社会研究》	刘渝琳
183	《农产品流通体系建设的机制创新与政策体系研究》	夏春玉

序号	书　名	首席专家
184	《区域经济一体化中府际合作的法律问题研究》	石佑启
185	《城乡劳动力平等就业研究》	姚先国
186	《20世纪朱子学研究精华集成——从学术思想史的视角》	乐爱国
187	《拔尖创新人才成长规律与培养模式研究》	林崇德
188	《生态文明制度建设研究》	陈晓红
189	《我国城镇住房保障体系及运行机制研究》	虞晓芬
190	《中国战略性新兴产业国际化战略研究》	汪　涛
191	《证据科学论纲》	张保生
192	《要素成本上升背景下我国外贸中长期发展趋势研究》	黄建忠
193	《中国历代长城研究》	段清波
194	《当代技术哲学的发展趋势研究》	吴国林
195	《20世纪中国社会思潮研究》	高瑞泉
196	《中国社会保障制度整合与体系完善重大问题研究》	丁建定
197	《民族地区特殊类型贫困与反贫困研究》	李俊杰
198	《扩大消费需求的长效机制研究》	臧旭恒
199	《我国土地出让制度改革及收益共享机制研究》	石晓平
200	《高等学校分类体系及其设置标准研究》	史秋衡
201	《全面加强学校德育体系建设研究》	杜时忠
202	《生态环境公益诉讼机制研究》	颜运秋
203	《科学研究与高等教育深度融合的知识创新体系建设研究》	杜德斌
204	《女性高层次人才成长规律与发展对策研究》	罗瑾琏
205	《岳麓秦简与秦代法律制度研究》	陈松长
206	《民办教育分类管理政策实施跟踪与评估研究》	周海涛
207	《建立城乡统一的建设用地市场研究》	张安录
208	《迈向高质量发展的经济结构转变研究》	郭熙保
209	《中国社会福利理论与制度构建——以适度普惠社会福利制度为例》	彭华民
210	《提高教育系统廉政文化建设实效性和针对性研究》	罗国振
211	《毒品成瘾及其复吸行为——心理学的研究视角》	沈模卫
212	《英语世界的中国文学译介与研究》	曹顺庆
213	《建立公开规范的住房公积金制度研究》	王先柱

序号	书　名	首席专家
214	《现代归纳逻辑理论及其应用研究》	何向东
215	《时代变迁、技术扩散与教育变革：信息化教育的理论与实践探索》	杨　浩
216	《城镇化进程中新生代农民工职业教育与社会融合问题研究》	褚宏启 薛二勇
217	《我国先进制造业发展战略研究》	唐晓华
218	《融合与修正：跨文化交流的逻辑与认知研究》	鞠实儿
219	《中国新生代农民工收入状况与消费行为研究》	金晓彤
220	《高校少数民族应用型人才培养模式综合改革研究》	张学敏
221	《中国的立法体制研究》	陈　俊
222	《教师社会经济地位问题：现实与选择》	劳凯声
223	《中国现代职业教育质量保障体系研究》	赵志群
224	《欧洲农村城镇化进程及其借鉴意义》	刘景华
225	《国际金融危机后全球需求结构变化及其对中国的影响》	陈万灵
226	《创新法治人才培养机制》	杜承铭
227	《法治中国建设背景下警察权研究》	余凌云
228	《高校财务管理创新与财务风险防范机制研究》	徐明稚
229	《义务教育学校布局问题研究》	雷万鹏
230	《高校党员领导干部清正、党政领导班子清廉的长效机制研究》	汪　曦
231	《二十国集团与全球经济治理研究》	黄茂兴
232	《高校内部权力运行制约与监督体系研究》	张德祥
233	《职业教育办学模式改革研究》	石伟平
234	《职业教育现代学徒制理论研究与实践探索》	徐国庆
235	《全球化背景下国际秩序重构与中国国家安全战略研究》	张汉林
236	《进一步扩大服务业开放的模式和路径研究》	申明浩
237	《自然资源管理体制研究》	宋马林
238	《高考改革试点方案跟踪与评估研究》	钟秉林
239	《全面提高党的建设科学化水平》	齐卫平
240	《"绿色化"的重大意义及实现途径研究》	张俊飚
241	《利率市场化背景下的金融风险研究》	田利辉
242	《经济全球化背景下中国反垄断战略研究》	王先林

序号	书名	首席专家
243	《中华文化的跨文化阐释与对外传播研究》	李庆本
244	《世界一流大学和一流学科评价体系与推进战略》	王战军
	……	